Mirko Niehoff

Politische Bildung und soziale Deutungsmuster zum Nahostkonflikt

Mirko Niehoff

Politische Bildung und soziale Deutungsmuster zum Nahostkonflikt

Bibliografische Information der Deutschen Nationalbibliothek

Die Deutsche Nationalbibliothek verzeichnet diese Publikation in der Deutschen Nationalbibliografie; detaillierte bibliografische Daten sind im Internet unter http://dnb.d-nb.de abrufbar.

© WOCHENSCHAU Verlag,
Dr. Kurt Debus GmbH
Schwalbach/Ts. 2017

www.wochenschau-verlag.de

Alle Rechte vorbehalten. Kein Teil dieses Buches darf in irgendeiner Form (Druck, Fotokopie oder einem anderen Verfahren) ohne schriftliche Genehmigung des Verlages reproduziert oder unter Verwendung elektronischer Systeme verarbeitet werden.

Umschlaggestaltung: Wochenschau Verlag
Gedruckt auf chlorfrei gebleichtem Papier
Gesamtherstellung: Wochenschau Verlag
ISBN 978-3-7344-0532-7 (Buch)
ISBN 978-3-7344-0533-4 (E-Book)

Inhaltsverzeichnis

1 Einleitung 11

   1.1 Problemaufriss: Der Nahostkonflikt als komplexer und verunsichernder Gegenstand politischer Bildung 11

   1.2 Zielstellungen und Aufbau der Arbeit 16

2 Zentrale Arbeitsbegriffe politischer Bildung 20

   2.1 Mensch, Demokratie und das Politische 20

       2.1.1 Der Mensch als ein zur Mündigkeit fähiges, aber sozial geprägtes Wesen 20

       2.1.2 Die Demokratie als freiheitliche Mitwirkungsdemokratie der gleichwertigen Mündigen 22

       2.1.3 Das Politische als freiheitlicher und partizipativer Raum kontroverser Deutungs-, Aushandlungs-, Entscheidungs- und Beurteilungsprozesse 26

       2.1.4 Problematisierung der Arbeitskonzepte 30

   2.2 Politische Urteilskraft 35

       2.2.1 Vorüberlegungen: Politische Bildung als Erziehung zu politischer Mündigkeit durch Förderung politischer Urteilskraft 35

       2.2.2 Ideengeschichtliche Grundlage politischer Urteilskraft: Immanuel Kants sensus communis 36

       2.2.3 Reflektierende Urteilskraft als Verfahrensweise politischen Urteilens 39

2.2.4 Repräsentatives Denken: Die Figur des unparteiischen Betrachters entgrenzter politischer Probleme 46

2.2.5 Zur Bedeutung nicht bloß vorgestellter problembezogener Perspektivvielfalt 50

2.3 Wissen 53

2.3.1 Vorüberlegungen: (Konzeptuelles) Wissen als ein zentraler Gegenstand politischer Bildung 53

2.3.2 Wirklichkeit und Wissen als soziale Phänomene 54

2.3.3 Zum Erkenntnisstatus und zur Geltung politischen Wissens in der politischen Bildung 56

2.4 Soziale Deutungsmuster 58

2.4.1 Vorüberlegungen: Zur Bedeutung von Ausgangswissensbeständen im Rahmen politischer Bildung 58

2.4.2 Soziale Deutungsmuster: Eine Begriffsgrundlage nach Ulrich Oevermann 60

2.4.3 Ein Arbeitsbegriff sozialer Deutungsmuster 65

2.4.4 Konsequenz: Analysen problembezogener sozialer Deutungsmuster als Bestandteil politikdidaktischer Theoriebildung 68

3 Der Nahostkonflikt: Ein kontroverser und überprägter politischer Deutungsgegenstand 71

3.1 Der Nahostkonflikt als politischer Deutungsgegenstand – eine exemplarische Darstellung zentraler Kontroversen 71

3.1.1 Kontroverse A: Zionistische Territorialisierung 73

3.1.2 Kontroverse B: Kompromissbereitschaft der lokalen Konfliktakteure 76

	3.1.3	Kontroverse C: Israelische Konfliktpolitik 80
	3.1.4	Kontroverse D: Antizionistischer Antisemitismus 84
	3.1.5	Kontroverse E: Konfliktfaktor Religion 97
	3.1.6	Kontroverse F: Machtverhältnisse in einem globalisierten Konflikt 99

3.2 Überprägte Deutungen und Positionierungen in Deutschland 102

    3.2.1 Vorbemerkungen zu den Wahrnehmungen der Konfliktakteure in Deutschland 102

    3.2.2 Erinnerungspolitisch überformte Deutungen und Positionierungen 103

    3.2.3 Ideologisierte Deutungen und Positionierungen 105

    3.2.4 „(Junge) Muslime", der Nahostkonflikt und Antisemitismus 108

4 Handlungsrelevante soziale Deutungsmuster im Sprechen über den Nahostkonflikt und seine Thematisierung in Deutschland 116

4.1 Forschungsrahmen und Forschungsmethodik 116

    4.1.1 Vorannahmen zur Rekonstruktion sozialer Deutungsmuster 116

    4.1.2 Das diskursive Interview als leitende Forschungsmethodik 118

    4.1.3 Begründung der Beschränkung des Untersuchungssamples auf Jugendliche mit türkischem oder palästinensischem Familienhintergrund 120

    4.1.4 Forschungsfragen, Interviewführung und Leitfadenstruktur 125

4.1.5 Auswertungsverfahren und Erkenntnisgrenzen 127

4.1.6 Der Nahostkonflikt im Forschungszeitraum:
Anmerkungen in Eckpunkten 131

4.2 Soziale Deutungsmuster und Deutungsdimensionen 134

4.2.1 Verantwortliche und mächtige politische Eliten
vs. unschuldige und machtlose Völker 136

4.2.2 Verantwortliche und überlegene israelische
politische Elite vs. unschuldige sowie macht- und
rechtlose Palästinenser 140

4.2.3 Recht gegen Recht in einem Konflikt um Land 149

4.2.4 Palästina gehört(e) den Palästinensern 152

4.2.5 Israel als Staat und Schutzraum der Juden 155

4.2.6 Israel als Verbrecherstaat 158

4.2.7 Palästinenser als Mitverantwortliche für Gewalt
und Leid 161

4.2.8 Der Nahostkonflikt als jüdisch-muslimischer
Konflikt im Heiligen Land 163

4.2.9 (Historisch begründete) Bevorteilung Israels
durch den „Westen" und die USA 166

4.2.10 (Historisch begründete) Bevorteilung Israels in
Deutschland 170

4.2.11 Muslime als Unterstützer der Palästinenser als
Muslime 176

4.2.12 Islam- und muslimfeindlich begründete
Positionierungen gegen die Palästinenser 179

4.3 Zentrale Erkenntnisse 182

4.3.1 Vergleichsgruppenübergreifende
Deutungsmustervielfalt von verallgemeinerbarer
Geltung 182

	4.3.2	Deuten in Widersprüchen	184
	4.3.3	Israelkritische Deutungstendenz und dominierende Wahrnehmungen einer Bevorteilung Israels	186
	4.3.4	Reproduktionen von Deutungsmustern des israelbezogenen Antisemitismus, aber eher kein umfassendes und widerspruchsfreies antisemitisches Weltbild	187
	4.3.5	Der Nahostkonflikt als Anlass für Solidarisierungen mit Muslimen als eine globale Glaubens- und stigmatisierte Schicksalsgemeinschaft	192

5 Konklusionen und Konsequenzen: Anregungen für eine politische Bildung – zum Nahostkonflikt 194

5.1 Grundlegende Anregungen für eine politische Bildung in der Demokratie 194

    5.1.1 Politische Bildung als Position beziehende Praxis und als Kritik des Politischen 195

    5.1.2 Politische Bildung als Förderung politischer Urteilskraft durch Berücksichtigung von Perspektivenvielfalt und Kontroversität 199

    5.1.3 Politische Bildung als Förderung von Einsichten in die Relativität von Eindeutigkeit 203

    5.1.4 Politische Bildung als Förderung von Ambiguitätstoleranz 204

    5.1.5 Politische Bildung als rassismuskritische und nicht-kulturalisierende Praxis 206

5.2 Ergänzende Anregungen im Sinne einer an Deutungsmustern ansetzenden politischen Bildung zum Nahostkonflikt 207

5.2.1 Vorüberlegungen: Der Nahostkonflikt als bedeutsamer Gegenstand politischer Bildung 207

5.2.2 Politische Bildung zum Nahostkonflikt als Ermöglichung repräsentationsfähiger Urteile 210

5.2.3 Soziale Deutungsmuster als Bearbeitungs- und Reflexionsgegenstände 212

5.2.4 Politische Bildung zum Nahostkonflikt als Kritik sozialer Deutungsmuster 223

6 Nachworte 229

6.1 Ein Plädoyer für die politische Bildung 229

6.2 Ausblick im Sinne einer bedeutsamen und erfahrungsorientierten politischen Bildung 232

6.3 Danksagung 235

7 Abkürzungsverzeichnis 236

8 Literaturverzeichnis 237

9 Abbildungsverzeichnis 271

1 Einleitung

1.1 Problemaufriss: Der Nahostkonflikt als komplexer und verunsichernder Gegenstand politischer Bildung

Unter dem Begriff Nahostkonflikt wird der genuin politische Konflikt zwischen Israel/Israelis und Palästinensern/-innen gefasst. In der sozialwissenschaftlichen Fachliteratur gilt dieser Konflikt als komplex, brisant und seit Jahrzehnten ungelöst. Und er gilt als weltweit vergleichsweise bedeutend (vgl. etwa Johannsen 2009; Hagemann 2016b). So heißt es z.B., dass „kaum eine internationale Auseinandersetzung (...) sich seit Ende des Zweiten Weltkrieges als so dauerhaft und brisant [erwies]" (Jaeger/Tophoven 2011, 14), dass „kaum ein anderer Konflikt (...) die Welt so in Atem [hält]" (Yaron 2011, 9) und dass „kaum eine Krise in der internationalen Politik (...) so viel Aufmerksamkeit erfahren [hat]" (Lehmann 2001, 11). Der in seinem Kern lokale Territorialkonflikt (vgl. Zuckermann 2016) besitzt also seit jeher „eine ausgeprägte regionale und internationale Dimension" (Hafez 2002, 144) und wird auch deshalb als ein „Schlüssel-Konflikt der letzten 100 Jahre" (Krell 2004, 1) bezeichnet.
Obgleich gegenwärtig andere Konflikte und Krisen im Nahen Osten (etwa in Syrien oder Afghanistan) im Fokus stehen, fühlen sich Menschen in unterschiedlichen Regionen der Erde vom Nahostkonflikt fortwährend angesprochen und (emotional-affektiv) betroffen. Der Konflikt hat daher nicht nur Auswirkungen auf die in der Region selbst lebenden Menschen und Kollektive, sondern z.B. auch auf das gesellschaftliche Zusammenleben in Europa. Ein besonders offenkundiges Beispiel hierfür sind Angriffe auf jüdische Einrichtungen und Menschen, die in einem Zusammenhang mit dem Nahostkonflikt stehen. Der Konflikt wirkt in diesen Fällen entgrenzt; wobei Entgrenzung in Anlehnung an den Soziologen Ulrich Beck hier dann bedeutet: „Das Außen ist innen; der ‚äußere' israelisch-palästinensische Konflikt bricht im ‚Innern' der EU-Länder auf und bedroht den nationalen Kompromiß des Ausgleichs von Juden und Nicht-Juden" (Beck 2004, 133).

Objektive Auswirkungen auf gesellschaftliches Zusammenleben hat der Nahostkonflikt so besehen nicht in erster Linie aus sich selbst heraus, sondern vor allem als Produkt sozialer Konstruktionen und menschlicher Handlungen. Entscheidend ist also, wie Individuen und/oder Kollektive den Konflikt und die in diesem Zusammenhang relevanten Akteure und Ereignisse in Vergangenheit und Gegenwart wahrnehmen und interpretieren sowie mit Bedeutung versehen und in einen Zusammenhang bringen.

Überprägungen, Projektionen und Ressentiments – in Deutschland

Im Spiegel menschlicher Interpretationen und Bedeutungszuweisungen erscheint der Nahostkonflikt wie ein „weltpolitisches Brennglas" (Hawel/Blanke 2010, 7), in dem sich globale Konfliktlinien repräsentieren und kristallisieren. Er gilt daher auch als ein Austragungsplatz diverser kollektiver (nationaler, ethnischer oder religiöser) Identitäten und Befindlichkeiten, diverser moralischer, politischer und ideologischer Selbstverständnisse und Überzeugungen sowie diverser sozialer und gesellschaftlicher Erfahrungen. Und so bietet der Nahostkonflikt weltweit und in steter Regelmäßigkeit Anlässe für öffentliche Stellungnahmen und Positionierungen (vgl. etwa Niehoff 2016). Derweil vergegenständlichen sich nicht selten politisch motivierte Legenden (vgl. Schreiber/Wolffsohn 1996), Mythen und Klischees (vgl. Steen 2008) sowie unangemessene oder fragwürdige Vereinseitigungen, Zuschreibungen und Projektionen (vgl. etwa Ullrich 2013; Kloke 2015; Wetzel 2016); weshalb versachlichte, differenzierte sowie kritisch reflektierte Zugänge und Urteile mitunter versperrt bleiben. So schreiben etwa die Politikwissenschaftler Lars Rensmann und Julius Schoeps: „Insbesondere die politische Debatte über den Nahostkonflikt ist (…) heute von einer Logik der Entdifferenzierung und von binären, emotional geladenen Zuschreibungspraktiken geprägt, die den außerordentlich komplexen politisch-sozialen Verhältnissen und Konflikten vor Ort kaum gerecht werden" (Rensmann/Schoeps 2008, 27).

In Deutschland ist der Nahostkonflikt vor dem Hintergrund der nationalsozialistischen Vergangenheit und der Shoah ein sowohl besonders sensibles als auch vergleichsweise bedeutendes Thema. Der Sozialwissenschaftler und politische Bildner Peter Wagenknecht spricht sogar von einem *heißen Thema*, das hierzulande wie kaum ein zweites „seit so langer Zeit und mit so großem Interesse beobachtet und erörtert wird" (Wagenknecht 2006, 273). In den nicht selten historisch überprägten deutschen Nahostdiskursen lassen sich derweil spezifische Befindlichkeiten, Solidarisierungen und Ressentiments erkennen. So ist z.B. die Markierung einer besonderen Verantwortung Deutschlands für die Existenz und Sicherheit Israels (vgl. etwa Merkel 2008) ohne Rekurs auf die deutsche Geschichte nicht zu verstehen. Gleiches gilt aber z.B. auch für jene Wahrnehmungen und Deutungen Israels, die als Ausdruck eines sekundären Antisemitismus zu identifizieren und bestimmen sind – eines Antisemitismus nicht *trotz*, sondern *wegen* Auschwitz. Wenn etwa, repräsentativen Studien zufolge, gut ein Viertel der Deutschen die israelische Politik mit der des Nationalsozialismus vergleichen (vgl. etwa Heyder et al. 2005), dann wird damit zugleich eine – mehr oder minder bewusst intendierte – Täter-Opfer-Umkehr vollzogen, die wesentlich darauf beruht, sich einer (wahrgenommenen) historischen Schuld zu entledigen, die als belastend empfunden wird, weil sie einer positiven Bezugnahme auf das eigene nationale Kollektiv gegenüberstehe. Überdies manifestieren sich neben weiteren Erscheinungsformen des israelbezogenen und antizionistischen Antisemitismus auch tradierte antisemitische Semantiken. Und es manifestieren sich antiislamisch oder antimuslimisch begründete Bezugnahmen (vgl. etwa Wetzel 2016).

Hinzu kommt, dass die Wahrnehmungen und Thematisierungen des Nahostkonflikts auch in Deutschland mit Auslassungen, Eindeutigkeitsannahmen und Klischees einhergehen können, die der komplexen Konfliktstruktur nicht gerecht werden und wiederum einen Nährboden für Ressentiments darstellen. Dies gelte sogar für deutsche Schulbücher. So lassen sich laut einer Studie der SPME Arbeitsgruppe Schulbücher[1] in der Darstellung Israels und des Nahostkonflikts „Verkürzungen, Verzerrungen und offene Falschaussagen (…) feststellen" (Rensmann 2016, 4). Auf dieser Grundlage bleibe eine Kritik gängiger Klischees sowie eine rationale politische Analyse des Konflikts fraglich. Mehr noch: Es würden Denkstrukturen befeuert, so der

---

[1] Die Studie wurde unter dem Titel „Pädagogik des Ressentiments. Das Israelbild in deutschen Schulbüchern" von den Scholars for Peace in Middle East, Germany e.V. und den Arbeitsgemeinschaften der Deutsch-Israelischen Gesellschaft Bremen, Hannover, Oldenburg und Ostfriesland herausgegeben und Online als pdf-Dokument zur Verfügung gestellt – etwa auf der Seite der Deutsch-Israelischen Gesellschaft Berlin unter dem Link: www.digberlin.de/das-israelbild-in-deutschen-schulbuechern/.

Politikwissenschaftler Jörg Rensmann in der Einleitung zu dieser Studie, „die zu antijüdischer Radikalisierung führen können" (ebd.).

Verunsicherungen aufgrund von Emotionen und antisemitischen Positionen unter jungen Muslimen/-innen

„Kaum ein Thema erhitzt die Gemüter so sehr wie der Konflikt zwischen Israel und Palästina" (Nordbruch 2014), schreibt der Islamwissenschaftler und politische Bildner Götz Nordbruch und bezieht diese Aussage vor allem auf Jugendliche und junge Erwachsene mit palästinensischem, libanesischem oder türkischem Familienhintergrund in Deutschland (vgl. ebd.). Auch weitere Akteure/-innen aus der politischen Bildungsarbeit berichten, dass der Nahostkonflikt insbesondere diese Jugendlichen anspreche und dass es derweil zu heftigen emotionalen Reaktionen sowie zu Reproduktionen antisemitischer Stereotype und Deutungsmuster käme (vgl. etwa Fechler 2006; Wagenknecht 2006; Niehoff 2010; Goldenbogen2013b; Nordbruch 2014). So schreibt z.B. der Pädagoge Gottfried Kößler, dass antisemitische Äußerungen „Teil der Selbstverständigung migrantischer Jugendlicher im Kontext der Aneignung des Nahostkonflikts zu sein [scheinen]" (Kößler 2006, 172). Und im Bericht des Unabhängigen Expertenkreises Antisemitismus des Deutschen Bundestages heißt es, dass der Nahostkonflikt „häufig als Katalysator und Projektionsfläche für antisemitische Stereotype und Deutungsmuster [dient] – nicht nur, aber verstärkt unter muslimischen Jugendlichen" (BMI 2011b, 156). Auch erste Jugendstudien aus dem Bereich der Einstellungs- und Antisemitismusforschung können einen solchen Zusammenhang belegen (vgl. etwa Mansel/Spaiser 2012; Schäuble 2012a). Die damit einhergehende – zweifellos pädagogisch relevante – Problematik, habe viele politische Bildner/-innen „kalt erwischt" (Fechler 2006, 188) und gehe mit Verunsicherungen einher.

Hinsichtlich einer politischen Bildung zum Nahostkonflikt lässt sich daher ein Spannungsfeld identifizieren. Denn aufgrund der Bedeutung des Nahostkonflikts und der Relevanz gegenstandbezogen-problematischer Zugänge und Perspektiven liegt eine Bearbeitung des Themas durch die politische Bildung einerseits nahe. Andererseits aber wird das Thema von Lehrkräften aufgrund eigener Handlungsunsicherheiten eher vermieden denn aufgegriffen (vgl. BMI 2011b). Der Nahostkonflikt erscheine vielen Akteuren/-innen aus der politischen Bildungsarbeit als ein komplexer, heikler und explosiver Gegenstand, der mit „außergewöhnlichen Herausforderungen" (Wagenknecht 2006, 273) einhergehe – insbesondere mit Blick auf Adressaten/-innen, die als muslimisch beschrieben werden (vgl. etwa Fechler 2006; Rosa 2008). Denn sowohl die „emotionale Heftigkeit der Schülerreaktionen" (Fechler 2006, 202) als auch die „antisemitischen Äußerungen von Jugendlichen mit muslimischem Hintergrund" (ebd.) würden viele politische Bildner/-innen irritieren und verunsichern; weshalb diese auch „regelmäßig den Wunsch nach Unterstützung bei der Bearbeitung des Themas formulieren" (BMI 2011b, 87).

Hintergrund dieser Unsicherheiten und Bedarfe dürften die folgenden konkreten und gleichsam als weithin unbeantwortet geltenden praxisbezogenen Fragestellungen sein: Wie und wo kann die politische Bildung angesichts der Komplexität des Nahostkonflikts in Geschichte und Gegenwart sinnvoll ansetzen? Was gilt es durch die politische Bildung in besonderer Weise zu ermöglichen und zu fördern? Welche problembezogenen Deutungskonzepte und Kontroversen sind besonders relevant und exemplarisch? Was kann derweil als richtig oder wahr gelten? Lässt sich überhaupt mit solchen Begriffen sinnvoll operieren? Was sind typische problembezogene Ausgangskonzepte der Adressaten/-innen – vor allem jener, die sich selbst als muslimisch beschreiben? Inwiefern vergegenständlichen sich dabei problematische sowie vom Ressentiment geprägte Zugänge zum Thema?

An all diesen Fragestellungen setzt die vorliegende Arbeit an.

1.2 Zielstellungen und Aufbau der Arbeit

Zielstellungen und empirische Forschungsfragen

Ausgehend von der Annahme, dass es sich beim Nahostkonflikt um einen herausfordernden und verunsichernden Gegenstand politischer Bildung, bestehen die rahmengebenden Zielstellungen dieser Arbeit darin, sowohl grundlegende Arbeitsbegriffe einer politischen Bildung als auch Erkenntnisse über typische und somit relevante nahostkonfliktbezogene Wissensbestände zu erarbeiten und schließlich darauf bezogene Handlungsanregungen für eine politische Bildung zum Nahostkonflikt in der Migrationsgesellschaft zu formulieren. In diesem Sinne wird ein Konzept politischer Bildung ausgearbeitet und vertreten werden, wonach die politische Bildung politische Urteilskraft anstreben und sich zugleich auf ein normatives Begriffsfundament stützen sollte, um in der Auseinandersetzung mit kontrovers gedeuteten und polarisiert diskutierten politischen Gegenständen stets handlungs- und ggf. auch interventionsfähig zu sein. Insofern derweil nicht nur unterschiedliche und kontroverse Problemdeutungen aus sozialwissenschaftlichen und politischen, sondern auch aus lebensweltlichen Diskurszusammenhängen bedeutend sind, stellen auch problembezogene soziale Deutungsmuster, grob verstanden als überindividuelle und sozial geteilte Wissensbestände, eine relevante Begrifflichkeit politischer Bildung dar.

Da nun in Referenz auf die einleitend dargestellten Praxiserfahrungen und ersten empirischen Befunde davon ausgegangen werden kann, dass der Nahostkonflikt gerade auch für sich selbst als muslimisch beschreibende Jugendliche und junge Erwachsene mit palästinensischem oder türkischem Familienhintergrund von Bedeutung ist und politische Bildner/-innen das Thema vor allem mit Blick auf eine Arbeit mit dieser Zielgruppe als besonders herausfordernd empfinden, eben weil sich vor allem in diesem Zusammenhang gegenstandsbezogen-problematische Perspektiven und Positionen vergegenständlichen würden, stellt sich die Frage, welche konkreten problembezogenen (Ausgangs-)Konzepte bzw. soziale Deutungsmuster tatsächlich handlungsrelevant werden, wenn besagte Jugendliche und junge Erwachsene sowohl offen als auch problembezogen über den Nahostkonflikt und seine Bedeutung und Thematisierung in Deutschland sprechen.[2] Hier setzt das empirische Erkenntnis- bzw. Forschungsinteresse dieser Arbeit an. Es zielt auf eine Erhebung und Beschreibung typischer problembezogen-handlungsrelevanter sozialer Deutungsmuster, die es im Sinne einer erfahrungs- und somit adressaten/-innenorientierten politischen Bildung mitzuberücksichtigen gilt. Grundlage des politikdidaktischen Erkenntnisinteresses an sozialen Deutungsmustern ist die zentrale wissenssoziologische Annahme, wonach individuelle Einstellungen sowie Handlungen (respektive *politikbezogene* Stellungnahmen, Urteile und Begründungen) in situativen Handlungskontexten immer auch von sozialen Deutungsmustern abhängig sind. In methodischer Hinsicht bedarf es daher eines systematischen und kontrastierenden Vergleichs von einer Vielzahl an problembezogenen Stellungnahmen und Begründungen unterschiedlicher Befragter (vgl. Ullrich 1999a/b); wobei die Handlungsprobleme auf gegenstandsbezogen relevante politische Analysefragen zu beziehen sind, um darüber den Erkenntniswert für die politische Bildung zu erhöhen.

Konkret liegen der *empirischen Untersuchung* die folgenden Forschungsleitfragen zugrunde:

- Welche sozialen Deutungsmuster werden im Rahmen freier Erzählungen sowie problembezogener Stellungnahmen und Begründungen zum Nahostkonflikt und dessen Bedeutung und Thematisierung in Deutschland reproduziert und sind somit handlungsrelevant?
- Lassen sich vielfältige, auch kontrovers zueinanderstehende Deutungsmuster rekonstruieren und beschreiben? Lassen sich vereindeutigende und vereinseitigende Perspektiven und Positionierungen erkennen?
- Welche zentralen diskursiven Verknüpfungen lassen sich erkennen?
- Welche Relevanz haben Deutungsmuster, die als antisemitisch zu klassifizieren sind? Manifestieren sich weithin geschlossene und widerspruchsfreie antisemitische Deutungsperspektiven?

---

[2] Zur problemorientierten Begründung der Beschränkung des Untersuchungssamples auf Jugendliche und junge Erwachsene mit türkischem oder palästinensischem Familienhintergrund siehe Kapitel 4.1.3.

♦ Gibt es relevante Unterschiede hinsichtlich der Kategorien „türkischer Familienhintergrund" und „palästinensischer Familienhintergrund" sowie „männlich" und „weiblich"?

Aufbau der Arbeit

Zur Bestimmung eines (normativ-)theoretischen Begriffsfundaments politischer Bildung werden im zweiten Kapitel zunächst Arbeitskonzepte von Mensch, Demokratie und Politik skizzenhaft erarbeitet und problemorientiert diskutiert. Derweil wird insbesondere die Idee der (politischen) Mündigkeit betont werden und diese sodann an die Idee politischer Urteilskraft gebunden. Der entsprechend notwendige Urteilsbegriff wird ausgehend vom Kant'schen Konzept des *sensus communis* wesentlich in Anlehnung an Hannah Arendts Konzept politischer Urteilskraft erarbeitet und bestimmt werden. Da in diesem Zusammenhang deutlich werden wird, dass es im Sinne einer auf einen konkreten politischen Problemgegenstand bezogenen politischen Urteilskraft insbesondere auf die Berücksichtigung unterschiedlicher und kontroverser Perspektiven bzw. Wissensbestände einer (globalisierten bzw. entgrenzten) Deutungs- und Urteilsgemeinschaft ankommt, wird im Weiteren ein Wissensbegriff skizziert werden, im Rahmen dessen Wissen als soziales Phänomen und (politische) Wirklichkeit als vor allem sozial konstruiert bestimmt ist. Auf dieser Grundlage werden schließlich soziale Deutungsmuster als im Kontext des Politischen relevante Deutungs-, Interpretations- und Argumentationsangebote definiert, die zur Bewältigung von (kognitiven) Handlungsproblemen in situativen Handlungskontexten herangezogen werden.

Im dritten Kapitel wird sich dem Nahostkonflikt als Deutungsgegenstand gewidmet. Entsprechend der als besonders bedeutsam erachteten Kategorien *Multiperspektivität* und *Kontroversität* wird sich dem Problemgegenstand dabei über eine Reihe zentraler Kontroversen unter Berücksichtigung unterschiedlicher Perspektiven einer entgrenzten sozialwissenschaftlichen und politischen Deutungsgemeinschaft angenähert. Im Weiteren dieses Kapitels wird dann ein besonderer Fokus auf die Wahrnehmungen, Positionen und Diskurse zum Nahostkonflikt in der deutschen Migrationsgesellschaft gelegt werden.

Im vierten Kapitel steht die empirische Untersuchung im Zentrum. Ausgehend von Vorüberlegungen zur Rekonstruktion sozialer Deutungsmuster und einer problemorientierten Begründung des zugrunde gelegten Untersuchungssamples werden zunächst der Forschungsrahmen und die Forschungsmethodik dargelegt. Anschließend werden die analysierten sozialen Deutungsmuster ausführlich und unter besonderer Berücksichtigung exemplarisch ausgewählter Aussagen der befragten Jugendlichen dargestellt und schließlich in Referenz auf die zugrunde gelegten erkenntnisleitenden empirischen Fragestellungen befragt und zusammengefasst.

Im fünften Kapitel werden dann Handlungsanregungen für eine politische Bildung verfasst. Dabei werden in Referenz auf die erarbeiteten Arbeitsbegriffe politischer Bildung zum einen grundsätzliche bzw. verallgemeinerbar relevante Empfehlungen verfasst. Zum anderen werden in Referenz auf die erarbeiteten Erkenntnisse hinsichtlich des Nahostkonflikts als ein in Sozialwissenschaft und Lebenswelten vielfältig ausgedeuteter und in einen Zusammenhang gebrachter politischer Problemgegenstand ergänzende Überlegungen hinsichtlich einer politischen Bildung zum Nahostkonflikt dargelegt. In den abschließenden Nachworten wird ein Plädoyer für sowie ein Ausblick auf eine als bedeutsam erachtete politische Bildung formuliert.

2 Zentrale Arbeitsbegriffe politischer Bildung

2.1 Mensch, Demokratie und das Politische

2.1.1 Der Mensch als ein zur Mündigkeit fähiges, aber sozial geprägtes Wesen

Politische Bildung bedeutet zu allererst: Arbeit mit Menschen. Der Theorie und Praxis politischer Bildung sollte daher ein anthropologisches Konzept zugrunde liegen. Schon Ernst Fraenkel verwies darauf, dass die politische Bildung solange unvollkommen bleibe, solange sie nicht darüber Rechenschaft abzulegen vermag, von welchem Bild des Menschen ihr politisches Denken und ihre Praxis geprägt ist (vgl. Fraenkel 1973; Massing 1979).

Im Sinne nun eines solchen anthropologischen Arbeitskonzeptes sei der Mensch als ein zur (politischen) Mündigkeit und somit zur Teilhabe an politischen Diskussionen und Diskursen sowie zur politischen Partizipation im engeren Sinne prinzipiell fähiges Wesen bestimmt – wobei unter Mündigkeit ein geistiges Vermögen der niemals passiven Vernunft zu verstehen ist; also die kognitive Fähigkeit, „sich seines Verstandes ohne Leitung eines anderen zu bedienen" (Kant 1964, 53). Als mündig können so besehen jene gelten, die sich nicht bevormunden lassen, die für sich selbst zu sprechen vermögen, weil sie für sich selbst gedacht und geurteilt haben (vgl. Adorno 1977).

Gleichsam aber sei auch betont, dass der Mensch in einer Welt geteilt in Gemeinsamkeit mit anderen lebt und dass sich Menschwerdung über soziokulturell kontextualisierte Sozialisations- und Erziehungsprozesse vollzieht (vgl. etwa Kant 1964; Berger/Luckmann 1971). So schreibt etwa der Soziologe Alfred Schütz: „Meine Erfahrung von dieser Welt rechtfertigt und korrigiert sich selbst durch Erfahrung von anderen, mit denen ich durch gemeinsames Wissen, gemeinsames Wirken und gemeinsames Leiden verbunden bin" (Schütz 1972, 10). Der mündige oder zur Mündigkeit fähige Mensch kann demnach nicht als ein isoliertes oder autonomes Wesen verstanden werden. Stattdessen gilt es zu berücksichtigen, dass der Mensch in unterschiedliche Sozialisationsinstanzen sowie in parallel existierende handlungsleitende epochale, historische und/oder gesellschaftliche sowie milieu-, lebenswelt- und/oder gruppenspezifische Deutungsnetze verwoben ist (vgl. Bourdieu 1979; Oevermann 2001a).³ Der Mensch, sein handlungsleitendes Wissen sowie sein Denken, Wahrnehmen, Urteilen, Kommunizieren und Handeln kann folglich nicht losgelöst von Sozialität und Kollektivität gedacht werden.⁴ Die Soziologen Peter L. Berger und Thomas Luckmann betonen demgemäß:

„Sobald man spezifische menschliche Phänomene untersucht, begibt man sich in den Bereich gesellschaftlichen Seins. Das spezifische Menschliche des Menschen und sein gesellschaftliches Sein sind untrennbar verschränkt."
(Berger/Luckmann 1971, 54)

Einer solchen Perspektive steht die Idee der Mündigkeit nicht grundsätzlich gegenüber. Schließlich ist gerade Intersubjektivität eine zentrale Voraussetzung von Mündigkeit. Schon Kant betonte: „Die Vernunft ist nicht dazu gemacht, daß sie sich isoliere, sondern in Gemeinschaft setze" (Kant 1923, 392). Obgleich also Denken bei Kant, wie Hannah Arendt feststellt, „das stumme Zwiegespräch meiner mit mir selbst [ist]" (Arendt 1985, 57), verläuft der Weg zur denkerischen Vollkommenheit nur vermittels einer Auseinandersetzung mit dem Denken anderer – weshalb ein isoliertes oder vereinzeltes Wesen auch weitaus schwerer zur Mündigkeit gelangen kann als ein Mensch in einer Welt gemeinsam geteilt mit anderen (vgl. Kant 1964). Denn erst soziale Bezüge vermögen notwendige Vergleiche, Aushandlungen und Klärungen des eigenen Denkens zu gewährleisten (vgl. Arendt 1985) und

---

³ Die damit angesprochene Gleichzeitigkeit verdeutlichen die Soziologen Peter L. Berger und Thomas Luckmann dem Grundsatz nach, wenn sie schreiben: „[W]as für einen tibetanischen Mönch ‚wirklich' ist, braucht für einen amerikanischen Geschäftsmann nicht ‚wirklich' zu sein. Das ‚Wissen' eines Kriminellen ist anders als das eines Kriminologen." (Berger/Luckmann 1971, 3)

⁴ In diesem Zusammenhang wird z.B. auf epochale oder gesellschaftliche Deutungsmuster verwiesen (vgl. etwa Oevermann 2001a). Und es wird auf Diskurse sowie auf Machtverhältnisse verwiesen (vgl. Foucault 1978/1994). So wird betont, dass Macht und Machtverhältnisse in die Subjektkonstitutionen maßgeblich eingehen. Macht „formt und prägt das, woraus das politische Feld erst besteht, nämlich handelnde, denkende, reagierende Subjekte" (Saar 2004, 336). Das Subjekt ist in dieser Perspektive sodann weniger *naturgegeben* denn vielmehr *gemacht*. Es wird zu einem Resultat der vielfältigsten, machtimprägnierten sozialen Prozesse; weshalb Subjektivität und Individualität für rationales Überlegen oder selbstständiges Entscheiden alleine keine Grundlage darstellen können (vgl. ebd.).

ermöglichen politische Mündigkeit durch politische Urteilskraft (vgl. Kapitel 2.2).
Die im konzeptuellen Begriff des Menschen zu berücksichtigenden wissenssoziologischen Grundeinsichten, wonach sich menschliche Handlungen von Beginn an „durch Verstehen in Zusammenarbeit mit anderen Menschenwesen [vollziehen]" (Schütz 1972, 10) und wonach individuelle Einstellungen und Wissensbestände von überindividuellen „kollektiven Interpretations- und Legitimationsangeboten abhängig sind" (Ullrich 1999b, 429), stehen also weder dem Mündigkeitspostulat noch der damit zusammenhängenden Idee gegenüber, wonach der sozial kontextualisierte Mensch in situativen Handlungskontexten auch zu eigenständigen und selbstbestimmten Denkprozessen und schließlich Urteilen fähig ist.

2.1.2 Die Demokratie als freiheitliche Mitwirkungsdemokratie der gleichwertigen Mündigen

Neben dem mündigen Menschen gilt die Demokratie der politischen Bildung als ein weiterer zentraler normativer Bezugspunkt (vgl. etwa Massing 2002b; Sander 2007; Achour 2013; Detjen 2013). Und auch diesen Bezugspunkt gilt es begrifflich zu bestimmen. Denn noch einmal mit Ernst Fraenkel gesprochen: „Nur wenn Klarheit darüber besteht, was wir unter ‚demokratisch' verstehen, ist es möglich, sich auf das Wesen demokratischer politischer Bildung (…) zu besinnen" (Fraenkel 1973, 389). Da nun aber eine allgemeinverbindliche Bestimmung ebendieses Bezugspunktes angesichts einer Vielzahl unterschiedlicher Demokratiebegriffe und -vorstellungen in politischer Philosophie und moderner politischer (Demokratie-)Theorie unmöglich zu sein scheint (vgl. etwa Ladwig 2009; Roth 2011; Salzborn 2012), kann und sollte die politische Bildung bzw. die politikdidaktische Theoriebildung selbst definieren. Ein solches (Arbeits-)Konzept sei nachfolgend entlang einiger als besonders zentral erachteter Ideen und Begrifflichkeiten skizziert. Es basiert zweifellos auf normativen Auswahlentscheidungen und Gewichtungen und kann somit immer nur als ein Konzept unter vielen möglichen gelesen und verstanden werden.
Zunächst einmal sei mit dem Philosophen Theodor W. Adorno betont, dass man sich eine verwirklichte Demokratie „nur als Gesellschaft von Mündigen vorstellen [kann]" (Adorno 1971, 107). Und da Mündigkeit, als zentrale

Voraussetzung von Demokratie (vgl. Adorno 1977; Sen 2010), des freien Gedankens und der freien Rede bedarf, sei auch die Idee der Freiheit im Konzept von Demokratie ganz explizit betont. Schon Kant verwies darauf, dass zumindest der öffentliche Gebrauch der eigenen Vernunft[5], der sich immer auch auf die Besonderheiten gesellschaftspolitischer Gegebenheiten beziehen kann, durch ebendiese Gegebenheiten „nicht verwehrt werden" (Kant 1964, 56) darf.[6] So besehen ist die Idee der Demokratie als Gesellschaft der Mündigen konzeptuell mit der Idee eines politisch organisierten Raums verknüpft, der sich dadurch auszeichnet, dass es allen Menschen in gleicher Weise zugestanden und auch ermöglicht wird, exakt das, was sie sich in ihrem geistigen Denkvermögen zurechtgelegt haben, auch öffentlich zur Geltung bringen zu können (vgl. Arendt 1985).

Als weitere zentrale Begriffe seien Vielfalt, Heterogenität und Pluralismus im Konzept von Demokratie hervorgehoben. Entgegen also der Annahme, es gäbe einen „auf die Verwirklichung des Gemeinwohls gerichteten Gemeinwillen" (vgl. Fraenkel 1973a, 359), der jeder Rechtsordnung vorausläge (vgl. vor allem Rousseau 1762) und der letztlich unterschiedliche und konflikthafte Interessen nicht nur weithin ausblendet, sondern deren normative

---

[5] Im Kontext der Frage, welche Einschränkungen von Freiheit der Aufklärung hinderlich seien, unterscheidet Kant in einen privaten und einen öffentlichen Vernunftgebrauch. Ohne diese Unterscheidung hier vertiefend behandeln und kritisieren zu wollen, sei erwähnt, dass in der Vorstellung Kants der private Vernunftgebrauch (des Bürgers) zum Wohl des Allgemeinen und Ganzen durchaus eingeschränkt werden könne, während der öffentliche Gebrauch der Vernunft (des Gelehrten) in jedem Falle nicht eingeschränkt werden dürfe – wobei der Mensch potentiell immer beides zugleich sein könne (vgl. Kant 1964, 55). Kant selbst illustriert dies unter anderem wie folgt: „Der Bürger kann sich nicht weigern, die ihm auferlegten Abgaben zu leisten (…). Eben derselbe handelt demohngeachtet der Pflicht eines Bürgers nicht entgegen, wenn er, als Gelehrter, wider die Unschicklichkeit oder auch Ungerechtigkeit solcher Ausschreibungen öffentlich seine Gedanken äußert" (Kant 1964, 56).

[6] Wenngleich Kant in seinem Werk keine systematische politische Philosophie entwickelt und Begriffe wie politische Mündigkeit oder auch nur Politik gar nicht bzw. nicht sehr häufig verwendet, ist damit gleichwohl angedeutet, dass sich in Kants Mündigkeitsbegriff eine zweifellos politische Dimension offenbart. Demgemäß konstatiert auch Oskar Negt, dass Kant „in einer ganzen Reihe von Einzelschriften (…), einschließlich dem über die Aufklärung, sehr viele Hinweise auf eine politische Philosophie gegeben" (Negt 2010, 390) hat. In der „Kritik der Urteilskraft", in der zweifellos kein politisches Beurteilungsvermögen ausgearbeitet wurde, findet man etwa die durchaus politische „Maxime der Aufklärung" (Arendt 1985, 95) als die des vorurteilfreien Selbstdenkens wieder (Kant 1974, 226). Sie wird als erste von insgesamt drei Maximen genannt, die aus dem so genannten sensus communis, verstanden als ein gemeinschaftliches Beurteilungsvermögen, folgen; also jenem Vermögen, das nach Hannah Arendt das Verfahren politischen Urteilens bestimmt.

Bedeutung in Prozessen des Politischen geradezu untergräbt, sei die Demokratie als eine differenzierte und pluralistische Gesellschaft markiert, in der „die Vorstellung eines homogenen Volkes eine Fiktion, der Gedanke eines a priori vorgegebenen Gemeinwohls eine Mystifikation und das Postulat einer Koinzidenz von Gemeinwille und Gemeinwohl eine Utopie dar[stellt]" (Fraenkel 1973, 359). So etwas wie Gemeinwohl kann so besehen allenfalls als ein Resultat „frei und offen ausgetragener Konflikte, Diskussionen und Auseinandersetzungen" (Fraenkel 1973, 361) zwischen unterschiedlichen Akteuren/-innen mit jeweils unterschiedlichen Interessen, Erfahrungen, Standpunkten, Perspektiven, Wertprioritäten, Überzeugungen etc. verstanden werden – wobei es als legitim produziertes Politikergebnis zwar akzeptiert werden mag, gleichwohl aber in seinem Anspruch, Gemeinwohl zu sein, immerzu bestritten werden kann (vgl. etwa Massing 1979). Ohnehin seien Differenzen, Konflikte und Kontroversen als Motoren gesellschaftlicher und politischer Veränderungen sowie als Antriebskräfte für fortwährend notwendige Demokratisierungsprozesse hervorgehoben. Die Demokratie steht so besehen immer auch für eine „prinzipielle Unabgeschlossenheit und Offenheit" (Buchstein/Jörke 2003, 493). Sie ist kein weithin statisches Systemgefüge, sondern ein dynamisches, prozesshaftes und unabgeschlossenes Projekt, das aus sich selbst heraus stetig auf eine Verbesserung gesellschaftlicher und politischer Zustände drängt; und zwar unter Bedingungen sich ständig verändernder gesellschaftlicher und politischer Wirklichkeiten in einer zunehmend globalisierten Welt samt entgrenzter politischer Problemstellungen und Prozesse sowie entgrenzter politischer Aushandlungs- und Entscheidungsräume.[7]

Mithin sei betont, dass sich die Qualität der Demokratie nicht in erster Linie an funktionierenden Institutionen, der Effizienz politischer Entscheidungsprozesse und/oder der Rationalität des Politikoutputs einiger weniger politischer Eliten bemessen und bewerten lässt. Stattdessen sollte sich die Demokratie am Maß und den Möglichkeiten der freien und gleichen Teilhabe und Mitwirkung der Menschen (als Bürger/-innen) messen lassen. Die Demokratie ist so besehen eine Mitwirkungsgesellschaft der Mündigen, die

---

[7] Auf Grundlage eines solchen eher dynamischen Begriffs von Demokratie kann nicht zuletzt auch dem über Migrationsprozesse sich vollziehenden gesellschaftlichen Wandel und der damit einhergehenden gesellschaftlichen Diversifizierung begrifflich Rechnung getragen werden.

auch solche Bewegungen explizit impliziert, „in denen sich die Bürger selbst organisieren, um auf den politischen Prozeß einzuwirken, um die öffentliche Meinung zu ändern, um Druck auf die Regierung auszuüben (…) oder auch, um gelegentlich die Dinge selbst in die Hand zu nehmen, wenn die Regierung in ihren Augen versagt" (Taylor 2002, 23f.).
Entgegen also einer Fokussierung auf die Eliten- und Staatstätigkeit als Garanten der Qualität, Legitimität und letzthin auch Zukunftsfähigkeit der Demokratie erlangen alle gesellschaftlichen Akteure/-innen – in ihrer Heterogenität, aber Gleichwertigkeit – eine normative Bedeutung. Und deshalb bedarf es auch einer gerechten Ordnung, in der freiheitliche Rechte immer auch mit der Idee des sozialen Ausgleichs verbunden sind. Es geht also darum, dass jedem einzelnen Menschen ein Raum zur Entfaltung ermöglicht wird und zugleich sichergestellt ist, „dass auch und gerade die sozial Schwächsten etwas davon haben" (Ladwig 2011b, 110). Denn in Anlehnung an Amartya Sen gilt ganz im Sinne der Idee der Freiheit: Erst „wenn eine Mehrheit bereit ist, die Rechte von Minderheiten, sogar von Einzelnen mit abweichenden oder entgegengesetzten Meinungen, zu unterstützen, dann kann Freiheit gesichert sein" (Sen 2010, 363). Wenngleich die Mehrheitsregel im Begriff von Demokratie nicht aus dem Blick geraten kann (vgl. Sen 2010), ist also eine „Sensibilität für und Achtung der Mindervoten" (Kaletsch/Rech 2015, 55) so notwendig wie entscheidend. Und so seien denn auch jene Konzepte als verkürzt problematisiert, wonach „das Instrument der Mehrheitsabstimmung als Inbegriff der Umsetzung von Demokratie begriffen wird" (Kaletsch/Rech 2015, 55).
Das Konzept von Demokratie sei zudem ganz explizit an die Idee universalistischer Menschenrechte gebunden. So besehen sollten die Ideen der Freiheit, Selbstbestimmung, Gerechtigkeit und Gleichwertigkeit als nicht lediglich partikulare, sondern als universell gültige Versprechen gedacht und in Anspruch genommen werden.
Aus Perspektive eines solchen zweifellos eher normativen und weiten Demokratiebegriffs gilt damit: Alle Menschen sind als gleichwertige Menschenrechtssubjekte zu betrachten und die Gleichachtung und Gleichwertigkeit aller Menschen ist ein zentrales Versprechen der Demokratie (vgl. etwa Groß/Zick/Krause 2012; SOR-SMC 2014). Und gerade auch dieses

Versprechen verlangt Mündigkeit und eine Ordnung, „die in ihren Grundsätzen emanzipatorisch und demokratisch ist" (Kahane 2008, 8).

2.1.3 Das Politische als freiheitlicher und partizipativer Raum kontroverser Deutungs-, Aushandlungs-, Entscheidungs- und Beurteilungsprozesse

Demokratie- und Politikbegriffe stehen in einem direkten Zusammenhang.[8] In Referenz auf das skizzierte Konzept von Demokratie sei daher auch in Bezug auf den Raum des Politischen betont, dass dieser mit Freiheit auf das engste verschränkt sein muss. Mit Hannah Arendt lässt sich daher sagen, dass man nicht über das Politische sprechen kann, ohne zugleich „immer auch über Freiheit zu sprechen" (Arendt 1994, 201). Freiheit ist der Entstehung eines politisch organisierten Raumes der Menschen in ihrer Heterogenität voraussetzend und bedarf, um erfahrbar zu sein, wiederum eines intersubjektiven Miteinanders bzw. einer politischen Öffentlichkeit. Denn die Erfahrung von Freiheit oder auch Unfreiheit vermittelt sich in erster Linie im Verkehr mit Anderen. Arendt schreibt: „Frei sein können Menschen nur in Bezug aufeinander, also nur im Bereich des Politischen und des Handelns" (Arendt 1994, 201).[9]

Hinsichtlich eines Verständnisses des politischen Kerngehalts in demokratischen Gesellschaften sei mit dem Politikwissenschaftler Michael Th. Greven überdies betont:

„Es sind die Bürger und Bürgerinnen einer Gesellschaft, die sich, darin ihre Freiheit zugleich konstituierend wie nutzend, eine selbstgeschaffene Ordnung gegeben haben, die sie anerkennen, verteidigen und den sich wandelnden Aufgaben und Bedingungen entsprechend weiterentwickeln. Tun sie das nicht

---

[8] Analog zur Pluralität von Demokratiebegriffen gibt es auch keinen alleingültigen, konsensfähigen oder allumfassenden Politikbegriff. Peter Massing betont etwa, dass „eine Beschreibung oder gar eine Definition von Politik, die ihrem Gegenstand vollständig gerecht würde und die bei allen gleichermaßen Anerkennung fände, (...) von einem pluralistischen Wissenschaftsverständnis her nicht möglich" (Massing 1995, 89).

[9] Und im Rahmen ihres an der griechischen Polis angelehnten Politikbegriff schreibt sie: „Der Sinn des Politischen hier, aber nicht sein Zweck, ist, daß Menschen in Freiheit, jenseits von Gewalt, Zwang und Herrschaft, miteinander verkehren, Gleiche mit Gleichen, die nur in Not-, nämlich Kriegszeiten einander befahlen und gehorchten, sonst aber alle Angelegenheiten durch das Miteinander-Reden und das gegenseitige Sich-Überzeugen regelten" (Arendt 1993, 39).

oder nicht ausreichend, dann steht es schlecht um ihre Freiheit und der Demokratie Zukunft." (Greven 2000, 84)

Vor dem Hintergrund eines solchen eher prozessualen und partizipativen Begriffskonzept sei das Politische nachfolgend als ein auf Freiheit und Teilhabe hin ausgelegter Raum kontroverser Deutungs-, Aushandlungs-, Entscheidungs- und Beurteilungsprozesse politischer Problemstellungen bestimmt – wobei immer dann von einem *politischen* Problem ausgegangen werden kann, sobald es sich auf „Fragen des Zusammenlebens in oder zwischen menschlichen Gesellschaften" (Niehoff 2014, 117) bezieht und auswirkt.[10]

Diese zweifellos idealtypische Bestimmung des Politischen, in der neben der Idee einer freien und gleichen Teilhabe vor allem die Kategorien *Problem* und *Prozesshaftigkeit* betont sind, orientiert sich an dem aus der Politikwissenschaft stammenden heuristischen Orientierungsrahmen des Policy-Cycle. Denn dieses Modell beschreibt das Politische als eine „prinzipiell endlose Kette von Versuchen zur Bewältigung von gesellschaftlichen Gegenwarts- und Zukunftsproblemen" (Massing 1995, 83f.). Es stützt sich auf Beobachtungen, wonach der politische Prozess in idealtypische Phasen eingeteilt werden kann, die als solche vor allem in pragmatischen Erwägungen gründen (vgl. Massing 1995, 85) und in der politikwissenschaftlichen Literatur unterschiedlich bestimmt und bezeichnet werden (vgl. auch Blum/Schubert 2011). Die idealtypisch besehen erste Phase der *Problemwahrnehmungen und Problemdefinitionen* wird maßgeblich durch den Input unterschiedlicher Akteure/-innen bestimmt. In dieser Phase geht es um öffentliche und gleichsam zumeist kontroverse Definitionen, Deutungen und Setzungen eines bearbeitungs- bzw. lösungsbedürftigen und somit mehr oder minder bedeutsamen politischen Problems. Von Relevanz sind in dieser Phase unterschiedliche problembezogene Wahrnehmungen, Interpretationen und Bedeutungszuweisungen eines sich in verobjektivierter Form darstellenden politischen Problems, das als solches auch ein Produkt zurückliegender politischer Prozesse sowie Entscheidungen oder auch Nicht-Entscheidungen sein

---

[10] Explizit inbegriffen sind auch historische, ökonomische, rechtliche und/oder ökologische Probleme, Aspekte und Perspektiven (vgl. etwa Weißeno et al. 2010, 24).

kann.[11] In diesem Zusammenhang sei betont, dass sich das Politische jenseits menschlicher Konstruktionen in Form von Problemdefinitionen sowie problembezogener (Aus-)Deutungen, Interpretationen, Urteile und Bedeutungszuweisungen nicht verstehen und analysieren lässt. Politische Probleme oder politische Ereignisse und Entscheidungen konstituieren sich als bedeutsame politische Sachverhalte so besehen nicht aus sich selbst heraus.

Auch die nachfolgende Phase des *Agenda-Settings* ist in besonderer Weise durch menschliche Konstruktionen bzw. durch die Input-Dimension geprägt, wobei es jedoch nicht selten zu einer Entöffentlichung der Problemdiskussion kommt (vgl. Blum/Schubert 2011). Der Kreis der am Prozess unmittelbar Beteiligten verengt sich also. Mithin kommt es zu einer Problemfilterung (vgl. Knoepfel 2011). Typischerweise setzen sich in dieser Phase also nur bestimmte Probleme sowie problembezogene Handlungs- und Lösungsentwürfe durch. Schwer haben es jene, die von vergleichsweise geringer symbolischer Bedeutung, geringer Konflikthaftigkeit oder hoher Komplexität sind (vgl. Blum/Schubert 2011) sowie jene, die im Kontext struktureller Machtasymmetrien von eher marginalisierten Interessengruppen definiert und artikuliert werden und/oder jene, die allenfalls bedingt zustimmungsfähig sind. Im weiteren idealtypischen Prozessverlauf folgt sodann die Phase der *politischen Auseinandersetzung* im engeren Sinne. Ein Problem, das diese Phase erreicht, verfügt dementsprechend „über große öffentliche Unterstützung oder mächtige politische bzw. gesellschaftliche Anwälte (…)" (ebd., 116). In dieser Phase werden konkrete Handlungsvorschläge und -alternativen entwickelt und kontrovers diskutiert. Darauf folgend wird schließlich eine bis auf weiteres gesellschaftlich verbindliche *Entscheidung* über die entwickelten und diskutierten Lösungsentwürfe getroffen – wobei insbesondere hier den Parlamenten eine herausragende Bedeutung zukommt. In der Regel wird dabei „nun nicht mehr über verschiedene Handlungsalternativen abgestimmt, sondern über diejenige, die sich (…) durchsetzen konnte" (ebd., 117f.). Die Entscheidungen, aber auch etwaige Nicht-Entscheidungen werden sodann in einer Phase der *Bewertung*

---

[11] Damit ist angedeutet, dass das kreisförmig-idealtypische Modell des Policy-Cycle von der Phase der Problemwahrnehmungen und Problemdefinitionen ausgeht und meist auch wieder zu dieser zurückführt.

und Reaktion wiederum auf Basis spezifischer Interessen, Wissensbestände, Erfahrungen und Wertvorstellungen beurteilt und kritisiert. Der Übergang zu neuen oder reformulierten politischen Problemen, Problemdefinitionen und Problemwahrnehmungen ist fließend.

Analog zum Demokratiekonzept sei noch einmal ausdrücklich betont, dass sich die Gütequalität des Politischen nicht in erster Linie an der Effizienz konkreter Politikergebnisse bemessen lässt. Vielmehr kommt es auf Möglichkeiten und Ausmaß der Teilhabe an Prozessen des Politischen bzw. auf „den normativen Vorgang der Bürger und Bürgerinnen an [...]" (Greven 2000, 195). Im Politikbegriff werden somit nicht nur die klassischen Akteure/-innen des politisch-administrativen Systems, sondern alle natürlichen oder juristischen Personen sowie jede gesellschaftliche Gruppe bzw. kollektive Interessenvertretung[12] als zumindest potentielle politische Akteure aufgefasst (vgl. Knoepfel 2011) – womit eine strikte analytische Unterscheidung in Mensch, politischer Akteur und System im Begriff des Politischen weithin aufgehoben ist.

Darüber hinaus sei betont, dass politische Probleme wie problembezogene politische Prozesse immer auch entgrenzte bzw. globalisierte Phänomene darstellen können, weil Menschen aus unterschiedlichen Regionen der Erde von bestimmten politischen Problemen und Konflikten unmittelbar oder auch

---

[12] In Bezug auf eine erfolgreiche politische Partizipation lässt sich die Bedeutung der mal fester, mal loser organisierten sozialen Zusammenschlüsse in ihren Funktionen als (politische) Interessenvertretungen betonen. Denn grundsätzlich kann gelten, dass ein gemeinsames Agieren die Erfolgsaussichten einer Platzierung und schließlich Durchsetzung bestimmter Interessen zumindest prinzipiell zu erhöhen vermag. Somit erscheint „Volksherrschaft" nur unter Berücksichtigung aller divergierenden Gruppeninteressen möglich und die politische „Mitwirkung des Bürgers (...) [muss] die Möglichkeit einschließen, durch Mitgliedschaft und Mitarbeit in den Interessenorganisationen an der Regelung der Alltagsfragen teilzunehmen, die ihn unmittelbar berühren" (Fraenkel 1973a, 402). In denen sich frei konstituierenden Gruppen – also z.B. Wirtschafts- oder Umweltverbände aber auch Vereine, Bürgerinitiativen und lose soziale Bewegungen (...)" (Pohl/Buchstein 1996, 73) – organisieren sich Menschen mit ähnlichen sozialen Erfahrungen, Politikdeutungen und Interessen. Deshalb dürfte nicht nur ein lebendiges Gruppeninteresse, sondern auch ein ausgeprägtes Gruppenbewusstsein charakteristisch sein (vgl. Fraenkel 1979). Die Individuen bekommen also vermittels solcher kollektiver Akteure nicht nur die Möglichkeit, sich gemeinsam für die eigenen Ziele einzusetzen, sie bekommen auch kulturelle Identität vermittelt und können sich vor sozialer Vereinsamung schützen (vgl. Pohl/Buchstein 1996). Mithin gilt auch für die autonomen Gruppen (als ein Ausdruck gesellschaftlicher Vielfalt), dass sie an politischen Prozessen „gleichberechtigt partizipieren" (Massing 1979, 21) können müssen.

auf einer eher affektiv-emotionalen Ebene betroffen sein können – so z.B. von Wirtschaftskrisen, Kriegen oder Fluchtbewegungen (vgl. Niehoff 2015). Und das bedeutet, dass in der Beschreibung und Analyse des Politischen auch die Erfahrungen sowie problembezogenen Perspektiven, Deutungen, Interessen, Lösungsentwürfe etc. von Menschen aus unterschiedlichen Teilen der Erde eine normative Bedeutung erhalten. Die politische Öffentlichkeit kann so besehen immer auch als eine kosmopolitische Öffentlichkeit verstanden werden (vgl. etwa Juchler 2012).

2.1.4 Problematisierung der Arbeitskonzepte

2.1.4.1 Beschränkungen von Freiheit, Selbstbestimmung und politischer Teilhabemöglichkeiten

Obgleich der in Welt, Gesellschaft, Milieus etc. kontextualisierte Mensch über autonome Handlungsspielräume verfügt, ist dessen Freiheit und Selbstbestimmung immer auch eingeschränkt. So ist z.B. eine konkrete (demokratische) Gesellschaft weder herrschaftsfrei noch ungeregelt. Und den unmittelbar wirkmächtigen Regulationen ist „ein Moment der Heteronomie" (Detjen et al. 2012b, 157) inhärent. Wer sich z.B. Recht und Gesetz (zumindest nicht konsequenzlos) entziehen kann, ist nicht vollends frei und „lebt (…) nicht im Zustand der Selbstbestimmung" (ebd.).
In Referenz auf den Philosophen Theodor W. Adorno, der in der Politikdidaktik häufig zur Konkretisierung des Mündigkeitsbegriffs herangezogen wird, lassen sich die Annahmen der individuellen Selbstbestimmung und Freiheit noch viel tiefgreifender relativieren (vgl. etwa Adorno 1966). Denn Adorno identifiziert und beschreibt die gesellschaftlichen Verhältnisse (in westlichen Demokratien) als kapitalistisch strukturiert und gleichsam totalisiert. Und im Kapitalismus, den er als durch den ökonomischen Prozess hindurch ausgeübte Herrschaft über die Menschen charakterisiert (vgl. Adorno 1980b), wirken sich konsequent durchziehende Zwänge. Dazu ließe sich z.B. ein ökonomischer Verwertungszwang zählen, der die Freiheit zum konsequenzlosen Neinsagen zur Utopie verkommen lässt und zugleich einen ausbeuterischen Charakter besitzt. Denn: „Wer etwa das ‚Angebot' eines entwürdigenden Arbeitsplatzes nur um den Preis des Verhungerns ausschlagen kann, verfügt nicht über faktische Freiheit des Neinsagens und wird darum

leicht zum Opfer von Ausbeutung" (Ladwig 2011a, 84f.). Hinzu kommt ein Anpassungszwang, der letztlich einer ideologie- und herrschaftsfreien Vernunft und somit den Ideen der Autonomie und Freiheit gegenübersteht, an welche wiederum die Idee einer verwirklichten Demokratie appelliert (vgl. Adorno 1971). So schreibt Adorno in seiner Negativen Dialektik:

„Was jedoch im jüngeren Zeitalter sich zuträgt, ist die Veräußerlichung des Überichs zur bedingungslosen Anpassung, nicht seine Aufhebung in einem vernünftigeren Ganzen. (...) Unfreiheit vollendet sich in ihrer unsichtbaren Totalität, die kein Draußen mehr toleriert, von dem aus sie zu erblicken und zu brechen wäre. Die Welt wie sie ist wird zur einzigen Ideologie und die Menschen deren Bestandteil." (Adorno 1966, 269)

Unter heteronomen Bedingungen, was mit Adorno bedeutet, „daß kein Mensch in der heutigen Gesellschaft wirklich nach seiner eigenen Bestimmung existieren kann" (Adorno 1971, 144), weil die Menschen durch ungezählte Vermittlungsinstanzen und Kanäle so geformt werden, „daß sie innerhalb dieser heteronomen, dieser ihr in ihrem eigenen Bewußtsein entrückten Gestalt alles schlucken und akzeptieren" (ebd.), bleiben also Selbstbestimmung und Freiheit unverwirklichte Ideen. Was den Individuen bleibe, sei Kritik. Denn nur in der Kritik sei das Richtige im Sinne einer wahrhaft freien Gesellschaft aufgehoben (vgl. Adorno 1966).

Auch unabhängig von einer derartig grundsätzlichen Gesellschaftskritik ist die Demokratie (als gesellschaftliche Realität) als ein im Verbesserungs- oder auch Verwirklichungsprozess ihrer selbst befindliches Projekt zu markieren (vgl. Massing 2002b) – zumindest in Referenz auf das zuvor in Anspruch genommene normative Konzept von Demokratie als freiheitliche Mitwirkungsdemokratie der Mündigen und Gleichwertigen. Schließlich ist der Mensch in heterogenen und differenzierten Gesellschaften, in denen sich Mehr- und Minderheitsverhältnisse ausbilden, in Herrschafts- und Ungleichheitsverhältnisse eingebunden (vgl. etwa Birsl 2014; SOR-SMC 2014), die mit ungleich verteilten Ressourcen und Befähigungen sowie ungleichen Zugängen zum bzw. Teilhabemöglichkeiten am politischen, gesellschaftlichen und kulturellen Leben einhergehen. Zudem sind sowohl Strukturen und Institutionen als auch gesellschaftliche Diskurse in demokratischen Gesellschaften nicht frei von Rassismus und anderen Ungleichwertigkeitsvorstellungen (vgl. etwa Leiprecht 2011; Broden 2012; Messerschmidt 2015).

Vor diesem Hintergrund gilt es im Begriff des Politischen und in analytischen Zugängen zum Politischen zu berücksichtigen, dass bestimmte (politische) Problemdefinitionen, Interessen oder Forderungen bestimmter Akteure/-innen weder wirklich zur Geltung kommen noch mitunter überhaupt Anerkennung erfahren oder gleichwertig und gleichberechtigt zur Kenntnis genommen werden können. Diesbezüglich zentrale Analysekategorien sind *Geschlecht, Ethnizität* und *Klasse* (vgl. etwa Seo 2015) sowie gesellschaftliche *(Macht- und Herrschafts-)Verhältnisse* und *Diskurse*; und zwar sowohl hinsichtlich ihrer Wirkmächtigkeit im Kontext politischer Prozesse als auch hinsichtlich ihres Einflusses auf die Konstitutionen der Subjekte (vgl. dazu etwa Foucault 1994).

2.1.4.2 Zur Kritik normativer Demokratiebegriffe

Normative Demokratiebegriffe stehen immer auch zur Disposition. So kann etwa die Annahme einer *universellen Gültigkeit* der im Begriff von Demokratie als zentral hervorgehobenen Ideen und Versprechen (etwa Freiheit, Menschenrechte, Partizipation, Mündigkeit) in Frage gestellt werden, eben weil diese Ideen z.B. in Bezug auf „nicht-westliche" Kulturkreise nicht einfach vorausgesetzt werden können.[13] Und auch in Bezug auf die pluralistische („westliche") Demokratietheorie selbst lässt sich feststellen, dass eher normative und gleichsam weite Konzepte von Demokratie in Konkurrenz zu anderen stehen. So verweist etwa Amartya Sen darauf, dass „die Geschichte der Demokratie auch heute noch oft im ziemlich begrenzten, auf Wahl- und Abstimmungsverfahren konzentrierten Vokabular von Organisationsformen erzählt [wird]" (Sen 2010, 352f.). Solche Demokratiekonzepte orientieren sich weniger an der Dimension des Inputs vernünftiger politischer Willensbildung, sondern vor allem „am Output einer erfolgreichen Leistungsbilanz der Staatstätigkeit" (Habermas 1996, 287). Die damit einhergehende Vernachlässigung des Menschen bzw. der Bürger/-innen basiert unter anderem auf der Annahme, wonach partizipationsfähige und partizipationswillige Menschen allenfalls eine Minderheit darstellen. So lässt

---

[13] So wird z.B. hinsichtlich des Allgemeingültigkeitspostulats „westlicher" Menschrechtsideen mitunter der Vorwurf des „Werteimperialismus" erhoben (vgl. etwa Achour 2013).

sich z.B. mit Niklas Luhmann gegenüber den eher normativen Demokratiekonzepten einwenden, dass dem politischen Wissen der Bürger/-innen aufgrund der Komplexität des Politischen so enge Grenzen gesetzt seien, dass es sich kaum lohne, dieses zu vertiefen (vgl. Luhmann 2011).
Noch deutlicher wird diese Skepsis in Referenz auf das elitentheoretische Demokratiekonzept Joseph Alois Schumpeters (1950) und dessen Menschenbild. Denn Schumpeter geht davon aus, dass die „typischen Bürger" (Schumpeter 1950, 416) im politischen Willensbildungsprozess dem Anspruch auf Rationalität und Gütequalität der Politikergebnisse überhaupt nicht vermögen gerecht zu werden. Zwar gesteht Schumpeter den Bürger/-innen als Wähler/-innen zu, dass diese hinsichtlich politischer Streitfragen, in deren Zusammenhang ein unmittelbarer und persönlich pekuniärer Vorteil gezogen werden kann, „im großen und ganzen (…) rasch und rational (…) reagieren" (Schumpeter 1950, 414) würden, bezeichnet diese Rationalität jedoch als im Sinne der Effektivität und Zukunftsfähigkeit der Demokratie unzureichend. So würden sie sich letztlich „als schlechte Kenner ihrer eigenen langfristigen Interessen [erweisen]; denn es ist nur das kurzfristige Versprechen, das politisch zählt, und nur die kurzfristige Rationalität, die sich wirksam durchsetzt" (ebd.).
In ihrer Eigenschaft als politische Laien mangele es den Bürger/-innen an notwendiger Kompetenz und Verantwortungsgefühl, die aber ein demokratischer Willensbildungsprozess voraussetzt (vgl. ebd.). Diese Defizite würden vor allem auf unzureichendem Wissen sowie fehlenden Zugängen zur Komplexität der sich der unmittelbaren Erfahrungswelt entziehenden Dimensionen des Politischen gründen. Die Menschen seien dem Politischen entfremdet.[14] Und deshalb seien auch jedwede über Wahlen oder die Möglichkeit zur Mitarbeit in Parteien und Verbänden hinausgehenden Aktivitäten

---

[14] Dem ließe sich in Referenz auf ein in Anspruch genommenes Menschenbild, wonach der moderne Mensch eben nicht nur auf seine private, sondern explizit auch auf seine öffentliche und politische Selbstbestimmung Wert lege, entgegenhalten, dass ein Demokratiebegriff, der dies aus den Augen verliere, die bemängelte Entfremdung und die damit einhergehende politische Inkompetenz überhaupt erst produzieren, mindestens aber reproduzieren könne. Bernd Ladwig schreibt daher in seiner Bewertung elitentheoretischer Konzepte: „Wer (…) die Selbstbestimmung um ihre öffentliche Dimension beschneidet, riskiert politische Entfremdung. Die Entfremdung läge dann nicht in der Natur der apolitischen Massen. Sie wäre die Folge einer Politik, die die öffentlichen Angelegenheiten von den Menschen fernhält. (…) Die Elitentheorie neigt dazu, eine Folge politischer Entmündigung zu deren Ursache zu erklären. Weil die Menschen politisch uninteressiert und inkompetent sind (…), geht ihre Fremdbestimmung in

im Sinne einer unmittelbareren Beteiligung an politischen Prozessen mit Argwohn zu betrachten (vgl. Merkel/Petring 2012, 94; Taylor 2001).[15] Der Demokratie erwachse daraus indes kein Legitimationsproblem. Denn den Bürgern/-innen gehe es vor allem um das Versprechen, gut regiert zu werden (vgl. Ladwig 2009). Enttäuschung drohe weniger durch eingeschränkte Partizipationsmöglichkeiten als vielmehr durch Effizienzdefizite der Politikergebnisse. Übertragen auf die Ebene der Gesellschaft zerfällt diese so besehen „immer und überall in eine große Mehrzahl von Führungsbedürftigen und in eine kleine Minderheit von Führungsbegabten" (Ladwig 2009, 50). Und die Politik sei den führungsbegabten Experten/-innen vorbehalten, weil eben nur diese das Effizienz- und Rationalitätsversprechen wirklich zu gewährleisten im Stande seien – während das partizipative Moment im Wesentlichen „auf den periodischen Austausch von politischen Funktionseliten beschränkt" bleibt (Buchstein/Jörke 2003, 475). Die „Elitenkonkurrenz um die politische Führung" (Pohl/Buchstein 1996, 72) wird damit zum zentralen Kennzeichen der Demokratie; ganz nach Maßgabe einer ökonomischen Marktlogik genüge in der Demokratie also „der Konkurrenzkampf der Anbieter (Parteien) um die Stimmen der Nachfrager (Wähler) zur Auswahl der Regierungseliten" (Merkel/Petring 2012, 94).

Dieser Ansatz hat in der Demokratietheorie durchaus Spuren hinterlassen (vgl. ebd.). So konstatieren etwa die beiden Politikwissenschaftler Hubertus Buchstein und Dirk Jörke in Bezug auf den Mainstream zeitgenössischer Demokratietheorie, dass die Demokratie *primär* als ein politisches System bestimmt und gerechtfertigt wird, „das gute im Sinne von ‚rationalen' Politikergebnisse erzeugt oder wenigstens erzeugen soll" (Buchstein/Jörke 2003,

---

Ordnung. Aber es könnte teilweise umgekehrt sein: Weil die Menschen fremdbestimmt werden, sind sie uninteressiert und inkompetent." (Ladwig 2009, 62)

[15] Das zugrunde liegende Menschenbild wird von Schumpeter selbst in einer Form zugespitzt, das von Zynismus nur schwerlich zu übertreffen ist (vgl. Massing 2001, 190) und sich eklatant vom eher aufklärerischen Bild eines politischen Menschen unterscheidet. So falle „der typische Bürger auf eine tiefere Stufe der gedanklichen Leistung, sobald er das politische Gebiet betritt. Er argumentiert und analysiert auf eine Art und Weise, die er innerhalb der Sphäre seiner wirklichen Interessen bereitwillig als infantil anerkennen würde. Er wird zum Primitiven. Sein Denken wird assoziativ und affektmäßig." (Schumpeter 1950, 416f.) Da sich der „typische Bürger", wie Schumpeter weiter ausführt, nun sowohl dieses Defizits als auch seiner Rolle als Mitglied eines „handlungsunfähigen Komitees" bewusst sei, würde er sich in gewisser Weise seinem Schicksal fügen und verwende dementsprechend „auf die Meisterung eines politischen Problems weniger disziplinierte Anstrengungen als auf ein Bridgespiel" (ebd., 415).

475). Prägend ist also die Verwendung eines Demokratiebegriffs, „der zwischen politischer Partizipation und ‚rationalen' Entscheidungen tiefe Gräben wahrnimmt und sich dann im Zweifel gegen politische Beteiligung ausspricht" (ebd., 474). Die Rationalität der Politik wird „zum eigentlichen und tieferen Sinn des Demokratiebegriffs selbst" (ebd., 475). Damit wird das Partizipationsversprechen der Demokratie erodiert (vgl. Jörke 2005) – und somit letztlich auch die politische Bildung vergleichsweise bedeutungslos.

2.2 Politische Urteilskraft

2.2.1 Vorüberlegungen: Politische Bildung als Erziehung zu politischer Mündigkeit durch Förderung politischer Urteilskraft

In Referenz auf die der politischen Bildung zuvor zugrunde gelegten Demokratie- und Politikbegriffe rücken individuelle Haltungen, Einstellungen und Kompetenzen im Allgemeinen sowie die politische Mündigkeit im Besonderen in den Fokus. Da politische Mündigkeit aber weder vom Himmel fällt noch von selbst im Zuge einer allgemeinen Sozialisation entsteht (vgl. Greven 1996), bedarf es einer gezielten Förderung ebendieser. Im institutionalisierten Bildungsbereich kommt dabei vor allem der politischen Bildung eine Bedeutung zu. Schließlich gilt die politische Mündigkeit der politischen Bildung als „Leitidee" (Autorengruppe Fachdidaktik 2016, 21) und „unerlässliche Zielperspektive" (GPJE 2004, 9; vgl. auch Massing 2002b, Sander 2005; Weißeno et al. 2010; Achour 2013; Detjen 2013).

Für sich benommen ist Mündigkeit jedoch eine unscharfe Kategorie (vgl. etwa Detjen et al. 2012a). Es bedarf daher einer Konkretisierung. In diesem Sinne sei Mündigkeit als Ausdruck eines eigenständigen und kritisch-reflektierten Denkens und Urteilens bestimmt – wobei von *politischer* Mündigkeit gesprochen werden kann, wenn das entsprechende Denken und schließlich Urteilen auf das Politische bezogen ist. So besehen drückt sich politische Mündigkeit wesentlich durch politische Urteilkompetenz aus – weshalb die Förderung politischer Urteilskompetenz im Zentrum politischer Bildung steht.[16] Voraussetzung dafür aber ist ein zum aufklärerischen Konzept der Mündigkeit passendes Konzept politischen Urteilens bzw. politischer Urteilskompetenz. Ausgehend von Kants Idee reflektierender Urteilskraft wird ein solches Arbeitskonzept nachfolgend in Anlehnung an Hannah Arendts Begriff politischer Urteilskraft bestimmt werden.

2.2.2 Ideengeschichtliche Grundlage politischer Urteilskraft: Immanuel Kants *sensus communis*

In der dritten seiner drei großen Kritiken, der „Kritik der Urteilskraft", beschäftigt sich Kant in einem ersten Teil mit der Ästhetik (vgl. Kant 1974). Anders als in der „Kritik der reinen Vernunft" und der „Kritik der praktischen Vernunft" wendet er sich in diesem Zusammenhang den Erscheinungen der empirischen Welt zu – das Schöne in der Natur und Kunst. Das dort entfaltete ästhetische Urteil, Kant spricht auch vom Geschmacksurteil, bezieht sich auf ebenjene Erscheinungen des Besonderen – etwa ein Kleid, eine Blume oder ein Kunstwerk.

Obgleich das Geschmacksurteil in seiner Bezogenheit auf ein konkret erscheinendes Objekt zweifellos Unterscheidungen trifft („Ich finde das Kleid schön!"), bleibt dieses Objekt begrifflich unbestimmt. Denn beim

---

[16] Gleichwohl erschöpft sich die Kompetenzorientierung politischer Bildung nicht in der Förderung von Urteilskompetenz. Als weitere bedeutende Kompetenzdimensionen gelten etwa (Fach-)Wissen, politische Analyse- und Handlungskompetenz sowie methodische Fähigkeiten, Einstellungen und Motivationen (vgl. etwa Weißeno et al. 2010; Detjen et al. 2012a; Achour 2013; Detjen 2013) – wobei aber nach wie vor kontrovers diskutiert wird, welche Kompetenzdimensionen und -modelle der politischen Bildung angemessen seien und wie diese begrifflich zu bestimmen und konkret auszugestalten seien (vgl. dazu etwa Weißeno 2010; Autorengruppe Fachdidaktik 2011; Goll 2011; Detjen et al. 2012a).
Zu erwähnen ist, dass die unterschiedlichen Kompetenzdimensionen grundsätzlich einander bedingen. So ist die Urteilskompetenz z.B. auf Wissen, auf politische Analysekompetenz und auf kommunikative Handlungskompetenz angewiesen und gleichzeitig eine zentrale Voraussetzung partizipativer politischer Handlungsfähigkeit. Und so sollte eine Urteilskompetenz hin ausgelegte politische Bildung immer auch analytische Zugänge zum Politischen (in seiner Komplexität, Konflikthaftigkeit und Mehrdeutigkeit) ermöglichen und Wege politischer Partizipation zumindest aufzeigen und erproben. Sabine Achour schreibt in diesem Zusammenhang: „Für die politische Bildung ist damit denkbar, dass im Klassenraum durch so genanntes Probehandeln, wie es im Rahmen von Pro-Contra-Debatten, simulierten Talkshows, Planspielen etc. stattfindet, erfahren werden kann, wie kommunikative Macht zu politischen Fragen und Inhalten durch kommunikatives Handeln erzeugt werden und möglicherweise anhand partizipatorischen Handelns, welches jedem Adressaten politischer Bildung frei steht, in die politischen Entscheidungsprozesse eingebracht werden kann" (Achour 2013, 84).

Unterscheiden, ob ein Kleid oder eine Blume schön sei, so Kant, „beziehen wir die Vorstellung nicht durch den Verstand auf das Objekt zum Erkenntnisse, sondern durch die Einbildungskraft (...) auf das Subjekt und das Gefühl der Lust oder Unlust" (Kant 1974, 115). Somit ist das Geschmacksurteil auch kein Erkenntnisurteil, „mithin nicht logisch, sondern ästhetisch, worunter man dasjenige versteht, dessen Bestimmungsgrund nicht anders als subjektiv sein kann" (ebd.). Es wird also nicht das Objekt in seinem Erscheinen, sondern lediglich die Empfindung des Subjektes in Bezug auf das erscheinende Objekt interesselos bestimmt (vgl. Loidolt 2011): „Ein einzelnes Objekt erscheint mir, ich urteile (...) und sage damit nicht mehr, als dass die Erfahrung des Objekts in meiner Reflexion das Gefühl von Lust auslöst" (ebd., 233).
Kant unterscheidet derweil in eine bestimmende und eine reflektierende Urteilskraft. Die, in alltäglichen Zusammenhängen zweifelsfrei bedeutende, auf dem kategorischen Imperativ gründende, bestimmende Urteilskraft ist für das Subsumieren des Besonderen unter einem bereits gegebenen Allgemeinen (z.B. Rechtssetzungen) zuständig. Die Urteilskraft ist also bestimmend, „sofern sie die Anschauung unter allgemeine Kategorien subsumiert" (Roth 2011, 663). Sie kennt „kein Element der Selbstreflexion" (Negt 2010, 395). Die reflektierende Urteilskraft hingegen, „die von dem Besonderen in der Natur zum Allgemeinen aufzusteigen die Obliegenheit hat" (Kant 1974, 88), die also reflektierend ist, „indem sie zu einem gegebenen Besonderen das Allgemeine zu finden sucht" (Roth 2011, 663), ist, schon ihrem Namen nach, auf eine „Operation der Reflexion" (Kant 1974, 226) angewiesen. Erst diese Operation im Urteilprozess vermag dem ästhetischen Urteil eine allgemeine Stimme zu verleihen (vgl. ebd.). Mit dieser Stimme heißt es nun nicht mehr „Ich finde das Kleid schön!", sondern „Das Kleid ist schön!".
In diesem Zusammenhang bedarf es einer „erweiterten Denkungsart" (ebd., 226f.) im Operationsverfahren des Urteilens, die einen allgemeinen Standpunkt ermöglichen soll, von dem aus dann allgemein mitteilbar geurteilt werden kann. Ein solcher Standpunkt vermag verschiedene Urteile zu berücksichtigen. Der auf bloße private Empfindungen sich beschränkende Sinnengeschmack wird dadurch zum Reflexionsgeschmack, der den anderen indes nur zur Beistimmung angesonnen werden kann – denn Eindeutigkeit oder endgültige Wahrheit kann er nicht aussprechen.

Der ästhetische Reflexionsgeschmack (z.B. „Das Kleid ist schön!") ist also das Resultat einer reflektierenden Urteilskraft, die Kant als gemeinschaftlichen Sinn (sensus communis) bestimmt und wie folgt beschreibt:

„*Unter dem sensus communis (...) muß man die Idee eines gemeinschaftlichen Sinnes, d.i. eines Beurteilungsvermögens verstehen, welches in seiner Reflexion auf die Vorstellungsart jedes andern in Gedanken (a priori) Rücksicht nimmt, um gleichsam an die gesamte Menschenvernunft sein Urteil zu halten, und dadurch der Illusion zu entgehen, die aus subjektiven Privatbedingungen, welche leicht für objektiv gehalten werden könnten, auf das Urteil nachteiligen Einfluß haben würde. Dieses geschieht nun dadurch, daß man sein Urteil an anderer, nicht sowohl wirkliche, als vielmehr bloß mögliche Urteile hält und sich in die Stelle eines jedes anderen versetzt, indem man bloß von den Beschränkungen, die unserer eigenen Beurteilung zufälliger Weise anhängen, abstrahiert.*" (Kant 1974, 225)

Der ästhetische Reflexionsgeschmack ist demnach keine rein private Empfindung, die eine unmittelbare, rein subjektive Reaktion ausdrückt (vgl. Loidolt 2011). Er ist von subjektiven Vorurteilen frei, denn er wurde durch eine geistige Operation der Reflexion an andere Urteile gehalten und ist somit weithin widerspruchsfrei und allgemein mitteilbar. Er ist das Resultat von drei – zweifellos schwer zu verwirklichenden – Maximen der Denkungsart, die zugleich die Funktionsweisen des reflektierenden Urteilens bestimmen: Zum ersten die Maxime des (vorurteilfreien) Selbstdenkens, also jene maßgeblich vom Aufklärungsgedanken beeinflusste Idee der „vorurteilfreien Denkungsart" (Kant 1974, 226). Zum zweiten die Maxime der „erweiterten Denkungsart", im Sinne eines „an der Stelle jedes andern denken" (ebd.), um so das eigene Urteil um mögliche andere zu erweitern. Und schließlich, zum dritten, die Maxime der „konsequenten Denkungsart", des einstimmigen und widerspruchsfreien Denkens (vgl. ebd.).

Urteilend operiert der Urteilende nach diesen Maximen – unter Maßgaben der allgemeinen Mitteilbarkeit und Freiheit. Dem sensus communis liegt derweil keine inhaltliche Vorstellung (über wahr und unwahr, richtig oder falsch) zugrunde. Und deshalb sind die aus dem sensus communis folgenden Maximen auch keine Angelegenheiten der Erkenntnis (vgl. Arendt 1985), was Kant selbst in seiner Erläuterung der erweiterten Denkungsart als formales Prinzip verdeutlicht: „Allein hier ist nicht die Rede vom Vermögen des

Erkenntnisses, sondern von der Denkungsart, einen zweckmäßigen Gebrauch davon zu machen: welche, so klein auch der Umfang und der Grad sei, wohin die Naturgabe des Menschen reicht, dennoch einen Mann von erweiterter Denkungsart anzeigt, wenn er sich über die subjektiven Privatbedingungen des Urteils, wozwischen so viele andere wie eingeklammert sind, wegsetzen, und aus einem allgemeinen Standpunkte (den er dadurch nur bestimmen kann, dass er sich in den Standpunkt anderer versetzt) über sein eigenes Urteil reflektiert." (Kant 1974, 227).

2.2.3 Reflektierende Urteilskraft als Verfahrensweise politischen Urteilens

Im Folgenden wird die reflektierende Urteilskraft als Verfahrensweise *politischen Urteilens* bestimmt. Die in diesem Sinne notwendige (politische) Transformation des Kant'schen Geschmacksurteils wird derweil maßgeblich in Anlehnung an Hannah Arendt vollzogen.

Hannah Arendt leitete aus ihrer verknüpfenden Auseinandersetzung mit den Kant'schen Einzelschriften einerseits – wie z.B. „Was ist Aufklärung" (1784), „Zum ewigen Frieden" (1795) oder „Der Streit der Fakultäten (1798) – und den drei großen Kritiken andererseits, die These ab, dass das Werk Kants eine politische Philosophie enthält, die als solche von Kant selbst nicht formuliert wurde (vgl. Arendt 1985, 46). Diese sei, wie sie Karl Jaspers schrieb, entgegen dessen, was sich a priori vermuten lasse, nicht in der „Kritik der praktischen Vernunft", sondern in der „Kritik der Urteilskraft" vergraben (vgl. hier: Heuer 1992, 352).[17] Denn die „Kritik der Urteilskraft" handele vom Empirischen sowie den „Menschen im Plural", also „davon, wie sie wirklich sind und in Gesellschaften leben" (Arendt 1985, 24). Demgemäß konstatiert sie, dass das eigentlich politische Vermögen in der Philosophie Kants nicht die gesetzgebende Vernunft, sondern die Urteilskraft sei, „der es eigen ist, sich über die ‚subjektiven Privatbedingungen des Urteils' hinwegsetzen zu können" (Arendt 1993, 98). Vor dem Hintergrund dieser

---

[17] Indes betont Marco Estrada Saavedra in seiner Interpretation der Urteilslehre Arendts, dass sich Arendt eher selektiv der Kritik der Urteilskraft angenommen hat, da sie sich wesentlich auf den ersten Teil der „Kritik der ästhetischen Urteilskraft" beschränkte; und dies auch „nur in Ansehung ihres eigenen Projektes" (Estrada Saavedra 2002, 131).

Entdeckung entwarf Arendt ihren Begriff politischer Urteilskraft ausgehend von der ästhetischen Urteilskraft bei Kant. Es soll und kann hier nicht um eine tiefergehende Auseinandersetzung mit der Frage gehen, ob und inwiefern die in diesem Zusammenhang vollzogene politische Transformation gelungen oder überhaupt möglich ist. Denn nicht nur, dass dies den Rahmen dieser Arbeit sprengen würde und dass dazu ohnehin schon viel geschrieben wurde (vgl. etwa Bernstein 1986; Benhabib 1995; Seitz 2002)[18]. Strenggenommen kann eine solche Auseinandersetzung Hannah Arendt auch insofern nur schwerlich gerecht werden, als sie ihr Werk über das Urteilen als dritter Gegenstand „Vom Leben des Geistes" nicht fertigstellen konnte. Im Sinne einer Hinführung zur Bestimmung des Verständnisses von politischer Urteilskraft bei Arendt daher nur so viel: Zunächst einmal ist es durchaus nachvollziehbar, dass Arendt im Sinne ihres Entwurfs[19] *politischen* Urteilens ideengeschichtlich von Kant ausging. So konnte sie am Kant'schen Konzept von Urteilskraft als ein geistiges Vermögen anknüpfen, das sich mit dem Besonderen befasst und das gleichsam auf Freiheit angewiesen ist. Zudem teilte Arendt Kants Konzept von Denken, das, obgleich ein einsames Geschäft, von anderen abhängig ist, um möglich zu sein. Denn Urteilsfindung kann nach Arendt unabhängig von den Standpunkten, Perspektiven und Ansichten anderer weder gelingen noch wirklich geschehen. Dementsprechend sekundierte sie auch Kants Bemerkung, wonach „das einzige allgemeine Merkmal der Verrücktheit der Verlust des Gemeinsinns (sensus communis), und der dagegen eintretende logische Eigensinn (sensus privatus)" (Kant 1964, 535) sei; wobei Kant damit meinte, wie Arendt schreibt, „daß unser logisches Vermögen, das Vermögen, das uns

---

[18] Mitunter wird das gesamte Projekt der politischen Wendung in Frage gestellt (vgl. etwa Bernstein 1986). Zudem sei hier erwähnt, dass die Kant-Interpretation Arendts auch im Diskurs um Moderne und Postmoderne diskutiert wird; so deuten etwa Jürgen Habermas (1984) und Seyla Benhabib (1998) „als Vertreter einer ‚unvollendeten Moderne' (…) Arendts Fragment der politischen Urteilskraft im Sinne einer kommunikativen Variante der praktischen Vernunft" (Meints 2011, 19), wohingegen aus postmoderner Perspektive die reflektierende Urteilskraft zur Grundlage jeder Erkenntnis erhoben wird (vgl. Meints 2011, 18f.). Waltraud Meints hält beidem entgegen: „Arendt interpretiert Kants Kritik der Urteilskraft weder als kommunikative Wendung der praktischen Vernunft noch behauptet sie, dass die reflektierende Urteilskraft die Grundlage oder Voraussetzung aller Urteile ist" (ebd., 19).

[19] Dieser Entwurf ist wesentlich der posthum unter dem Titel „Das Urteilen" veröffentlichten dreizehnstündigen Vorlesung Hannah Arendts „Über Kants Politische Philosophie" zu entnehmen (vgl. Arendt 1985).

befähigt, Schlüsse aus Voraussetzungen zu ziehen, in der Tat ohne Kommunikation funktionieren könnte – nur daß dann, nämlich wenn Verrücktheit den Verlust des Gemeinsinns verursacht hat, dieses logische Vermögen zu verrückten Ergebnissen führen würde, und zwar genau deshalb, weil es sich von der Erfahrung abgetrennt hat, die nur in Anwesenheit anderer gültig sein und für gültig erklärt werden kann" (Arendt 1985, 86). Schließlich mag es nicht verwundern, dass Hannah Arendt die Themen des ersten Teils der Kritik der Urteilskraft – „das Besondere, sei es eine Tatsche der Natur oder ein Ereignis in der Geschichte; die Urteilskraft als das Vermögen des menschlichen Geistes, sich mit dem Besonderen zu befassen; die Geselligkeit der Menschen als Bedingung des Funktionierens dieses Vermögens" – als allesamt „von herausragender politischer Bedeutung" fasste (ebd., 26).
Gleichwohl musste sich Arendt in ihrer Kant Rezeption gleichsam „radikal" von ihm entfernen (vgl. Bernstein 1986). Denn ganz anders als bei Kant diente ihr die Konzeption des reflektierenden Urteils als ein Verfahren zur Erzeugung intersubjektiver Gültigkeit, die es im öffentlichen Bereich zu erlangen gilt (vgl. Benhabib 1995); gerade weil die Gültigkeit des politischen Urteils entscheidend von allgemeiner Mitteilbarkeit – Arendt spricht auch von Öffentlichkeit – und somit Kommunikationen abhängt.
Für Arendt ist also nicht die praktische Vernunft, sondern die auf Kommunikation und Öffentlichkeit angewiesene reflektierende Urteilkraft das bedeutendste geistige Vermögen im Bereich des Politischen. Während sie bei Kants Unterscheidung in Künstler (Hersteller) und Publikum (Betrachter) ansetzt und eine im Grunde eher vermeintliche Unterscheidung zwischen (politischem) Akteur (Handelnden) und Zuschauer/Weltbetrachter (Urteilenden) analogisiert, verändert sie zugleich die Bezugspunkte der reflektierenden Urteilskraft. Mit Arendt beschränkt sich die Urteilskraft nun nicht mehr auf den Bereich des Ästhetischen, sondern wird auf die Bereiche des Politischen ausgedehnt.
Dass sich Arendt in bestem Wissen von Kant entfernte, wird vor dem Hintergrund ihrer Kritik an der Kant'schen Moralphilosophie und dessen Faktum der Vernunft deutlich (vgl. Arendt 1985). So bedauert sie, dass das Urteil über das Besondere (nicht nur: „Das ist schön" oder „Das ist hässlich", sondern auch: „Das ist richtig"; „Das ist falsch") in Kants Moralphilosophie

keinen Platz hat und somit auch die reflektierende Urteilskraft im Kategorischen Imperativ Kants keine wesentliche Rolle spielt, da dieser, wie sie selbst feststellt, seine Gültigkeit aus dem „Mit-sich-selbst-einstimmig-Denken" zieht und eine so verstandene gesetzgebende Vernunft eben nicht die anderen, „sondern nur ein sich nicht widersprechendes Selbst voraus(setzt)" (Arendt 1993, 98). Während also bei Kant das Vermögen zwischen richtig und falsch unterscheiden zu können in den Bereich der praktischen Vernunft gehört (vgl. Bernstein 1986; Benhabib 1995), ist ebenjene Unterscheidung bei Arendt Teil politischer Urteilskraft. Und diese Urteilskraft ist mit praktischer Vernunft nicht identisch. Denn „praktische Vernunft ‚räsonniert' und sagt mir, was zu tun und zu unterlassen ist; sie schreibt das Gesetz vor und ist identisch mit dem Willen, und der Wille gibt Befehle; er spricht in Imperativen" (Arendt 1985, 26).

Und dennoch identifizierte Arendt funktionale Übereinstimmungen im ästhetischen und politischen Urteilen (vgl. Bajohr 2011). So fasste sie die Urteilskraft als ein zu aktivierendes geistiges Vermögen, das vermittels der zentralen Maxime der erweiterten Denkungsart den Menschen in seinem Urteilen und kritischen Denken insofern entsubjektiviert, als dieser die „Dimension des Gemeinwesens, (…) in den Reflexionsprozess einbezieht" (Negt 2010, 395). Die Urteilenden beziehen sich im Urteilen also explizit auf unterschiedliche Perspektiven, Standpunkte und Ansichten einer Urteilsgemeinschaft – weshalb Arendt betonte: „Wenn man urteilt, urteilt man als Mitglied einer Gemeinschaft" (Arendt 1985, 97). Gleichzeitig teilte Arendt den Wahrheits- und Geltungsmodus bei Kant, wonach nicht Wahrheiten oder überzeitliche Gültigkeiten, sondern intersubjektive Kommunikationen im Zentrum stehen (vgl. Loidolt 2011). Auch für Arendt sind die Urteile (im Gegensatz etwa zu streng wissenschaftlichen Urteilen) nicht zwingend – weshalb der Urteilende letztlich immer nur um Zustimmung bzw. Übereinstimmung „betteln" kann (Arendt 1985, 97). Und damit steht für Arendt außer Frage, dass es immer auch zu Irrtümern kommen kann – was aber weitaus verschmerzbarer sei, als eine Weigerung zu urteilen (vgl. Heuer 1992; Opstaele 1999). Denn das konkrete Urteilen und die damit einhergehende Übernahme von Verantwortung stellt für Arendt eine Notwendigkeit dar. Und die Annahme, dass „sich jeder ständig denkend und urteilend seiner

Existenz versichern kann" (Heuer 1992, 348), war ihr eine tröstliche Einsicht (vgl. ebd.).
Obgleich das so eminent wichtige Urteilen auch für Arendt keine Angelegenheit der Erkenntnis ist (vgl. Arendt 1985)[20], kommt es bei ihr dennoch zu einer inhaltlichen Aufladung des Prinzips der allgemeinen Mitteilbarkeit.[21] Vermittelt über die *erweiterte Denkungsart* kommen bei ihr vielfältige Perspektiven einer pluralistischen und entgrenzten Urteilsgemeinschaft zur Geltung, die sich auch als *inhaltliche* Korrektive zum selbstbezogenen Standpunkt des individuell Urteilenden verhalten[22] (vgl. Estrada Saavedra 2002) – wobei nicht eindeutig zu bestimmen ist, ob es sich dabei ausschließlich um eine nur virtuelle bzw. imaginierte oder auch um eine real und unmittelbar zugängliche Urteilsgemeinschaft handelt (vgl. dazu Kapitel 2.2.5).
Die erweiterte Denkungsart wird bei Arendt zum Dreh- und Angelpunkt der Gütequalität eines politischen Urteils und somit zur „politische[n] Fähigkeit

---

[20] Jürgen Habermas problematisiert, dass Arendt dem Bereich des Politischen keine „kognitive Grundlage" zur Verfügung stellt und somit konsequenterweise dem politischen Urteil einen kognitiven Erkenntnisstatus verweigert. Daher würde Arendt zwischen Erkenntnis und Meinung auch einen Abgrund klaffen sehen (vgl. Habermas 1979). In diesem Zusammenhang kritisiert Habermas auch die Theorie-Praxis-Trennung bei Arendt. Allerdings konnte er sich dabei noch nicht auf die arendtsche Vorlesungsreihe zu Kants politischer Philosophie beziehen, da diese zum Zeitpunkt dieser Kritik noch nicht veröffentlicht wurde (vgl. Spiegel 2010). Hätte er dies gekonnt, dann würde seine Kritik zumindest in diesem Punkt vermutlich anders ausfallen. Denn zum Ende dieser Vorlesungsreihe versucht Arendt ebenjene Theorie-Praxis-Trennung in ihrer Thematisierung des politischen Urteils aufzuheben. Neben der grundsätzlichen Annahme, wonach sich der Kritiker und Zuschauer auch in jedem Akteur befinde, wird dieser Versuch der Aufhebung durch ihren politischen Imperativ am deutlichsten, der sich auf dem Vertrag bzw. der Idee des ursprünglichen Miteinander-Handelns der Menschen stützt (vgl. ebd.). Sie schreibt: „Kraft dieser in jedem einzelnen Menschen vorhandenen Idee der Menschheit sind die Menschen menschlich, und sie können zivilisiert und human in dem Maße genannt werden, in dem diese Idee zum Prinzip nicht nur ihrer Urteile, sondern auch ihrer Handlungen wird. An diesem Punkt findet die Vereinigung von Akteur und Zuschauer statt; die Maxime des Akteurs und die Maxime, der ‚Maßstab', auf Grund dessen der Zuschauer über das Weltspektakel urteilt, werden eins. Der gleichsam kategorische Imperativ für das Handeln könnte dann wie folgt lauten: Handle stets nach der Maxime, durch die dieser ursprüngliche Vertrag in einem allgemeinen Gesetz verwirklicht werden kann." (Arendt 1985, 99).
[21] Mitteilbarkeit meint in diesem Kontext das auf einer Erweiterung des Denkens basierende Vermögen, ein Urteil der Öffentlichkeit allgemeingültig zugänglich zu machen, was einer Form des Urteils bedarf, „in der seine Ansinnbarkeit durch Übereinstimmung *von anderen* akzeptiert wird und es als *exemplarisch* und *verbindlich* – angesichts des Mittragens gemeinsamen Handelns – gelten soll, ohne (...) auf einen Begriff zu beruhen" (Estrada Saavedra 2002, 144; *Hervorhebungen im Original*).
[22] Irina Spiegel verweist daher darauf, dass das Urteilen bei Arend als ein Vermögen gefasst wird, das individuelle wie pluralistische Urteilsbildung ermöglicht (vgl. Spiegel 2010).

par excellence" (Arendt 1993, 98). Der vom Urteilenden durch die geistige Bewegung der Erweiterung gewährleistete Weltbezug ist bei ihr für den politischen Bereich von eminenter Bedeutung, schließlich sind die Denkungsarten der Vernunft (das einstimmige Denken) und des Verstandes (das Selbstdenken) durch ihre Weltfremdheit im Bereich des Politischen beileibe nicht unproblematisch (vgl. Opstaele 1999; Estrada Saavedra 2002). Arendt verwendet in diesem Zusammenhang auch den Begriff des *kritischen Denkens*, das sich als solches der „,Überprüfung durch die freie und öffentliche Untersuchung'" (Arendt 1985, 56) auszusetzen hat. Und: „Je mehr Leute sich daran beteiligen, desto besser" (ebd., 55). Im Gegensatz zum dogmatischen Denken geht das kritische Denken, das sich an der Wirklichkeit orientiert, mit einer Emanzipation von blinder Gefolgschaft und Weltfremdheit notwendig einher. Und als eine Kunst des Denkens hat es immer gleichsam „politische Implikationen" (ebd.) und ist überdies insofern antiautoritär, als es alles Gegebene hinterfragt (vgl. Heuer 1992).

Das kritische Denken und das eigenständige politische Urteilsvermögen kann also auf Basis völliger Isolation und Einsamkeit nicht gelingen. Es bedarf intersubjektiver Kommunikationen. Denn:

„Die Macht des Urteils beruht auf einer potentiellen Übereinstimmung mit anderen, und der Denkprozeß, der beim Urteilen stattfindet, ist nicht wie der Denkprozeß des reinen Nachdenkens ein Dialog zwischen mir und mir, sondern befindet sich immer und in erster Linie, selbst wenn ich in aller Einsamkeit versuche, zu einem eigenen Urteil zu kommen, in einer vorweggenommenen Kommunikation mit anderen, von denen ich weiß, daß ich mich letztlich mit ihnen auf irgendeine Art werde einigen müssen. Aus dieser potenziellen Einigung oder Übereinkunft bezieht das Urteil seine spezifische Gültigkeit." (Hannah Arendt; hier zit. aus: Benhabib 1995, 147)

Wenngleich sich der Urteilende den je spezifischen Bedingungen, denen er als Mensch an seinem wiederum je spezifischen Standort unterworfen ist, nicht vollends entsagen kann, geht es im Sinne des politischen Urteils gleichwohl immer um eine Überwindung individueller Beschränkungen. Denn grundsätzlich gilt: „Je weniger idiosynkratisch jemandes Geschmack ist, desto besser kann dieser mitgeteilt werden" (Arendt 1985, 97). Oder anders ausgedrückt: „Je differenzierter und reflektierter der Geschmack ist, desto besser kann er kommuniziert werden" (Spiegel 2010, 95).

Die im politischen Urteilsprozess dementsprechend notwendige Berücksichtigung der Standorte, Perspektiven und Urteile anderer verleiht den sodann entsubjektivierten[23] Urteilen am Ende dieses Prozesses schließlich ihre Repräsentationsfähigkeit, Mitteilbarkeit und schließlich politische Qualität. Insofern lässt sich der Kategorische Imperativ Kants mit Arendt wie folgt umformulieren: „Handle so, daß die Maxime deiner Handlungen den Blickwinkel eines jeden so berücksichtigt, daß du in der Lage wärst, ‚um jedes anderen Beistimmung zu werben'" (Benhabib 1995, 151). Derweil gilt es immer auch Rechenschaft abzulegen – „nicht beweisen, aber sagen können, wie und aus welchen Gründen man zu seiner Meinung kam" (Arendt 1995, 58).

Im Sinne der Repräsentationsfähigkeit, Mitteilbarkeit und Begründbarkeit der politischen Urteile betont Arendt insbesondere die „Operation der Reflexion" (Kant 1974, 226), die sie als die „eigentliche Tätigkeit des Etwas-Beurteilens" (Arendt 1985, 92) fasst sowie eine dieser Operation vorgeschaltete Operation der Einbildungskraft.[24] Erst durch Einbildungskraft und Reflexion vermag das Urteil repräsentations- und kommunikationsfähig zu werden. Einbildungskraft als „Fähigkeit, präsent zu machen, was abwesend ist" (ebd., 87), entsinnlicht den direkt affizierenden Gegenstand und bereitet ihn damit so zu, dass darüber (kritisch) nachgedacht werden kann (vgl. ebd.). Man beurteilt nun also „Gegenstände, die nicht länger gegenwärtig, sondern aus der unmittelbaren Sinneswahrnehmung entfernt sind und einen deshalb nicht länger direkt affizieren (...)" (ebd., 92). Diese hergestellte „Distanz von den direkten Affektionen des Gegenstandes impliziert das gleichzeitige

---

[23] Diese Entsubjektivierung bedeutet indes keine Anpassung an die Urteile anderer. Arendt schreibt: „Ich spreche noch immer mit meiner eigenen Stimme und zähle nicht die Majorität aus, um zu dem zu gelangen, was ich für richtig halte. Allerdings ist mein Urteil auch nicht länger subjektiv" (Arendt; hier zit. aus: Beiner 1985, 138).

[24] Ausgehend von Kants Geschmackssinn stellt sich Arendt die Frage, wie dieser innere, repräsentationsunfähige Sinn, der sich durch seine Subjektivität und Privatheit der Kommunikation und somit Öffentlichkeit entzieht, die Basis für Urteilkraft und Mitteilbarkeit sein kann. Zunächst konstatiert sie, dass der Geschmackssinn in seiner Bezogenheit auf das Besondere Unterscheidungen trifft („es gefällt mir"). Solche Unterscheidungen sind aber nicht kommunizierbar und entziehen sich mithin dem Streit. Arendt schreibt: „Der springende Punkt hier ist: ich bin direkt affiziert. Aus diesem Grunde kann es keinen Streit über Richtig oder Falsch geben. (...) Kein Argument kann mich davon überzeugen, Austern zu mögen, wenn ich sie nicht mag." (Arendt 1985, 89). In ihrer Antwort auf die soeben genannte Frage betont sie die Bedeutung der Operationen der Einbildungskraft und Reflexion, denn diese gewährleisten die Mitteilbarkeit und Repräsentationsfähigkeit des Urteils.

Begreifen der Multilateralität der von dem Gegenstand repräsentierten Perspektiven, um das Ganze in seiner Vielfältigkeit zu beurteilen" (Estrada Saavedra 2002, 143). Insofern wird also „nicht über einen Gegenstand, sondern über seine Repräsentation" (Arendt 1985, 87) reflexiv geurteilt.

2.2.4 Repräsentatives Denken: Die Figur des unparteiischen Betrachters entgrenzter politischer Probleme

In den bisherigen Ausführungen sollte verdeutlicht worden sein, dass es im Sinne politischer Urteilskraft repräsentationsfähiger Urteile bedarf. Denn nur dann scheint ausreichend gewährleistet, „dass die Welt als gemeinsamer Gegenstand und das Besondere in ihr (z.B. politische Ereignisse/Probleme) nicht alleinig aus einer spezifisch subjektiven, standortgebundenen Perspektive heraus betrachtet und beurteilt wird" (Niehoff 2016a, 12). Da die Urteilskraft in erster Linie ein geistiges Vermögen des Betrachtens, nicht des Handelns ist (vgl. Arendt 1985), erlangt die Denkfigur des unparteiischen Zuschauers als Weltbetrachter im Prozess des Urteilens eine Bedeutung. Zur Erläuterung dessen sei zunächst noch einmal bei Kant angesetzt:
In seiner politischen Schrift „Der Streit der Fakultäten" setzt sich Kant mit der Französischen Revolution als politisches Ereignis auseinander, die er im Angesicht der sie begleitenden Gewalttätigkeiten moralisch verurteilt, aber aus Perspektive des Betrachters zugleich enthusiastisch begrüßt. Kant schreibt: Die Revolution „mag mit Elend und Greueltaten dermaßen angefüllt sein, daß ein wohldenkender Mensch sie, wenn er sie, zum zweitenmale unternehmend, glücklich auszuführen hoffen könnte, doch das Experiment auf solche Kosten zu machen nie beschließen würde – diese Revolution sage ich, findet doch in den Gemütern aller Zuschauer (die nicht selbst in diesem Spiele mit verwickelt sind) eine Teilnehmung dem Wunsche nach, die nahe Enthusiasm grenzt (…)" (Kant 1964, 358). Hannah Arendt interessiert sich in ihrer Auseinandersetzung mit Kant nun genau für ebenjene ambivalente Beurteilung, die sie als „scheinbaren Gegensatz zwischen einer nahezu grenzenlosen Bewunderung für die Französische Revolution und seiner ebenso grenzenlosen oppositionellen Haltung gegenüber jeder revolutionären Unternehmung auf Seiten der französischen Bürger" bezeichnet (Arendt 1985, 62).

Erklärlich wird diese augenscheinliche Widersprüchlichkeit, vor dem Hintergrund einer Unterscheidung des Menschen in Teilnehmende (Handelnde) und Beobachtende (Urteilende). Denn es kann sein, dass das Prinzip, nach dem man handeln soll, mit dem Prinzip, nach dem man urteilen soll, zusammenstößt (vgl. ebd.). Auf der einen Seite steht die Frage nach moralischen Handlungen, die den Menschen als vernünftig Handelnden in den Blick nimmt. Mit Kant ist hier z.b. gemeint, dass sich der Mensch nicht die Guillotine zur Maxime seines Handelns machen kann. „Die Gewalt einer Revolution lässt sich niemals moralisch rechtfertigen. ‚Wo gehobelt wird, da fallen Späne' wird die kantische Ansicht nie sein können" (Loidolt 2011, 242). Auf der anderen Seite „steht die kantische Perspektive in ästhetisch-politischer Hinsicht, die die Menschengattung und ihren Fortschritt betrifft" (ebd., 241). Hier ist nun die Figur des Urteilenden, des nicht direkt involvierten Zuschauers oder Betrachters bestimmter Ereignisse von Bedeutung. Von Königsberg aus ist Kant selbst in diese Rolle geschlüpft. Und er misst den Wahrnehmungen und Bewertungen der anderen Zuschauer eine, im Vergleich zum Ereignis selbst, exponierte Bedeutung bei: „Der Reaktion der ‚Zuschauer' im öffentlichen Raum wegen wertet Kant die Französische Revolution als ein Geschichtszeichen für den Fortschritt des Menschengeschlechts" (Meints 2011, 67).

Dass sich Arendt nun insbesondere für die Figur des unparteiischen Zuschauers interessiert (vgl. ebd.), mag nicht überraschen, konstituiert sich der öffentliche Raum doch ihrem Verständnis nach wesentlich durch die „Kritiker und Zuschauer" (Arendt 1985, 85) – wobei jedoch handeln und urteilen nicht per se in einem unversöhnlichen Spannungsverhältnis zueinanderstehen, da sich in jedem Akteur auch ein Zuschauer befindet (vgl. ebd.). Somit ist bei ihr „das Urteilen und seine implizierte Geselligkeit (…) – gemeinsam mit dem Handeln – die Quelle der Weltbildung, die Quelle dessen, was die Welt nicht zu einer ideologischen oder idiosynkratischen Wüste werden lässt, sondern zu einem Ort, an dem man wohnen kann, in dem man (sich) verstehen kann, sich verorten kann – trotz aller Ungeheuerlichkeiten, die geschehen sind und geschehen" (Loidolt 2011, 242f.).

Die Denkfigur des unparteiischen Zuschauers kann derweil als eine Metapher für den generalisierten Anderen verstanden werden. Kant hat sich in diesem Zusammenhang offensichtlich von dem Moralphilosophen Adam Smith inspirieren lassen, der in seinem Werk „Theorie der ethischen Gefühle" den universialistischen Standpunkt der Moral, dessen Instanz die Vernunft sei, durch die Figur des unbeteiligten und unparteiischen Zuschauers dargelegt hat (vgl. Ulrich 1997). Smith schreibt in diesem Sinne: „Wir bemühen uns, unser Verhalten so zu prüfen, wie es unserer Ansicht nach irgendein anderer gerechter und unparteiischer Zuschauer prüfen würde" (Smith 1985, 167). Für Smith bilden sich die moralischen Gefühle auf Grundlage von Sympathie den Gegenstand einer vernünftigen Beurteilung – wobei er unter Sympathie weniger ein Gefühl der Zuneigung versteht als vielmehr ein grundsätzlicheres formales Einfühlungsvermögen im Sinne von Empathie (vgl. Ulrich 1997). Im Verständnis Smith' vollzieht sich die Urteilsbildung wie folgt:

„Wir billigen oder missbilligen das Verhalten eines anderen Menschen auf die Weise, dass wir uns in seine Lage hineindenken und nun unsere Gefühle darauf prüfen, ob wir mit den Empfindungen und Beweggründen, die es leiteten, sympathisieren können oder nicht. Und in gleicher Weise billigen oder missbilligen wir unser eigenes Betragen, indem wir uns in die Lage eines anderen Menschen versetzen und es gleichsam mit seinen Augen und von seinem Standort aus betrachten und nun zusehen, ob wir von da aus an den Empfindungen und Beweggründen, die auf unser Betragen wirken, Anteil nehmen und mit ihnen sympathisieren könnten oder nicht." (Smith 1985, 166)

Für Smith entspringt also dem sympathisierenden „Rollentausch mit anderen Menschen zugleich das Vermögen der *kritischen Selbstreflexion* unserer eigenen Beweggründe und Handlungsweisen" (Ulrich 1985, 64; *Hervorhebung im Original*). Der unparteiische Zuschauer repräsentiert derweil den autonomen Vernunftstandpunkt, der uns im Sinne eines „Verfahren des unparteiischen Denkens" (Sen 2010, 431) zur Emanzipation vom Egozentrismus verhilft. Damit gilt:

„Niemals können wir unsere Empfindungen und Beweggründe überblicken, niemals können wir ein Urteil über sie fällen, sofern wir uns nicht gleichsam von unserem natürlichen Standort entfernen, um sie gleichsam aus einem gewissen Abstand von uns selbst zu betrachten. Aber dies können wir nicht anders erreichen als durch das Bemühen, sie mit den Augen anderer Menschen zu sehen (...)." (Smith 1985; hier zit. aus: Sen 2010, 152)

Der unparteiische Zuschauer ist also als eine fiktive Denkfigur aufzufassen, die einen Weg zu kritischen Fragen aufzuzeigen vermag. Und zwar insofern, als die Dinge durch andere Perspektiven, aus Distanz zum eigenen Standort, beleuchtet werden. Es geht also nicht darum, wie der indische Gerechtigkeitstheoretiker Amartya Sen in seiner Auseinandersetzung mit der Smith'schen Denkfigur festhält, eine Debatte mit einer interessenlosen und formelhaften Antwort zu beenden, sondern um die Überprüfung eines Denkens und Urteilens, das „durch lokale Konventionen eingeschränkt sein könnte" (Sen 2010, 152).

Anders als Smith verweist nun Arendt darauf, dass der Anspruch, sich in den Standpunkt anderer zu versetzen, nicht mit Empathie zu verwechseln sei, „mit deren Hilfe man wissen kann, was tatsächlich in den Köpfen aller anderen vor sich geht" (Arendt 1985, 61) und dieses dann gefühlsmäßig versteht, erfasst oder akzeptiert. Vielmehr geht es darum, sich den Standpunkt und die Perspektive anderer zu vergegenwärtigen, sich also bewusst zu machen, „aus welchem Blickwinkel andere Beteiligte die Dinge sehen oder sehen könnten" (Benhabib 1995, 152). Und diese vielseitigen (inhaltlichen) Standpunkte, Blickwinkel oder Perspektiven „erfassen und zeigen (…) einen *Teil* des Ganzen, und weil für dieses letzte *mit*konstitutiv, sind die Perspektiven dem Ganzen unentbehrlich" (Estrada Saavedra, 137; *Hervorhebungen im Original*). Letztlich geht es aber auch bei ihr darum, „die Ergebnisse des eigenen Denkens den realen oder potentiell anderslautenden Auffassungen entgegenzusetzen und sie dadurch weiterzuentwickeln" (Heuer 1992, 353).

Im Sinne der wichtigsten „Bedingung für alle Urteile, die Bedingung der Unparteilichkeit" (Arendt 1985, 92) kommt wiederum den Operationen der Einbildungskraft und Phantasie und schließlich Reflexion eine exponierte Bedeutung zu. Arendt benutzt in diesem Zusammenhang die Metapher vom blinden Dichter: „Indem man seine Augen schließt, wird man zu einem unparteilichen, nicht direkt affizierten Zuschauer sichtbarer Dinge. Der blinde Dichter!" (ebd., 92). Dieser blinde Dichter, der nach Arendt eine ganz reale Person ist, vermag mit den Augen des Geistes „Dinge von öffentlichem Belang wie Gut und Böse und Schön und Häßlich allein mit dem eigenen Geschmackssinn [zu] beurteilen" (Heuer 1992, 354). Mithin vermag blinde Dichter oder auch unparteiische Zuschauer das Spiel als Ganzes zu sehen, „während jeder Akteur nur seine Rolle kennt oder, wenn er aus der Perspektive des Handelns urteilen soll, nur den Teil des Ganzen, der ihn betrifft" (ebd.).

Nicht zuletzt in Referenz auf das dargelegte Verständnis politischer Prozesse als potentiell immer auch entgrenzte oder globalisierte Phänomene ist mithin wichtig zu erwähnen, dass sich der unparteiische Zuschauer in Anlehnung an Arendt auch als ein unparteiischer *Weltbetrachter* fassen lässt: „Wenn man urteilt und wenn man in politischen Angelegenheiten handelt, so soll man sich an der *Idee* (…) des *Weltbürger-Seins* und damit auch des *Weltbetrachter-Seins* orientieren" (Arendt 1985, 100; *eigene Hervorhebungen*). In Prozessen reflektierender Urteilskraft manifestiert sich so besehen immer auch globalisierte Pluralität. Im wahrsten Sinne des Wortes gilt es also nicht nur territorial bzw. räumlich begrenzte Standpunkte zu berücksichtigen. Es gilt, sich zu vergegenwärtigen, dass „jede Sache so viele Seiten hat und in so vielen Perspektiven erscheinen kann, als Menschen an ihr beteiligt sind" (Arendt 1993, 96) – und zwar Menschen aus nah und fern.

Die Urteilsgemeinschaft ist so besehen gleichsam eine kosmopolitische Öffentlichkeit. Und in Urteilsprozessen sind daher immer auch die Deutungen und Perspektiven aus verschiedenen „Teilen der Erde" zu berücksichtigen (vgl. Juchler 2012).

2.2.5 Zur Bedeutung nicht bloß vorgestellter problembezogener Perspektivvielfalt

Geleitet vom geistigen Vermögen reflektierender Urteilskraft vermag sich der Urteilende im Urteilsprozess auf einen allgemeinen Standpunkt zu erheben, der mit einer Hin- und Herbewegung zwischen unterschiedlichen politikbezogenen Perspektiven und Standpunkten einhergeht. Im Urteilsprozess ist damit immer „ein Moment der Passivität enthalten, eine bereitwillige Aufmerksamkeit, die sich auf das Denken und Fühlen des anderen richtet" (Negt 2010, 396). Und da dies eben eine rein geistige Tätigkeit ist, verbleibt die entsprechende „Rückkehrbewegung zur Welt des menschlichen Miteinanders" im Urteilsprozess selbst „ausschließlich auf der *Ebene des Geistes*" beschränkt (Opstaele 1999, 149). In einer unveröffentlichten Vorlesung über „Das Urteil" illustriert Hannah Arendt dies wie folgt:

„Stellen Sie sich vor, ich schaute auf ein bestimmtes Wohnhaus in einem Slum und würde in diesem besonderen Gebäude die allgemeine Vorstellung, die es nicht direkt ausdrückt, erkennen: die Vorstellung von Armut und Elend. Ich gelange zu dieser Vorstellung, indem ich mir vergegenwärtige, repräsentiere,

wie ich mich fühlen würde, wenn ich dort zu leben hätte. Das heißt: Ich versuche, vom Standort des Slumbewohners aus zu denken. Das Urteil, zu dem ich komme, wird keinesfalls unbedingt das gleiche sein wie das der Bewohner, bei denen die Zeit und die Hoffnungslosigkeit eine Abstumpfung gegenüber ihren schändlichen Lebensbedingungen bewirkt haben mögen; aber dies wird für mein weiteres Urteilen in diesen Angelegenheiten ein außergewöhnliches Beispiel werden, auf das ich zurückgreife (...)." (Arendt; hier zit. aus: Beiner 1998, 138)

Damit scheint auch für Arendt zu gelten, was Kant hinsichtlich der Allgemeingültigkeit des Geschmacksurteils ganz unmissverständlich zum Ausdruck bringt: Die Allgemeingültigkeit gründet nicht „auf Stimmensammlung und Herumfragen bei andern" (Kant 1974, 210). Somit benötigt die erweiterte Denkungsart keine empirisch vorfindbaren Urteile, Standpunkte oder Meinungen. Ihr genügen geistige Vergegenwärtigungen oder Repräsentationen bloß möglicher Urteile anderer Weltbürger/-innen auf Basis von Einbildungskraft und Phantasie. Der Urteilende bezieht sich also nicht auf „die faktisch gegebenen Ansichten der anderen ‚Zuschauer', sondern vergegenwärtigt sich lediglich im Geiste, was die anderen ‚Zuschauer' von ihrem jeweiligen Standpunkt in der Welt ausdenken könnten, um diese bloß möglichen Gedanken bei der eigenen Urteilsbildung zu berücksichtigen" (Opstaele 1999, 150). Arendt spricht in diesem Zusammenhang auch von Besuchen durch Einbildungskraft:

„Kritisches Denken spielt sich nach wie vor in der Einsamkeit ab; doch durch die Einbildungskraft macht es die anderen gegenwärtig und bewegt sich damit in einem Raum, der potentiell öffentlich, nach allen Seiten offen ist. (...) Mit einer ‚erweiterten Denkungsart' denken heißt, daß man seine Einbildungskraft lehrt, Besuche zu machen (...)." (Arendt 1985, 60f.)

Vor diesem Hintergrund dürfte es als unzweifelhaft gelten, dass bei Arendt der Zuschauer oder Kritiker auch dann ein politisches Urteil fällen kann, wenn er sich gar nicht mit konkreten Menschen und ihren *tatsächlich öffentlich artikulierten* Standpunkten auseinandergesetzt hat, weil sich der im Sinne politischer Urteilskraft so zentrale Einbezug fremder Perspektiven über die Operation geistiger Repräsentation unterschiedlicher Standpunkte gewährleisten lässt (vgl. Schäfer 2011). Die politische Urteilskraft kann also „auch unabhängig von den realen Ansichten anderer und der äußerlichen

Realität Ereignisse und Zusammenhänge vergegenwärtigen und durchdenken" (Heuer 1992, 354).
Dennoch muss letztlich offenbleiben, ob Hannah Arendt lediglich von einer virtuellen Urteilsgemeinschaft ausgeht (vgl. Hermenau 1999, 64). Jedenfalls verweist Arendt auch darauf, dass das Prinzip der Mitteilbarkeit eine tatsächliche Gemeinschaft von Menschen impliziert, „an die man sich wenden kann, *die zuhören und denen man zu hören kann*" (Arendt 1985, 57; *eigene Hervorhebung*). Dafür spricht auch, dass sich Arendt von einer strikt formalen Bestimmung des sensus communis durch eine gewisse inhaltliche Aufladung des Prinzips der Mitteilbarkeit verabschiedet hat (vgl. Schäfer 2011). Zudem spricht Arendt in „Was ist Politik?" im Kapitel „Die Kriegsfrage" von einer unendlichen Vielseitigkeit beredeter Gegenstände, „die, insofern von so Vielen in der Gegenwart vieler Anderer beredet, *an das Licht der Öffentlichkeit gezogen werden*, wo sie gleichsam gezwungen sind, alle ihre Seiten zu offenbaren" (Arendt 1993, 96; *eigene Hervorhebung*). Vor diesem Hintergrund dürfte die Lesart eine so falsche nicht sein, wonach die zu berücksichtigende Vielfalt unterschiedlicher Perspektiven auch unmittelbar und konkret zugänglich sein sollten.

Aus Perspektive politischer Bildung sei in diesem Zusammenhang erwähnt, dass sich im Sinne der Ermöglichung repräsentationsfähiger politischer Urteile nicht alleinig auf Einbildungskraft bzw. Imaginationen bloß möglicher Urteile Anderer verlassen werden sollte – weil es immer auch Perspektiven geben kann, die nicht vorgestellt werden können oder wollen. Daher sollte die politische Bildung als ein Ort und Raum für eine analytisch-distanzierte und verständigungsorientierte Auseinandersetzung mit konkret gegenständlichen (kontroversen) problembezogenen Wissensbeständen konzipiert und ermöglicht werden. So besehen ist eine exemplarische Vergegenständlichung der in politischen Diskursen tatsächlich vertretenden und eingebrachten Perspektiven, Deutungen und Urteile Anspruch und Herausforderung eines der Urteilsbildung vorgelagerten Prozesses politischer Bildung. Auch gerade deshalb geht es in politischen Bildungsprozessen nicht nur um Können, sondern auch um Kennen bzw. Wissen.

2.3 Wissen

2.3.1 Vorüberlegungen: (Konzeptuelles) Wissen als ein zentraler Gegenstand politischer Bildung

In notwendig kommunikativen Prozessen kompetenzorientierter politischer Bildung sind Wissensbestände von genuiner Bedeutung. Denn diese sind Grundlage und Gegenstand problembezogener Kommunikationen, Verständigungen und Aushandlungen. Und sie sind eine notwendige Bedingung politischer Analyse-, Urteils- und Handlungskompetenz.[25]
Vor diesem Hintergrund ist offenkundig, dass durch die politische Bildung immer auch (neues) Wissen verhandelt und vermittelt werden soll (vgl. etwa Sander 2007; Detjen et. al 2012b; Massing 2011a); und zwar auch deshalb, weil sich etwaig gegenstandsbezogen-problematische Ausgangskonzepte durch Berücksichtigung unbekannter oder ausgeblendeter Perspektiven und Wissensbestände erweitern, irritieren oder gar transformieren lassen und/oder der Verdrossenheit und Frustration gegenüber dem Politischen präventiv entgegenwirken kann. Denn über Wissen kann immer auch ein produktiver Zugang zum vermeintlich Undurchschaubaren ermöglicht werden. So schreibt z.B. der Politikwissenschaftler Michael Th. Greven:

„Viel von der heute so wortreich beklagten Politikverdrossenheit beruht auf einem Wissensdefizit großer Bevölkerungsteile über die Funktionsweise, die Möglichkeiten und die Grenzen von Politik in Demokratien. (...) Wo für die meisten alles unverstanden und undurchschaubar bleibt, wächst im Falle der Versagung individueller Interessen die Frustration gegenüber Politik insgesamt" (Greven 2000, 49).

Derweil wird im gegenwärtigen politikdidaktischen Diskurs davon ausgegangen, dass sich einzelne Wissenselemente erst in vernetzten Zusammenhängen wirklich erschließen lassen. Es wird daher von konzeptuellem Wissen[26] gesprochen, das im Vergleich zum reinen

---

[25] In diesem Zusammenhang ist gleichwohl zu erwähnen, dass ein Mehr an Wissen zumindest nicht zwangsläufig zu besserer Urteils- und Handlungsfähigkeit führen muss, weil z.B. solches Wissen, „das das je subjektive Verhältnis der Lernenden zur Politik, ihre jeweilige politische Weltsicht, nicht erreicht und nicht in diese Weltsicht integriert wird, für ihr politisches Urteilen und Handeln bedeutungslos bleibt" (Sander 2007, 96).
[26] Im Sinne einer begrifflichen Bestimmung von Konzepten wird sich in der Politikdidaktik auf den Kognitionspsychologen Gregory L. Murphy bezogen. Und Murphy schreibt: „Concepts are

(enzyklopädischen) Faktenwissen tiefgreifender und flexibler ist (vgl. etwa Sander 2010a; Meyer 2013; Achour 2013). Das fachliche oder domänspezifische Wissen politischer Bildung wird dementsprechend zumeist in Form von unterschiedlichen Basis- und Fach*konzepten* ausgewiesen (vgl. etwa Sander 2007, Weißeno et al. 2010, Petrik 2011). In diesem Zusammenhang wird kontrovers diskutiert, aus welchen Wissenschaftsdisziplinen dieses Wissen abzuleiten sei. Zur Diskussion steht, ob es im Rahmen der Bestimmung von Fachkonzepten multipler „sozialwissenschaftlicher Zugänge" (Autorengruppe Fachdidaktik 2011, 169) oder mindestens eines „soziologisch erweiterten Politikbegriffs" (Petrik 2011, 70) bedürfe oder aber ob die Politikwissenschaft als Bezugsdisziplin ausreiche (vgl. etwa Weißeno et al. 2010) – wobei die Politikwissenschaft als eine Wissenschaft verstanden wird, die ohnehin in enger Beziehung zur Soziologie sowie Geschichts-, Wirtschafts- und Rechtswissenschaft stehe (vgl. Massing 2011a).

2.3.2 Wirklichkeit und Wissen als soziale Phänomene

Bereits im Rahmen der Skizzierung eines anthropologischen Arbeitskonzepts politischer Bildung (vgl. Kapitel 2.1.1) wurde verdeutlicht, dass menschliches Wissen und Handeln respektive Denken, Wahrnehmen, Urteilen und Kommunizieren losgelöst von Sozialität, Kollektivität oder Öffentlichkeit nicht denk- und verstehbar ist. Zumal für politisches Wissen gilt damit: „Die Gesellschaft ist nicht nur ein Gegenstand des Wissens, sie geht konstitutiv in das Wissen mit ein" (Knoblauch 2005, 16). Und mithin kann gelten, dass der Mensch den Sinn und die Bedeutung von Phänomenen

---

the glue that hold our mental world together" (Murphy 2004, 1). Die Funktion von Konzepten verdeutlicht z.B. der Politikdidaktiker Wolfgang Sander. Er schreibt: „Mit Konzepten ordnen und interpretieren wir die sinnlichen Eindrücke von der äußeren Welt und entwickeln aus der Verknüpfung von Konzepten unser Verständnis von der Welt oder von Bereichen dieser Welt" (Sander 2010a, 49). Für Sander sind Konzepte als „menschliche Ordnungs- und Interpretationsversuche" (ebd., 50) zu verstehen. Diese Versuche können sich bewähren oder auch nicht. Im letzteren Fall können sie durch überzeugendere Konzepte ersetzt werden (vgl. ebd.). Dabei beziehen sich Konzepte nicht ausschließlich auf ein begrifflich geordnetes Wissen, sondern können beispielsweise auch Emotionen beinhalten. Sander gibt ein Beispiel: „Mit dem Satz ‚Angela Merkel ist Bundeskanzlerin' verbinden sich nicht nur Vorstellungen davon, was eine ‚Bundeskanzlerin' ist und tut, sondern auch Vorstellungen von Angela Merkel als Person – die (…) eben auch emotional grundiert sind" (ebd.).

der Wirklichkeit erzeugt – und fortwährend verändert. So ist z.b. der politisch Urteilende Teil der zu beurteilenden politischen Wirklichkeit und verändert diese. So besehen hat sich die politische Bildung als erkenntnistheoretische Grundlage an einem eher sozialkonstruktivistischen Wirklichkeitsverständnis zu orientieren, wonach die Wirklichkeit als gesellschaftlich konstruiert zu verstehen ist (vgl. Berger/ Luckmann 1971). Und damit ist auch das Wissen in und über diese Wirklichkeit „keine ‚Sache' (…), die außerhalb menschlichen Weltverstehens und menschlicher Kommunikation gewissermaßen *vorliegt*, sondern von Menschen auf verschiedenen Ebenen und in unterschiedlichen Kontexten *konstruiert* wird" (Sander 2010a, 43; *Kursivierung im Original*). (Politikbezogene) Konzepte als menschliche Erklärungs-, Ordnungs- und Interpretationsversuche der (politischen) Wirklichkeit repräsentieren also keine *objektiv* bestehende Ordnung der Welt (vgl. Sander 2010a), sondern sind als „Repräsentationen unserer Vorstellungen von der Welt" (Sander 2007, 164) zu verstehen.

In Bezug auf Prozesse der Wissensaneignungen gilt mithin, dass sich diese über aktive Konstruktionen vollziehen (vgl. Sander 2007; Massing et al. 2011). Derweil ist aber von einem Wechselverhältnis zwischen der Konstruktion sozialer Wirklichkeit durch menschliche Deutungsprozesse und einer verobjektivierten Realität und Wirkmächtigkeit sozialer Konstrukte auszugehen. Das bedeutet, dass soziale Wissensbestände immer auch funktional auf kollektiv geteilte „objektive" Handlungsprobleme bezogen sind (vgl. Oevermann 2001a). Und so sei auch nicht in Abrede gestellt, dass es jenseits des Denkens auch ganz reale bzw. materiell zugegen seiende und sich als solche in verobjektivierter Form darstellende und faktisch auswirkende Dinge, Ereignisse oder (gesellschaftliche) Verhältnisse gibt – z.B. ein Stromausfall, ein Krieg oder auch Herrschaftsverhältnisse. Entscheidend aber ist vor allem, wie diese Phänomene wahrgenommen, (aus-)gedeutet, interpretiert sowie mit Bedeutung versehen und in einen Zusammenhang gebracht bzw. konzeptuell verknüpft werden. Und so lässt sich mit Ernesto Laclau und Chantal Mouffe in diesem Zusammenhang festhalten:

„Die Tatsache, dass jedes Ding als Objekt des Diskurses konstituiert wird, hat nichts damit zu tun, ob eine Welt außerhalb des Denkens existiert. (…) Ein Erdbeben oder auch ein herabfallender Ziegelstein sind Ereignisse, die tatsächlich existieren, insofern sie hier und jetzt geschehen, unabhängig von

meinem Willen. Ob ihre Besonderheit als Ding jedoch begrifflich als ‚Naturereignis' oder ‚Ausdruck des Zorns Gottes' gefasst wird, hängt von der Strukturierung des diskursiven Feldes ab. Was bestritten wird, ist nicht, dass derlei Dinge außerhalb des Denkens existieren, sondern die ganz andere Annahme, dass sie sich selber als Objekte außerhalb jeder diskursiven Bedingung ihres Auftretens konstituieren können." (Laclau/ Mouffe 2000, 108)

2.3.3 Zum Erkenntnisstatus und zur Geltung politischen Wissens in der politischen Bildung

Die Bedeutung von Wissen im Kontext politischer Bildung resultiert nicht zuletzt aus dem Prinzip der Wissenschaftsorientierung und dem elementaren Kontroversitätsgebot. So soll das, was in Fachdiskursen oder Wissenschaft kontrovers diskutiert wird, auch im Rahmen politischer Bildung kontrovers erscheinen – womit ein unmittelbar erfahrbarer Bezug zu Wissensbeständen in sozialwissenschaftlichen Diskursen so notwendig wie offenkundig ist.

Bezogen nun auf die Frage nach dem Erkenntnisstatus der auf die politische Wirklichkeit bezogenen Wissensbestände sei betont, dass so etwas wie *eindeutige* Richtigkeit oder Wahrheit in der Regel zumeist weder postuliert noch in Anspruch genommen werden kann. Vielmehr erscheinen Kategorien wie Multiperspektivität und Mehrdeutigkeit, Konflikt und Kontroversität, Ambiguität und Kontingenz der Beschreibung politischer Wirklichkeit und politischen Wissens angemessen. So sollte deutlich geworden sein, dass die auf intersubjektiven Kommunikationen beruhenden, aber mit eigener Stimme gesprochenen politische Urteile für sich benommen nicht den Anspruch erheben können, alleingültig richtig oder wahr sein.

Vor diesem Hintergrund ließe sich nun kritisieren, dass damit unweigerlich eine unverantwortliche Beliebigkeit der Weltdeutungen und Inhalte einhergehe und dass eine intentionale Wissensvermittlung im Rahmen politischer Bildung im Grunde nicht möglich sei (vgl. etwa Massing et. al 2011). So problematisiert z.B. Joachim Detjen im Rahmen seiner Kritik am Sozialkonstruktivismus als erkenntnistheoretische Arbeitsgrundlage politischer Bildung, dass es auf dieser Grundlage keine verbindlichen Inhalte politischer Bildung mehr geben könne und mithin eine Subjektivierung aller Inhalte

sowie eine Entmaterialisierung der politischen Bildung drohe (vgl. Detjen; in: Pohl 2001).[27]
Demgegenüber lässt sich betonen, dass die Frage nach Wissen und Inhalten auch auf Basis einer konstruktivistischen Erkenntnistheorie nicht obsolet werde (vgl. Sander 2011). So stehe der Einsicht, dass politische Wirklichkeit ein Ergebnis von Kommunikationen ist, nicht entgegen, „dass sich aus der Gewichtung von Fragen und Problemen in eben dieser kommunikativ hergestellten Welt auch Gewichtungen für Lerngegenstände ergeben können" (Sander; in: Pohl 2001, 130). Denn eine „konstruktivistische Perspektive auf menschliches Weltverstehen ersetzt nicht die Notwendigkeit, innerhalb der gemeinsam hervorgebrachten Welt praktische Entscheidungen zu treffen, sich über Deutungen, auch kontroverser Art, zu verständigen und hierfür Regeln zu finden" (Sander 2007, 167).
Eine eher sozialkonstruktivistische Perspektive steht so besehen nicht dem Ansatz entgegen, wonach die auf einem normativ-theoretischen Fundament verortete und gleichsam in einer konkret geregelten Gesellschaft kontextualisierte politische Bildung normative Entscheidungen und Unterscheidungen treffen kann und sollte. Der Bedeutung, der man einer sozialkonstruktivistischen Perspektive im Rahmen politischer Bildung beimisst, weithin unbenommen, kann die politische Bildung also sehr wohl bestimmte Gegenstände, Zielperspektiven und/oder Kompetenzdimensionen als besonders bedeutsam oder bestimmte politische Haltungen, Deutungen und Handlungen als problematisch oder gar illegitim, weil z.B. strafrechtlich relevant, erachten. Und sie kann Anlässe für notwendige Interventionen sowie Ausgangspunkte für gezielt intendierte Bearbeitungen, Irritationen oder gar Transformationen von (Ausgangs-)Wissensbeständen identifizieren. Denn der Konstruktivismus ist eine Erkenntnistheorie und kein politisches oder pädagogisches Programm (vgl. Sander 2007). Er enthält sich den Fragen von Geltung. Diese sind stattdessen von normativen Entscheidungen abhängig,

---

[27] So führt Joachim Detjen aus: „Der Konstruktivismus ist der Auffassung, dass Wahrnehmung Konstruktion und Interpretation ist und dass Objektivität, subjektunabhängiges Denken und Verstehen unmöglich sind. Der Konstruktivismus lehnt deshalb das Wahrheitskriterium ab und ersetzt es durch das Kriterium der Viabilität. Der Konstruktivismus führt so zu einer Subjektivierung aller Inhalte. (…) Zu Ende gedacht entfällt im Konstruktivismus der jeden Fachunterricht eigentlich konstituierende Anspruch der Sache. Die stoffliche Seite, also die Seite der Inhalte, Gegenstände und Wissenselemente, wird regelrecht irrelevant." (Detjen, in Pohl 2001, 130).

die sich auf spezifische Ideen, Begriffe und/oder Wertvorstellungen stützen. Nur diese dienen als Bewertungsmaßstäbe von Geltungsansprüchen und bestimmen, welche Konstruktionen die gemeinsam geteilte Welt „dominieren sollen, welche toleriert und welche möglicherweise ausgeschlossen und verfolgt werden sollen" (Sander 2007, 165). Der zentrale Unterschied zur nicht-konstruktivistischen Position besteht im Grunde lediglich darin, dass diese Inhalte und Wissensbestände kein „Abbild einer objektiven Realität des Politischen" sind und auch keine „zwingende Deduktion aus einer gesicherten wissenschaftlichen Wahrheit" (Sander; in: Pohl 2001, 132) darstellen. Stattdessen werden sie als soziokulturell kontextualisierte und intersubjektiv erzeugte Konstruktionen verstanden.

2.4 Soziale Deutungsmuster

2.4.1 Vorüberlegungen: Zur Bedeutung von Ausgangswissensbeständen im Rahmen politischer Bildung

In der Politikdidaktik wird die Adressaten/-innenorientierung als ein zentrales Prinzip politischer Bildung ausgewiesen (vgl. etwa Schelle 2005; Sander 2007; Massing 2012; Detjen 2013; Petrik 2014). Ein viel zitierter Referenzpunkt dessen ist Rolf Schmiederers Spätwerk „Politische Bildung im Interesse der Schüler". Dort wendet er sich gegen eine entfremdete und affirmative politische Bildung und plädiert für eine eher offene Konzeption von Unterricht. In diesem Sinne geht es unter anderem um eine Berücksichtigung der Interessen der Schüler/-innen sowie um eine Anknüpfung an ihre Sozialerfahrungen und Lebensrealitäten (vgl. Schmiederer 1977).[28]

---

[28] Obgleich Schmiederer in seinem Denken durch die Kritische Theorie beeinflusst wurde, stellt er dem affirmativen Unterricht im angesprochenen Spätwerk keine explizit gesellschafts- oder ideologiekritische Konzeption politischer Bildung gegenüber (vgl. Schmiederer 1977). Zugleich erscheint auch bei ihm die Demokratie (als konkret geregelte gesellschaftliche Realität) als normativer Bezugspunkt einer politischen Bildung. So schreibt er: „Politische Bildung kann und soll (...) dem Schüler helfen, eigene Werte, Urteile und Verhaltensdispositionen zu finden, selbstverständlich in Kenntnis und Antizipation der überkommenen und der derzeitig allgemeingültigen und der relevanten partikularen Wertsysteme und Weltanschauungen. Der erreichte Stand der Kultur, die bestehende Gesellschaftsordnung und die verfassungsmäßige Ordnung bilden den Rahmen und den Ausgangspunkt jeder politischen Bildung" (ebd., 82).

Anknüpfend daran sind die Ausgangskonzepte der Adressaten/-innen politischer Bildung von zentraler Bedeutung. Die politische Bildung hat also immer auch von den Voreinstellungen der Adressaten/-innen auszugehen und ihre Praxis auf jene lebensweltlich verankerten und sozial geteilten Wissensbestände abzustimmen, die Jugendliche im Sprechen und Urteilen über politische Themen und Problemstellungen (re-)produzieren. Schon Mitte der 1990er Jahre betonte etwa die Politikdidaktikerin Dagmar Richter, dass es didaktisch sinnvoll sei, „von dem Vor-Wissen und den Vor-Erfahrungen über Politik auszugehen, die in der Lebenswelt immer schon vorhanden sind" (Richter 1996, 20).

Aus der Idee einer Verknüpfung von politischen Lerninhalten und sozialwissenschaftlichen Perspektiven einerseits und Lebensweltbezügen andererseits folgt ein politikdidaktisches Erkenntnisinteresse an sozial geteilten problem bezogen-handlungsrelevanten Wissensbeständen (vgl. Niehoff 2014) – dem in der politikdidaktischen Theoriebildung seit einigen Jahren auch expliziter nachgegangen wird. So interessiert sich z.B. der Politikdidaktiker Dirk Lange für „die Sinnbilder und Sinnbildungen, durch die sich Lernende die politisch-gesellschaftliche Realität erklären" (Lange 2011, 12). Eine Antwort auf die Frage, „wie sich Schülerinnen und Schüler die politische Welt vorstellen" (ebd. 19), ist für ihn die Voraussetzung für Bildungs- und Vermittlungsprozesse, in denen diese Vorstellungen dann „mit anderen fachlichen Vorstellungen über Politik" (ebd.) konfrontiert werden sollen. Obgleich naheliegend verwendet Lange indes nicht den Begriff des sozialen Deutungsmusters, sondern den inhaltlich und normativ stärker aufgeladenen Begriff „Bürgerbewusstsein", der für ihn „die Gesamtheit der mentalen Vorstellungen über die politisch-gesellschaftliche Wirklichkeit" (ebd., 12) begrifflich bestimmt.

Gleichwohl also lebensweltlichen Wissensbeständen und Sinndeutungen im politikdidaktischen Diskurs eine Bedeutung zugewiesen wird, bleibt die Kategorie soziale Deutungsmuster zumeist unbestimmt und randständig verwendet – etwa in Aufzählungen mit eher psychologischen Kategorien wie Einstellungen, Erwartungen oder Motivationen. In expliziter Annahme einer Bedeutung ebenjener Kategorie für die politische Bildung, wird diese im Folgenden begrifflich konkretisiert und bestimmt.

2.4.2 Soziale Deutungsmuster: Eine Begriffsgrundlage nach Ulrich Oevermann

Der konzeptionelle Begriff des sozialen Deutungsmusters geht auf den deutschen Soziologen Ulrich Oevermann zurück. Sein in den 1970er Jahren ausgearbeitetes und lange Zeit unveröffentlichtes Papier „Zur Analyse der Struktur von sozialen Deutungsmustern" gilt als zentraler Bezugspunkt der Deutungsmustertheorie (vgl. etwa Plaß/Schetsche 2001; Kassner 2003; Sachweh 2009).[29] Aus diesem Grunde wird der Erarbeitung eines Arbeitsbegriffs sozialer Deutungsmuster im Folgenden zunächst ein Begriffsverständnis sozialer Deutungsmuster nach Oevermann vorangestellt.

2.4.2.1 Deutungsmuster als subjektiv getragene, aber kollektiv ausgedeutete Interpretationen „objektiv" gegebener Wirklichkeit

Das Alltagshandeln sozialer Akteure/-innen vollzieht sich typischerweise durch ein meist beiläufiges und unbewusstes Einordnen und Sortieren der sie umgebenden Welt und einer daran anknüpfenden Ausrichtung des Verhaltens (vgl. Kassner 2003). Das diesen Prozessen zugrundeliegende „Sortierraster" ist derweil kein individuell ausgedachtes. „Es sind vielmehr überindividuelle Bestandteile eines zumeist fraglos gegebenen und gemeinsam geteilten Alltagswissen, das sich vorreflexiv im Rahmen von alltäglichen

---

[29] Einen durchaus bedeutenden Einfluss auf den Deutungsmusteransatz Oevermanns hatte die linguistische Theorie von Noam Chomsky, im Rahmen derer, wie Oevermann selbst schreibt, Bewusstseinsstrukturen als Wissensbestände verstanden wurden, die „nach dem Muster von Argumentationszusammenhängen (…) aufgebaut sind und als solche das Handeln bestimmen, indem sie dieses gewissermaßen algorithmisch dadurch ‚erzeugen', daß sie ein Urteil über Angemessenheit (…) einbauen" (Oevermann 2001b, 36). Eine solche Perspektive ermöglicht es, strukturelle Bedingungen von Handlungen in den Blick zu nehmen und diese als in gewisser Weise losgelöst vom handelnden Subjekt zu betrachten. Damit wird auch eine Nähe des oevermannschen Deutungsmusterkonzeptes zu den Ideen und Begriffen Emile Durkheims offenkundig (vgl. ebd., 36f.). Denn Durkheim stellte die These der Sozialität des Wissens in den Mittelpunkt seiner Untersuchungen. Er betrachtet folglich weniger die Gesellschaft als eine Ausweitung individuellen Denkens als vielmehr „individuelles Denken als Ausführung gesellschaftlicher Wissensprozesse ‚en miniature'" (vgl. Knoblauch 2010, 70). Er spricht von „kollektiven Repräsentationen", die gewissermaßen von außen an die Akteure/-innen herantreten, und nur vermittels derer diese zur Wahrnehmung der sie umgebenden sozialen Realität im Stande seien. Er schreibt: „Es lässt sich heutzutage nicht mehr bestreiten, dass die Mehrzahl unserer Gedanken und Bestrebungen nicht unser eigenes Werk sind, sondern uns von außen zuströmen" (vgl. Durkheim (1967); hier zit. aus: Sachweh 2009, 77).

Handlungsvollzügen praktisch umsetzt" (ebd., 37). Aus erkenntnistheoretischer Perspektive folgt daraus, dass die Deutungen und Sichtweisen der Menschen angemessen nicht ausschließlich in Form individueller Sinngebungen verstanden werden können – weshalb die konzeptionelle Frage nach der Bestimmung sozial verfügbarer Interpretations- und Deutungsangebote in den Fokus rückt.

Wird in diesem Zusammenhang nun das Subjekt zum Ausgangspunkt genommen, dann sind die zu verortenden Sinngehalte in den lebensgeschichtlichen Erfahrungszusammenhängen zu suchen und zu finden, „die über aktuelle Handlungssituationen hinausragen, gleichwohl aber Eingang in subjektive Handlungsvollzüge finden" (ebd.). Demgemäß schreibt der Soziologe Carsten G. Ullrich, dass sich das Interesse an sozialen Wissensbeständen bzw. Deutungsmustern „direkt aus der fundamentalen wissenssoziologischen Prämisse der Wissensgebundenheit des Seins oder konkreter: aus der Einsicht, daß individuelle Einstellungen und Handlungsorientierungen von kollektiven Interpretations- und Legitimationsangeboten abhängig sind" (Ullrich 1999a, 2) ergibt.

Die Fragen nach Sinn, Bedeutung und Wissensformen beschäftigen die (Wissens-)Soziologie seit jeher. Dabei wird in der Regel ein eher sozialkonstruktivistisches Wirklichkeitsverständnis in Anspruch genommen, das, wie bereits dargelegt, Realität als wesentlich soziokulturell konstruiert versteht. Wissen wird in diesem Zusammenhang zumeist als konstitutiv für die Sozialstruktur und Wirklichkeitskonstruktion betrachtet (vgl. Berger/Luckmann 1971), wobei Wissen und Handeln zumeist mehr oder minder direkt aufeinander bezogen werden.

Ganz ähnlich verhält es sich im Theoriekonzept sozialer Deutungsmuster nach Oevermann. Auch hier wird der Blick auf die Wechselwirkung zwischen Interaktion/Handlung einerseits und Struktur andererseits gerichtet (vgl. Oevermann 2001a/b; Niehoff 2014). So versteht Oevermann soziale Deutungsmuster in Abgrenzung zu anderen Formen des kollektiven Bewusstseins (z.B. Meinungen und Einstellungen[30]) als überindividuelle „in

---

[30] Meinungen sind für Oevermann weniger tief verankert als Deutungsmuster und können daher als eher oberflächliche Konstrukte verstanden werden, die sich im Grunde sehr leicht verändern lassen (vgl. Oevermann 2001b). Einstellungen und Deutungsmuster sind sich nach Oevermann indes deutlich ähnlicher. Beide liefern spezifische Wertungen für objektiv wahrgenommene Phänomene der Welt, sind vergleichbar allgemein, weitreichend und tief verankert.

sich nach allgemeinen Konsistenzregeln strukturierte Argumentationszusammenhänge" (Oevermann 2001a, 5), die sich auf objektiv wahrgenommene, deutungsbedürftige Handlungsprobleme beziehen (vgl. Oevermann 2001a/b). Derweil geht er von einem sich gegenseitig bedingenden und (re-)produzierenden Verhältnis zwischen einer objektiv wahrgenommene Realität einerseits und einer subjektiv getragenen, aber kollektiv ausgedeuteten Interpretation von Realität andererseits aus. Er schreibt: „Rein logisch muß (…) jede Deutung, jede wissensartige Repräsentation von Welt eine repräsentierte Welt als gegeben voraussetzen so wie jede Rahmung ein Gerahmtes voraussetzen muß" (Oevermann 2001b, 53). Und an anderer Stelle schreibt er:

„Natürlich treten objektive Handlungsprobleme immer schon als kulturell interpretierte, also als in Begriffen von Deutungsmustern interpretierte Probleme, in das Handlungsfeld des Subjekts. (…) Andererseits lassen sich Deutungsmuster ohne die Rückbeziehung auf objektive Probleme sozialen Handelns, auf die sie antworten, nicht erklären (…)." (Oevermann 2001a, 5)

Damit teilt Oevermann zwar ein sozialkonstruktivistisches Wirklichkeitsverständnis, distanziert sich aber zugleich vom radikalen Konstruktivismus. Jedenfalls meint er in der Aktualisierung seiner Schrift „Struktur sozialer Deutungsmuster", dass ein sozialkonstruktivistisches Wirklichkeitsverständnis nicht zu einer begrifflichen Negierung einer objektiv wahrgenommenen Realität führen dürfe (vgl. Oevermann 2001b). Oevermann betont damit, dass uns die Welt als objektiviert gegenübertritt. Wenngleich also der Mensch fortwährend an der Wirklichkeit arbeitet, muss diese jedoch nicht jeden Tag neu erfunden werden. Denn: „Wir leben in einer Welt, in der es schon Stühle, Autos und Universitäten (…) gibt" (Knoblauch 2005, 11). Oder auch mit den Worten von Berger und Luckmann ausgedrückt: „Die Wirklichkeit der Alltagswelt erscheint bereits objektiviert, das heißt konstituiert durch eine Anordnung der Objekte, die schon zu Objekten deklariert worden

---

Im Unterschied zu Deutungsmustern beziehen sich Einstellungen indes eher auf affektive und emotionale Aspekte. Zugleich werden sie eher Einzelpersonen, weniger Gemeinschaften zugesprochen. Während im Konzept Oevermanns soziale Deutungsmuster ganze Lebenswelten unterschiedlicher Milieus prägen, müssen Einstellungen nicht in vergleichbarer Weise kollektiviert sein (vgl. Oevermann 2001b).

waren, längst bevor ich auf der Bühne erschien" (Berger/Luckmann 1971, 24).[31]

2.4.2.2 Soziale Deutungsmuster als Interpretations- und Argumentationsmuster zur Bewältigung von Handlungsproblemen des sozialen Lebens

Oevermann geht in seinem Deutungsmusterkonzept davon aus, dass Menschen in ihrem alltäglichen Leben mit unterschiedlichen Handlungsproblemen konfrontiert werden. Als Beispiele für solche Handlungsprobleme nennt er unter anderem: „Sozialisation des Nachwuchses", „Lösung von Beziehungskonflikten", „Aufrechterhaltung von Gerechtigkeit", „Alternative von Krieg und Frieden" (vgl. Oevermann 2001b). Solcherart kollektiv geteilter Handlungsprobleme stellen sich als „objektive" Gegebenheiten dar, die bedingt durch ihre Krisenhaftigkeit eine Deutungsbedürftigkeit nach sich ziehen (vgl. ebd.). Die nun in praktische Handlungsvollzüge eingehenden sozialen Deutungsmuster dienen damit einer sinnhaften Bewältigung von Handlungsproblemen des sozialen Lebens. Wie bereits erwähnt geht Oevermann derweil von einem als zirkulär zu beschreibenden Wechselverhältnis „zwischen der Konstruktion sozialer Wirklichkeit im Deutungsprozess und der verobjektivierten Realität sozialer Konstrukte" (Kassner 2003, 40) aus. So beziehen sich Deutungsmuster als überindividuelle Interpretations- und Argumentationsmuster funktional auf eine Systematik von deutungsbedürftigen „objektiven Handlungsproblemen", denen sie als „in konkreten Milieus oder Lebenswelten verankerte Muster ihrer routinisierten Deutung gegenüber[treten]" (Oevermann 2001b, 37). Und zugleich wird davon ausgegangen, dass die objektiven Handlungsprobleme selbst als „immer schon (…) kulturell interpretierte, also als in Begriffen von Deutungsmustern interpretierte Probleme, in das Handlungsfeld des Subjektes [treten]" (Oevermann 2001a, 5).

---

[31] Damit erlangen nach Berger und Luckmann in diesem Zusammenhang auch Sprache und Kommunikation eine besondere Bedeutung. Die Sprache als Medium der Bezeichnung und letztlich auch Erzeugung von Welt macht diese für den Menschen überhaupt erst erfahr- und verstehbar. Sie schreiben: „Die Sprache, die im alltäglichen Leben gebraucht wird, versorgt mich unaufhörlich mit den notwendigen Objektivationen und setzt mir die Ordnung, in welcher diese Objektivationen Sinn haben und in der die Alltagswelt mir sinnhaft erscheint" (Berger/Luckmann 1971, 24).

Deutungsmuster bestehen also aus in Sozialisations- und Interaktionsprozessen sprachlich vermittelten voreingerichteten Mustern, auf deren Grundlage eine Person in Konfrontation mit unterschiedlichen Handlungsproblemen eigenständig problemlösende Handlungen vollziehen kann. Daher müssen soziale Deutungsmuster verallgemeinerbar und übertragbar sein und den Eindruck höchster Kohärenz und Konsistenz erwecken (vgl. Oevermann 2001b). Sie müssen sich im Sinne ihrer Gültigkeit und ihres Orientierungswertes in Krisen bewährt haben und eine „Widerspruchsfreiheit innerhalb der Logik des besseren Argumentes" (ebd., 38) sichern. Gleichzeitig müssen sie zwingend mit den vorstellungsweltlichen Idealen und Ansprüchen einer historischen Situation, eines gesellschaftlichen Umfeldes und/oder eines kleinteiligen sozialen Milieus korrelieren, in dem sie über Geltung verfügen. Sie müssen also „wie selbstverständlich die Gültigkeit der ihnen innewohnenden Überzeugungen verbürgen" (ebd.).

Wenngleich also Oevermann soziale Deutungsmuster als vor allem als historisch-epochale Gebilde versteht, „in denen sich die komplexe ‚Lage' einer historisch-gesellschaftlichen Situation bündelt und zusammenzieht" (ebd., 42), spricht er auch von Deutungsmustern als Sinnstrukturen, die „kulturell und je nach Milieu spezifisch inhaltlich ausgeformt sind" (ebd., 40). Damit sind im Deutungsmusterbegriff also unterschiedlich stark ausgreifende Ebenen subsumiert – „von Deutungsmustern kleiner lokaler Gruppen, über milieu- oder geschlechtsspezifische bis hin zu epochalen, gesellschafts- oder kulturspezifischen Deutungsmustern" (Kassner 2003, 43).

Deutungsmuster verfügen nach Oevermann mithin über eine eigene soziale Realität. In diesem Zusammenhang betont er Kategorien wie „Regeln" oder „Legitimität", die die Grundlagen menschlichen Handelns darstellen (vgl. Oevermann 2001b) und immer auch „den ‚Geist' einer Epoche, eines Weltbildes, einer Gesinnung, eines gesellschaftlichen Organisationsprinzips an[geben]" (Oevermann 2001a, 9f.). Gleichwohl unterscheidet er zwischen universellen Regeln und Strukturen sowie Handlungsmustern einer konkreten Gemeinschaft; wobei beide Formen durch die Interaktionen unterschiedlicher Menschen reproduziert und transformiert werden. Auch hier wird deutlich, dass sich soziale Deutungsmuster aus den Bedeutungen groß- oder auch kleinteiliger gesellschaftlicher Segmente zu einem bestimmten historischen Zeitpunkt zusammensetzen und dass sie gleichsam auch das abbilden können, was jeweils als wahr, richtig und legitim gilt. Sie formulieren also „die Standards der Geltung, Akzeptabilität und Angemessenheit von Meinungen, Urteilen und Handlungen" (ebd., 10). Und sie strukturieren „direkt oder indirekt das Denken und die Argumentation aller Mitglieder einer Gesellschaft oder eines Gesellschaftssegments" (ebd.). Wichtig ist nun, dass „die die innere Logik eines Deutungsmusters konstituierenden Konsistenzregeln oder Schlüsselkonzepte (…) kaum direkt abfragbar [sind]" (ebd.). Als bewährte problembewältigende Routinen operieren Deutungsmuster verselbstständigt wie implizite Theorien. Ihre Geltung muss nicht jeweils neu bedacht werden (vgl. Oevermann 2001b). Handlungsleitende soziale Deutungsmuster stellen so besehen einen ruhenden oder stummen Wissensvorrat bzw. ein implizites Wissen dar (vgl. Kassner 2003). Sie sind den handelnden Individuen allenfalls eingeschränkt reflexiv verfügbar. Oevermann spricht daher auch von Deutungsmustern als „kollektive Strukturen eines sozialen Unbewußten" (Oevermann 2001b, 37). Und als solche können sie im Gegensatz zum expliziten Wissen in Interviews nicht direkt abgefragt werden. Gleichwohl aber lassen sie sich aus Texten oder Datenmaterialien analytisch rekonstruieren, eben weil sie in praktisches Handeln strukturierend Eingang finden.

2.4.3 Ein Arbeitsbegriff sozialer Deutungsmuster

2.4.3.1 Soziale Deutungsmuster als sozial geteilte Wissensbestände zur Bewältigung kognitiver Handlungsprobleme in situativen Handlungskontexten

Obwohl das Theoriekonzept sozialer Deutungsmuster nach Oevermann als wegweisend gelten kann, wird der Deutungsmusterbegriff in der Sozialwissenschaft sehr unterschiedlich verwendet (vgl. etwa Ullrich 1999a; Plaß/Schetsche 2001; Achour 2013). Der nachfolgend konkretisierte Arbeitsbegriff sozialer Deutungsmuster ist daher nur als Teil jener Begriffsvielfalt zu lesen. Er orientiert sich vorrangig an einem Begriffsverständnis des Soziologen Carsten G. Ullrich.
In Anlehnung an Oevermann sei zunächst einmal betont, dass soziale Deutungsmuster als implizite Wissensbestände zu verstehen sind, die eine normative Geltungskraft besitzen. Sie stellen ein Resultat „relativ dauerhafter

sozialer Interaktionen" (Ullrich 1999a, 4) dar; wobei davon auszugehen ist, dass sie nicht nur in globalen oder nationalen Diskursen, sondern auch in kleinräumigeren, milieugebundenen Interaktionen gebildet und (re-)produziert werden.

Durchaus im Unterschied zu Oevermann, der soziale Deutungsmuster vor allem auf übergreifende Problemstellungen des sozialen Lebens bezieht (vgl. Oevermann 2001a/b), werden soziale Deutungsmuster nachfolgend als sozial verfügbare und sozial geteilte Interpretations- und Argumentationsangebote verstanden, die auf *konkrete kognitive Handlungsprobleme* bezogen sind und in *konkreten situativen* Handlungskontexten, also im Rahmen praktischer Handlungsvollzüge, eine „konstitutive Bedingung der Handlungsfähigkeit von Individuen" (Ullrich 1999a, 2) darstellen. Zu solchen konkreten kognitiven Handlungsproblemen lassen sich z.B. Aufforderungen zur Artikulation problembezogener Stellungnahmen, Urteile und Begründungen zählen (vgl. Niehoff 2014). In Anlehnung an Rolf Arnold kann daher auch von sozialen Deutungsmustern als einem präzise und konkret auf inhaltliche Bewertungs- und Beurteilungsfälle bezogenen Begriff gesprochen werden (vgl. Arnold 1985).

Soziale Deutungsmuster sagen den Akteuren/-innen derweil „nicht nur was der Fall ist (Situationsdefinition), sondern auch, was richtig und wünschenswert ist (Handlungsorientierung)" (Ullrich 1999a, 2); wobei sie immer auch „durch die ihnen immanente Komplexitätsreduktion" (ebd.) handlungsrelevant werden. Sie vereinfachen also „komplexe Zusammenhänge und kompatibilisieren konfligierende Werte" (ebd.). Und sie ermöglichen bzw. erleichtern die Verständigung zwischen Kommunikationsteilnehmer/-innen. Währenddem sind sie den Handelnden jedoch nur eingeschränkt reflexiv verfügbar – zumal dann, wenn es sich um historisch etablierte und weithin geteilte Deutungsmuster handelt. Es ist daher von einer relativen Latenz auszugehen. Das aber bedeutet nach Ullrich gleichsam auch, dass „Deutungsmuster den individuellen Akteuren zumindest teilweise bewußt und insofern auch manifest werden können" (Ullrich 1999b, 430). Ohnehin müssen sie „zumindest insoweit sozial kommunizierbar sein, daß sie erfolgreich zur Begründung von Handlungen oder Situationsdefinitionen herangezogen werden können" (Ullrich 1999a, 2). Derweil gilt:

„Durch die ‚erfolgreiche' Verwendung von Deutungsmustern bestätigen sich Akteure dabei in der Richtigkeit ihrer Interpretationen und Handlungen. Zugleich trägt diese interaktive Vergewisserung wiederum zur Verfestigung der Deutungsmuster bei." (Ullrich 1999a, 4)

Gleichwohl lassen sich soziale Deutungsmuster als immer auch bearbeitbare und somit veränderbare Wissensbestände klassifizieren (vgl. etwa Arnold 1985; Schüßler 2000). Bereits Oevermann betonte dieses Merkmal sozialer Deutungsmuster. So schreibt er z.b. im Zuge seiner vergleichenden Abgrenzung des Deutungsmusterbegriffs vom strukturell ähnlichen Habitusbegriff, dass sich Deutungsmuster eher bewusst machen lassen und sich zudem „durch bewußte Klärungen und durch Konfrontation mit widersprechender Realität verändern [lassen]" (Oevermann 2001b, 46 f.).

2.4.3.2 Soziale Deutungsmuster als Ausdruck mehrfach vorzufindender problembezogener Stellungnahmen

Ergänzend zum Vorgenannten sei im Sinne eines Arbeitsbegriffs sozialer Deutungsmuster betont, dass soziale Deutungsmuster zwar in praktische Handlungsvollzüge (also z.B. kommunikative Bewältigungen kognitiver Handlungsprobleme) eingehen, mit diesen jedoch nicht identisch sind. Sie sind also von ihren individuellen Repräsentationen in Diskussionsbeiträgen oder auch Interviews analytisch zu unterscheiden. In der kommunikativen Bewältigung situativer Handlungsprobleme offenbaren sich lediglich „individuell-situative Adaptionen" (Ullrich 1999b, 430) eines oder mehrerer sozialer Deutungsmuster. Ausgehend von diesen kommunikativen Konkretisierungen (vgl. Kassner 2003, 52), die Ullrich auch als Derivationen bezeichnet, können gleichwohl Rückschlüsse auf soziale Deutungsmuster gezogen werden. So besehen lassen sich soziale Deutungsmuster also aus einer Vielzahl von problembezogenen Stellungnahmen rekonstruieren (vgl. Ullrich 1999a). Ullrich schreibt:

„Ein Deutungsmuster wird (...) rekonstruiert, indem alle Stellungnahmen zu einer definierten ‚objektiven Situation' systematisch hinsichtlich der Gemeinsamkeiten und Unterschiede miteinander verglichen werden. Sobald dabei typische, d.h. mehrfach vorzufindende und konsistente (sinnhafte) Begründungen und Situationsdefinitionen erkennbar sind, kann von einem sozialen Deutungsmuster ausgegangen werden." (Ullrich 1999a, 22f.)

Soziale Deutungsmuster werden hier also als typische problembezogen-handlungsrelevante Wissensbestände verstanden, die erst durch einen systematischen und analytischen Vergleich mehrerer problembezogener Aussagen sichtbar werden können. Damit stellen sie einen übergeordneten Ausdruck unterschiedlicher, aber zugleich weithin konsistenter Problemdefinitionen, Stellungnahmen und/oder Begründungen dar. Von einer lediglich eingeschränkten internen Konsistenz ist deshalb auszugehen, weil sich in sozialen Deutungsmustern unterschiedliche Wissenselemente und Deutungsdimensionen kombinieren und zusammenfassen können. Darüber hinaus können unterschiedliche soziale Deutungsmuster konzeptuell miteinander verknüpft sein. Ein problembezogen-handlungsrelevantes Konzept kann sich daher auch aus mehreren Deutungen und/oder Deutungsmusterdimensionen zugleich konstituieren.

2.4.4 Konsequenz: Analysen problembezogener sozialer Deutungsmuster als Bestandteil politikdidaktischer Theoriebildung

Insofern individuelle Einstellungen und gegenstands- und problembezogene Zugänge und Konzepte von „kollektiven Interpretations- und Legitimationsangeboten" (Ullrich 1999b, 429) abhängig sind, ist offenkundig, dass soziale Deutungsmuster in Bildungskontexten, die in der Regel mit einer Reihe kognitiv zu bewältigender Handlungsprobleme einhergehen, von Bedeutung sind. Demgemäß ist es wenig verwunderlich, dass sich die Deutungsmusterkategorie seit der reflexiven Wende in den 1980ern Jahren zumindest im erziehungswissenschaftlichen Diskurs hat etablieren können – wobei eine explizite Rezeption zunächst wesentlich auf den Bereich der außerschulischen Jugend- und Erwachsenenbildung beschränkt blieb (vgl. Niehoff 2014). Der Idee nach ging es dabei um die Anknüpfung von Bildungsprozessen an gängige Ausgangskonzepte, um die Gewährleistung von Verständigungsmöglichkeiten zwischen verschiedenen Lebenswelten und vor allem um die Ermöglichung von Lernprozessen durch Deutungsmustererweiterung und Deutungsmustertransformation (vgl. etwa Arnold 1985; Schüßler 2000).

Ebendies ist nun auch für die politische Bildung von Bedeutung. Denn über eine Anknüpfung an oder Repräsentation von gängigen sozialen Deutungsmustern vermag einer erfahrungsleeren und entfremdeten Praxis entgegengewirkt werden. Zudem sollte deutlich geworden sein, dass dem politischen Urteil eine verständigungsorientierte Auseinandersetzung mit problembezogener Deutungsvielfalt sowie eine kritische Prüfung unterschiedlicher Perspektiven voraussetzend ist. Und zu ebendieser Deutungsvielfalt gehören neben unterschiedlichen fachlichen bzw. sozialwissenschaftlichen Deutungen, Perspektiven und Positionen eben immer auch gängige problembezogen-handlungsrelevante soziale Deutungsmuster, die als solche nicht nur in alltags- oder lebensweltlichen, sondern auch in sozialwissenschaftlichen Diskurszusammenhängen über Geltung verfügen (können).

Vor diesem Hintergrund lässt sich auch aus Perspektive der politischen Bildung ein Erkenntnisinteresse an handlungsrelevanten sozialen Deutungsmustern im Kontext je spezifischer politischer Themenstellungen und den darauf bezogenen Handlungsproblemen postulieren. Um diesem Erkenntnisinteresse nachzukommen, erscheint der Einsatz diagnostischer oder explorativer Methoden (etwa Unterrichtsevaluationen, diagnostische Tagebücher oder Assoziations- und Positionierungsübungen) im Unterricht selbst eine Möglichkeit zu sein. Denn die Funktionen dieser Methoden, so der Politikdidaktiker Wolfgang Sander, besteht in der Produktion von Material, das den Lehrenden Auskünfte über die Deutungsmuster ihrer Schüler/-innen geben kann (vgl. Sander 2010b). Allerdings gilt es zu berücksichtigen, dass der Klassenraum für manche Jugendliche und junge Erwachsene nicht der Ort ist, „in dem eigene Sichtweisen ohne Hemmungen begründet zur Sprache gebracht werden können – etwa aus Angst vor einer Konfrontation mit anderen Jugendlichen oder vor Sanktionierungen des Lehrenden" (Niehoff 2014, 127). Noch entscheidender aber ist, dass es in Referenz auf den dargelegten Deutungsmusterbegriff fraglich bleiben muss, inwiefern solche Methoden überhaupt zu sozialen Deutungsmustern durchzustoßen vermögen. Schließlich sollte deutlich geworden sein, dass soziale Deutungsmuster eben nicht ohne weiteres abfragbar und zugänglich sind. Sie erschließen sich im arbeitsbegrifflich definierten Sinne erst vermittels eines analytischen und systematischen Vergleichs einer Vielzahl von problembezogenen Stellungnahmen, Erklärungen und Begründungen zu einem bestimmten Handlungs- bzw. Bezugsproblem. Und dies kann letztlich nur sinnvoll im Rahmen sozialforschender Tätigkeit ermöglicht werden. Von daher ist mit Rolf Arnold zu betonen, dass ohne eine empirisch-sozialforschende Rekonstruktion sozialer Deutungsmuster keine didaktische Praxis deutungsmusteranknüpfender Bildungsarbeit möglich ist (vgl. Arnold 1985).

Vor diesem Hintergrund seien Analysen und Rekonstruktionen sozialer Deutungsmuster auf Basis problemfokussierter qualitativer Interviews als ein zentraler Bestandteil politikdidaktischer Theoriebildung bestimmt. Hinsichtlich der sich in diesem Zusammenhang stellenden Frage, woran sich die im Rahmen der Interviews zu formulierenden Handlungsprobleme orientieren sollten, damit ein möglichst hoher Erkenntnisgewinn für die Praxis politischer Bildung erwartbar ist, sei z.B. auf die politischen Analysefragen verwiesen, die dem Politikzyklus als politikdidaktisches Arbeitsinstrumentarium zugewiesen wurden (vgl. Massing 1995) und die als solche auf die unterschiedlichen konkreten politischen Problemgegenstände bezogen werden sollen. Denn schließlich kann davon ausgegangen werden, dass diese Analysefragen aufgrund ihrer Praxisrelevanz typischen Handlungsproblemen in Prozessen politischer Bildung entsprechen und sich somit zur Erhebung praxisnaher Stellungnahmen und Begründungen eigenen – aus denen sodann entsprechend problembezogen-handlungsrelevante soziale Deutungsmuster rekonstruiert werden können. Ein Beispiel für eine solche Erhebungsfrage ist die im Politikzyklus der sequentiellen Kategorie „Problem" zugewiesene Schlüsselfrage „Worin besteht das Problem und welche Aufgabe hat die Politik zu lösen?" (ebd., 93). Ein weiteres Beispiel ist die der Einflusskategorie „Akteure und Beteiligte" zugewiesene Frage: „Welche Ziele verfolgen die Akteure (…), welche Interessenkonflikte existieren?" (ebd. 94).

Die damit einhergehende Verknüpfung von empirischer Sozialforschung und politikdidaktischer Theoriebildung zur Bestimmung typischer problembezogener sozialer Sinngehalte als zu berücksichtigende Gegenstände in Prozessen politischer Bildung ist indes keine neue Idee. Denn gerade in jüngerer Zeit häufen sich Bestrebungen einer politikdidaktisch motivierten und begründeten Analyse sozialen Sinns (vgl. etwa Lange 2011).

3 Der Nahostkonflikt: Ein kontroverser und überprägter politischer Deutungsgegenstand

3.1 Der Nahostkonflikt als politischer Deutungsgegenstand – eine exemplarische Darstellung zentraler Kontroversen

Bereits einleitend wurde betont, dass der Nahostkonflikt als ein hochkomplexer politischer Problemgegenstand gilt (vgl. etwa Johannsen 2009; Rensmann/Schoeps 2008; Hawel/Blanke 2010). Seit „seiner Entstehung im späten 19. Jahrhundert" (Johannsen 2009, 9) ist dieser Konflikt durch eine Vielzahl politischer Problemstellungen und Auseinandersetzungen, Ereignisse und Dynamiken, Kriege und Gewalttaten geprägt[32] – und zwar unter direkter oder indirekter Beteiligung diverser lokaler, regionaler und internationaler politischer Akteure mit vielfach verknüpften Beziehungen.

Derweil werden grob drei Ebenen voneinander unterschieden (vgl. etwa Robert 2007): Auf einer ersten Ebene stehen sich Israel und Palästinenser/-innen als Konfliktakteure gegenüber.[33] Diese Ebene umfasst das, was die Nahostexpertin Margret Johannsen als lokalen Grundkonflikt bezeichnet (vgl. Johannsen 2012). Auf einer zweiten Ebene des Konflikts kommen insbesondere den arabischen Staaten in der Region sowie dem Iran eine Bedeutung zu (vgl. Robert 2007; Grigat 2016). Schließlich sind auf einer dritten Ebene weitere internationale Akteure von Relevanz – und zwar gegenwärtig vor allem die Vereinten Nationen, die Europäische Union, die

---

[32] An dieser Stelle wird auf eine Beschreibung des historischen Konfliktverlaufs verzichtet. Diesbezüglich sei auf die einschlägige (deutschsprachige) Überblicks- und Einführungsliteratur zum Thema verwiesen (vgl. etwa Steininger 2005; Johannsen 2009; Böhme/Sterzing 2014).

[33] Vermutlich aus pragmatischen Gründen wird in fachlichen bzw. sozialwissenschaftlichen Diskursen häufig von „Israel bzw. Israelis" und „Palästinensern" gesprochen. Dabei kann der Eindruck entstehen als würde die Vielfalt und Heterogenität Israels, der Israelis und der Palästinenser/-innen ausgeblendet werden. Dies mag in einigen Fällen auch tatsächlich so sein. In der Regel aber nehmen die jeweiligen Autoren/-innen an anderen Stellen ihrer Arbeiten, Veröffentlichungen und Debattenbeiträgen entsprechende Differenzierungen vor bzw. verweisen explizit auf die innergesellschaftliche Vielfalt.

USA und Russland (vgl. Robert 2007; Johannsen 2009, Jaeger/Tophoven 2011; Böhme/Sterzing 2014).
Vor diesem Hintergrund ist offenkundig, dass der in seinem ursprünglichsten Kern lokale Konflikt zwischen Zionisten/-innen und späterhin Israelis einerseits sowie Araber/-innen bzw. Palästinenser/-innen andererseits zugleich weltpolitisch bedeutend ist.
Ein Ausdruck dieser entgrenzten Bedeutsamkeit des Nahostkonflikts ist die hohe Aufmerksamkeit, die dem Konflikt seit Jahrzehnten sowohl von Seiten der Medien als auch von Seiten sozialwissenschaftlicher Akteuren/-innen entgegengebracht wird. So gilt z.B. die Korrespondentendichte in Israel als die weltweit höchste (vgl. Kloke 2015) und die sozialwissenschaftliche Literatur zum Thema erscheint nahezu uferlos. Die in sozialwissenschaftliche, politische und auch mediale Diskurse derweil eingebrachten Wahrnehmungen, Deutungen und Positionen beziehen sich auf Fragen nach den Grund- oder Kernproblematiken sowie auf Fragen nach den Konfliktcharakteristika und den Konfliktakteuren (vgl. etwa Niehoff 2016). Oder aber sie beziehen sich auf zentrale historische Ereignisse und/oder auf ganz konkrete Konfliktgegenstände – wie etwa auf Grenzverläufe, den Status Jerusalems, die palästinensischen Flüchtlinge sowie Ressourcen und Existenzbedingungen oder auch Sicherheits-, Legitimitäts- und Souveränitätsaspekte (vgl. etwa Johannsen 2009; Holz 2005; Diner 2004; Hagemann 2016b).
Wenn nachfolgend nun die problembezogene Multiperspektivität und Kontroversität aus sozialwissenschaftlichen und politischen Diskurszusammenhängen dargestellt werden soll, kann es lediglich um ein exemplarisches Aufzeigen einiger zentraler Perspektiven und Kontroversen gehen. Als Akteure/-innen des Fachdiskurses werden dabei jene verstanden, die sich über öffentlich zugängliche Reden, Beiträge und/oder Publikationen in den sozialwissenschaftlichen und politischen sowie auch medialen Diskurs über den Nahostkonflikt einbringen und dort auch rezipiert werden. Ganz im Sinne des dieser Arbeit zugrunde gelegten Urteilsbegriffs und der damit verbundenen normativen Bedeutung von entgrenzter Multiperspektivität werden derweil Akteure/-innen berücksichtigt, die in unterschiedlichen Regionen leben und wirken – und zwar hier vor allem aus Israel, aus den palästinensischen Gebieten, aus der arabischen Welt, aus den USA und aus dem deutschsprachigen Raum.

Es sei ausdrücklich betont, dass die nachfolgend dargestellten und zitierten Aussagen der jeweiligen Diskursakteure/-innen nur einen Ausschnitt aus den zumeist umfangreichen und über verschiedene Beiträge und Veröffentlichungen in den Fachdiskurs eingebrachten Deutungen, Interpretationen, Positionen oder Analysen darstellen. Und so kann und soll es im Folgenden auch nicht um eine (Diskurs-)Analyse im engeren Sinne gehen. Die gewählten Perspektiven und Aussagen dienen lediglich als exemplarische Beispiele im Sinne der Darstellung zentraler Kontroversen. Derweil wird konsequent der Konjunktiv verwendet werden – Zitationen ausgenommen. Damit soll bereits sprachlich verdeutlicht werden, dass die Deutungen und Positionen, Stellungnahmen und Urteile für sich allein benommen eben keine (unwidersprochenen) Wahrheiten vermögen auszudrücken.

3.1.1 Kontroverse A: Zionistische Territorialisierung

Es wurde bereits erwähnt, dass der Nahostkonflikt im sozialwissenschaftlichen Diskurs gemeinhin als ein im Kern territorialer Konflikt gedeutet und bestimmt wird (vgl. Diner 2004; Johannsen 2009; Amar-Dahl 2016; Hagemann 2016b). So betont etwa der israelische Soziologe Moshe Zuckermann: „In seinem Wesen ist der Konflikt zwischen Israelis und Palästinensern (…) ein Territorialkonflikt" (Zuckermann 2016, 259). Seit der zunehmenden Einwanderung zionistischer Juden und Jüdinnen in die Region Palästina im späten 19. Jahrhundert würden also Zionisten/-innen (und später dann Israelis) und Araber/-innen bzw. Palästinenser/-innen „um ein und dasselbe Land kämpfen" (Schreiber/Wolffsohn 1996, 13). Der Konflikt um Territorium liege letztlich allen weiteren Konfliktgegenständen zugrunde (vgl. Schlegel 2014).

Als weithin unstritig gilt überdies, dass der in Europa (im Kontext des Antisemitismus) sich reaktiv formierende Zionismus zur Umsetzung seines Kernprojektes – nämlich der Gründung eines Staates mit jüdischer Bevölkerungsmehrheit – zunächst einmal in Besitz von Boden gelangen musste. Als die Entscheidung zugunsten des britischen Mandatsgebietes Palästina getroffen wurde, bedurfte es ebendort eines Prozesses der Territorialisierung durch von außen herkommende Zionisten/-innen (vgl. Diner 2004; Hagemann 2016b). Und dies galt es, so z.B. der Historiker Dan Diner, „gegen

die ortsansässige arabische Bevölkerung durchzusetzen" (Diner 2004, 313). Denn entgegen des zionistischen Postulats, wonach das „Volk ohne Land" ein Anrecht auf das „Land ohne Volk" habe (Zuckermann 2016, 254), war die Region eben nicht gänzlich unbewohnt oder besitzlos.
In diesem Zusammenhang wird nun problematisiert, dass die Palästinenser/-innen im Zuge der zionistischen Einwanderung oder spätestens im Zuge der Staatsgründung Israels und der israelischen Gebietseroberungen im Kontext des ersten arabisch-israelischen Krieges (1948) ihrer Heimat beraubt bzw. ihres Landes enteignet worden seien.[34] So meint etwa der (palästinensisch-stämmige) US-amerikanische Literaturtheoretiker Edward Said:

„[D]as Gebiet Israels [gehörte] in erster Linie den 1948 vertriebenen Palästinensern (...). Seit ihrem erzwungenen Exodus wurde das Eigentum der Palästinenser per Gesetz in jüdisches Land umgewandelt." (Said 2002b, 185)

Auch andere Autoren/-innen betonen ähnliches. So bezeichnet etwa die jüdisch-US-amerikanische Philosophin Judith Butler das Gebiet, auf dem der jüdische Staat sich institutionalisierte, als „vormals palästinensisches Land" und meint mithin, dass Hunderttausende Palästinenser/-innen (durch einen „Siedlerkolonialismus" gleichsam bis in die Gegenwart hinein) „ihres Landes durch systematische und fortgesetzte Enteignung (...) beraubt wurden" (Butler 2013, 30).
Demgegenüber wird betont, dass die zionistische Territorialisierung wesentlich auf legalen Landkäufen basierte. Der Politikwissenschaftler Samuel Salzborn schreibt z.B.:

„Der vielmals erhobene Vorwurf, jüdische Siedler hätten das Land unrechtmäßig erworben und es handele sich um ‚zionistischen Siedlungskolonialismus', erweist sich dabei als nicht haltbar – schließlich wurden die arabischen Großgrundbesitzer keineswegs zum Verkauf gezwungen, sondern sie waren aufgrund der seit Jahrhundertbeginn stetig steigenden Landpreise geradezu motiviert zur Abgabe ihres Besitzes." (Salzborn 2015, 111)

---

[34] Mitunter wird in diesem Zusammenhang auch die These aufgestellt, dass der Nationalsozialismus und die Shoah einen indirekten, aber durchaus bedeutenden Einfluss auf die Zuspitzung des Nahostkonflikts und die Staatsgründung Israels gehabt habe (vgl. etwa Krell 2008). Verwiesen wird derweil z.B. auf die folgenden Aspekte: *Auswanderungen europäischer Juden und Jüdinnen nach Palästina*; *die Notlage der Überlebenden*; *die Entschlossenheit der Zionisten/-innen*; *Weltgewissen* (vgl. ebd.).

Zugleich wird in Frage gestellt, ob die Region Palästina überhaupt als Land und Eigentum der Palästinenser/-innen bezeichnet werden könne. Denn ein Gutteil des Landes sei im Besitz von Großgrundbesitzern gewesen, die nicht vor Ort, sondern in Beirut, Damaskus oder ganz anderen Regionen lebten. Mithin sei es fraglich, ob man in Bezug auf die zur damaligen Zeit vor Ort ansässige Bevölkerung überhaupt von Palästinensern/-innen sprechen könne, da diese sich – einem pan-arabischen Nationalismus folgend – eher als Teil der Araber/-innen im großsyrischen Raum verstanden hätten (vgl. etwa Dershowitz 2005; Bard 2002).

Darüber hinaus verweist z.B. der Historiker Michael Wolffsohn darauf, dass es sich beim „Heiligen Land" um einen „Völkerfriedhof" handele und betont zugleich, dass weder die Palästinenser/-innen noch die Juden und Jüdinnen ihre Nachkommen seien (vgl. Wolffsohn 1992). Er schreibt:

„Recht gegen Recht. Das ist die herkömmliche Antwort auf die Frage ‚Wem gehört das Heilige Land?'. (...). Meine Gegenthese lautet: Unrecht gegen Unrecht. (...) Sowohl Juden als auch Araber sind zu verschiedenen Zeit Besitzer des Heiligen Landes gewesen, nicht Eigentümer. Rechtsnachfolger oder direkte Nachkommen der ursprünglichen Eigentümer sind heute nicht mehr zu ermitteln. (...) Wem gehört nun das Heilige Land? Es gehört niemandem, es gebührt allen. (...) Wer sich allein auf sein Recht beruft, muß wissen, daß es auf sehr wackligen Fundamenten ruht. Das Heilige Land gehört den Überlebenden verschiedener Völker, auch Juden und Arabern natürlich. Das Heilige Land war als Durchgangsland eigentlich immer multinational, multikonfessionell und multikulturell." (Wolffsohn 1992, 274 und 277)

Kontrovers werden auch die unterschiedlichen Reaktionen auf den so genannten UN-Teilungsplan für Palästina gedeutet und diskutiert. So meinen die einen, dass die Annahme des UN-Teilungsplans auf israelischer Seite und dessen Ablehnung auf arabischer Seite zeige, dass die Zionisten/-innen im Vergleich zur arabischen Bevölkerung und den arabischen Staaten in der Region weithin kompromissbereiter gewesen seien (vgl. etwa Lozowick 2006). Demgegenüber entgegnen die anderen, dass die arabischen Staaten und die Arabische Liga den UN-Teilungsplan aus guten Gründen ablehnten. So meint etwa der palästinensische Politiker Abdallah Frangi:

„Sie argumentierten mit Recht, die UN könne nur Empfehlungen vorlegen und keine verbindlichen Beschlüsse fassen. Insbesondere stand und steht der UN nicht das Recht zu, über das Schicksal eines Landes zu bestimmen, ohne

dessen Bevölkerung zu fragen. Gerade die Satzung der UN sieht die Unabhängigkeit der Völker vor. Aus diesem Grund hätte die UN das Mandat beenden und es der arabischen Mehrheit in Palästina übertragen müssen, über ihre Zukunft zu entscheiden." (Frangi 1982, 106)

Und auch die Ereignisse im Zuge und Nachgang der Proklamierung des Staates Israel am 14.05.1948 werden kontrovers diskutiert. So wird der erste arabisch-israelische Krieg – der am Folgetag der Proklamierung des Staates Israels durch einen Angriff Ägyptens, Syriens, Libanons, Transjordaniens und des Irak auf Israel ausgelöst wurde (vgl. etwa Johannsen 2009; Böhme/Sterzing 2014) und der sowohl in einer arabischen Niederlage als auch in Flucht- und Vertreibungsprozessen der Mehrheit der ortsansässigen arabischen Bevölkerung mündete – ganz unterschiedlich gedeutet, interpretiert und erinnert. Während z.B. einerseits von einem gegen die Palästinenser/-innen gerichteten „war of dispossession" (Said 2001, 448) gesprochen wird, wird dasselbe historische Ereignis andererseits als ein arabischer Angriffskrieg oder als ein notweniger israelischer Verteidigungskrieg bezeichnet (vgl. etwa Lozowick 2006; Grigat 2016). Und während das Ereignis in der arabischen Welt sowie vor allem im Kollektivgedächtnis der Palästinenser/-innen bis in die Gegenwart hinein als Katastrophe (arab.: al-Naqbah) bezeichnet und erinnert wird, ist in Israel zumeist von einem „Unabhängigkeitskrieg" die Rede (vgl. PRIME 2009).

3.1.2 Kontroverse B: Kompromissbereitschaft der lokalen Konfliktakteure

Der Nahostkonflikt gilt als ein seit Jahrzehnten ungelöstes politisches Problem (vgl. etwa Johannsen 2009). In diesem Zusammenhang wird von sozialwissenschaftlichen Akteuren/-innen auf eine mangelnde Kompromissfähigkeit beider Seiten verwiesen (vgl. etwa Böhme/Sterzing 2014; Steininger 2012; Nusseibeh 2012). So wird z.B. betont, dass sowohl die israelische als auch die palästinensische Konfliktseite einen aus ihrer Perspektive jeweils für legitim erachteten Exklusivitätsanspruch auf das Land erheben würde, der einem Ausgleich und Kompromiss jeweils gegenüberstehe (vgl. Schneider 2005). Der Politikwissenschaftler Steffen Hagemann meint, dass „die Konkurrenz um dasselbe Territorium (…) zu einer Konstellation der Nicht-Anerkennung der staatlichen und territorialen Ziele des Anderen geführt [hat]" (Hagemann 2016b, 279). Ähnlich argumentieren Jörn Böhme und Christian Sterzing. Sie schreiben:

„*Wer Anspruch auf ein Land erhebt, kann nicht den Anspruch eines anderen anerkennen, ohne die Legitimität seines eigenen Anspruchs zu relativieren. Die Exklusivität der Ansprüche der jüdisch-israelischen und der palästinensisch-arabischen Bevölkerung machte lange Zeit einen Kompromiss so schwierig (...). Gibt Israel den Souveränitätsanspruch auf die besetzten Gebiete auf, so entfällt gemäß dem Selbstverständnis kompromissloser Israelis auch die Legitimation für den nationalen Anspruch auf das Kernland Israel. Gleiches gilt umgekehrt für die palästinensische Seite."* (Böhme/Sterzing 2014, 8)

Überdies wird in Bezug auf die Ursachen und Gründe für die Nicht-Lösung des Konflikts häufig auf unmittelbare Erfahrungen eines gewaltförmig ausgetragenen Konflikts sowie auf das jeweilige Festhalten an nationalen Konfliktdeutungen und Konflikterzählungen verwiesen (vgl. etwa Amar-Dahl 2016; Böhme/Sterzing 2014).[35] Zudem ist von „Angst und Hass" (Schneider 2005, 7) oder auch von „eingeschworenen Feinden" (Nusseibeh 2012, 16) die Rede. Und es wird angeführt, dass Starrsinn und Misstrauen „noch zu sehr das Denken der Menschen und das Handeln der politischen Entscheidungsträger" (Tophoven 1999, 9) bestimmen würden[36] – weshalb es im Sinne einer Regelung des Konflikts nicht nur einem stärkeren Willen zum Kompromiss auf Seiten der israelischen wie palästinensischen politischen Eliten und Entscheidungsträger bedürfe, sondern auch einer Transformation von Einstellungen und Verhaltensweisen in den jeweiligen Gesellschaften.

---

[35] Derweil wird insbesondere die Bedeutung der Geschichtsschreibung in Bezug auf Legitimationen politischer Ansprüche betont. Gerade im Kontext des Nahostkonflikts werde also deutlich, dass „Geschichte eben nicht nur eine Aneinanderreihung von historischen Daten und Fakten [ist], sondern die Selektion und Interpretation von Ereignissen der Vergangenheit zum Zwecke der Schaffung eines kollektiven Narrativs" (vgl. etwa Böhme/Sterzing 2014, 9f.)

[36] Demgemäß seien schließlich auch kollektive Vorurteile gegenständlich, die seit der frühen Konfliktgeschichte ein Problem darstellen und über Generationen hinweg weitergegeben würden. Martin W. Kloke schreibt: „Gerade im Falle des mehr als hundertjährigen jüdisch-arabischen Konfliktes gilt die Erkenntnis der einschlägigen Forschung, daß kollektive Vorurteile im Sozialisationsprozeß von Generation zu Generation tradiert und internalisiert werden. (...) Noch unter den Augen der britischen Mandatoren entbrannte zwischen Juden und Arabern ein kompromißloser Kampf um die politische Hegemonie in Palästina. Zionistische Juden und palästinensische Araber bestritten sich gegenseitig ihre je spezifische Identität und Legitimität. Auf beiden Seiten gediehen Perzeptionsmuster, denen zufolge man der eigenen Gruppe gegenüber jeweils positiv voreingenommen, der anderen Gruppe hingegen zunehmend feindselig begegnete (...)". (Kloke 1995, 17)

Denn Meinungsumfragen auf beiden Seiten würden zeigen, so z.B. der palästinensische Philosoph Sari Nusseibeh, dass trotz eines grundsätzlichen Willens zum Frieden gerade jene Parteien und Bewegungen auf Zustimmung stoßen, die nicht auf Frieden und Kompromiss abzielen oder hinarbeiten würden (vgl. Nusseibeh 2012). Und so gelte also auch in Bezug auf den Nahostkonflikt, dass eine Regelung des Konflikts nicht alleine vom Willen und Handeln der politischen Eliten auf beiden Seiten abhänge (vgl. Hagemann 2016b).

Kontroversität ergibt sich in diesem Zusammenhang durch unterschiedliche Wahrnehmungen der Hauptverantwortlichkeiten hinsichtlich des als nicht gelöst geltenden Konflikts. So sehen einigen Autoren/-innen vor allem Israel in der Verantwortung, einen Frieden oder Ausgleich zu initiieren und zu ermöglichen. Die deutsch-israelische Historikerin Tamar Amar-Dahl meint etwa, dass ein Frieden nur dann möglich sei, „wenn der Hauptakteur in dieser Geschichte, sprich das zionistische Israel, seine Verantwortung für den Konflikt übernimmt, sich seiner Geschichte ernsthaft stellt und an einem Ausgleich mit den Palästinensern arbeitet" (Amar-Dahl 2016, 297). Und eben dieser Verantwortung sei Israel bisher nicht gerecht geworden. Denn die Kompromissbereitschaft auf israelischer Seite, so etwa die Politikwissenschaftlerin Helga Baumgarten, sei „minimal bzw. nicht existent" (Baumgarten 2001, 73). Mithin wird davon ausgegangen, dass ein wirklicher Kompromissfrieden auf Initiative Israels (seit Jahrzehnten) gar nicht durchsetz- und damit vorstellbar sei. Denn ein solcher Frieden, so Moshe Zuckermann, der „zur Voraussetzung hätte, dass Gebiete zurückgegeben, Siedlungen geräumt, die Jerusalem- und die Flüchtlingsfragen geregelt würden, kann heute von keinem israelischen Politiker, mithin von keiner israelischen Partei verwirklicht werden, ohne in Kauf zu nehmen, dass es in Israel zu bürgerkriegsähnlichen Zuständen käme, was unweigerlich den Macht- und Herrschaftsverlust der Initiatoren eines solchen Friedens zur Folge hätte" (Zuckermann 2016, 258). Und gerade auch vor diesem Hintergrund resümiert Zuckermann:

„Es wird mir lebensgeschichtlich immer unbegreiflicher, dass ich den allergrößten Teil meines Lebens in einem Land verbracht haben werde, dass alle Chancen, die es hatte, zu einem Frieden zu gelangen, vergeben hat, weil es (...) den Frieden letztlich nie wirklich gewollt hat. D.h., es wollte den Frieden

schon immer, und hat dies stets proklamiert, aber den für einen solchen Frieden zu entrichtenden Preis wollte es nie bezahlen. Das lässt sich politisch in den letzten Jahrzehnten vor allem daran ablesen, dass die israelische Bevölkerung stets Parteien bzw. Parteikoalitionen gewählt hat, die jede Friedenschance, die sich ergeben mochte, immer wieder unterwandert hat. Für mich stand dabei immer fest, dass es Israel in der Hand hat, den Frieden bzw. den Friedensprozess voranzutreiben, weil Israel nun mal die Herrschaft darüber hat, worum es im Konflikt mit den Palästinensern geht, nämlich die Territorien." (Zuckermann 2016, 263)

Demgegenüber deuten andere Autoren/-innen Israel als im Vergleich zur palästinensischen Seite weithin kompromissbereiter. Für Samuel Salzborn habe sich die palästinensische Seite schon historisch geweigert, „die von Israel akzeptierten Kompromisslösungen anzuerkennen" (Salzborn 2015, 111), was man z.B. an der Ablehnung des UN-Teilungsplans für Palästina sehen könne. Und auch in jüngerer Zeit hätten sich die Palästinenser/-innen als nicht sehr kompromissbereit erwiesen. Als ein Beispiel führt etwa der israelische Historiker Yaacov Lozowick die trilateralen Friedensverhandlungen in Camp David 2000 an, in deren Zusammenhang Israel unter der Verhandlungsführung des auf Ausgleich und Frieden bedachten Ehud Barak den Palästinensern/-innen sehr weitreichende Angebote gemacht hätte. So habe Israel die Räumung des damals noch besetzen Gaza-Streifens sowie die Räumung von 90% des Westjordanlandes inklusive eines Abbaus zahlreicher Siedlungen angeboten. Überdies hätte Israel das Angebot gemacht, einen unabhängigen palästinensischen Staat anzuerkennen und Jerusalem zu teilen. Die palästinensische Seite aber hätte kaum angemessene Gegenangebote gemacht – weshalb die Verhandlungen letztlich gescheitert seien (vgl. Lozowick 2006). Und so konstatiert Lozowick aus einer israelischen Wir-Perspektive heraus argumentiert: „All die Forderungen, man müsse doch an den Verhandlungstisch zurückkehren, (…) ignorieren, dass von unserer Seite fast nichts mehr angeboten werden kann, was nicht schon abgelehnt worden wäre" (ebd., 311).

Auch der Politikwissenschaftler Stephan Grigat erkennt vor allem auf palästinensischer Seite keine Mehrheit für Frieden und Kompromiss. Zwar betont er, dass die Palästinenser/-innen nicht als Kollektivsubjekt handeln, folgenschwer aber sei, „dass sich historisch zu einem sehr frühen Zeitpunkt jene Kräfte in der arabisch-palästinensischen Gesellschaft durchgesetzt haben, die über Jahrzehnte hinweg jeden Kompromiss mit der israelischen Seite rundweg abgelehnt und stattdessen ganz offen auf die Vernichtung Israels gesetzt haben" (Grigat 2016, 268). Entscheidend sei also die nicht lediglich auf radikal-islamische Gruppierungen beschränkte Nicht-Anerkennung der Existenzberechtigung eines jüdischen Staates in der Region. Eine Deutung, die auch der israelische Historiker Benny Morris vertritt. Er sagt im Rahmen eines Interviews mit einem Journalisten der israelischen Tageszeitung Haaretz:

> *"It's true there's a difference between the extremists, who say directly that they want to wipe out the State of Israel, and the secular nationalists, who outwardly say they're ready for a compromise accord. But actually, both of them, if you read their words very carefully, want all of Palestine. The secular leaders – if you can call them that – like Yasser Arafat and President Mahmoud Abbas, are not prepared to accept a formula of two states for two peoples."* (Ben-Simhon 2012)

3.1.3 Kontroverse C: Israelische Konfliktpolitik

Für die Historikerin Tamar Amar-Dahl stellt die zionistische Politik des Staates Israel, die sich aus einem Komplex von jüdischer Immigration, Eroberung, Besiedlung und Sicherheitspolitik zusammensetze, ein Kernproblem des Konflikts dar (vgl. Amar-Dahl 2016). Durchaus ähnlich sieht dies Moshe Zuckermann. Auch für ihn stellt die jüdische Landnahme ein zentrales Grundproblem im Konflikt dar – eine Landnahme, die auf der Ideologie eines dezidiert territorial eingestellten bzw. auf materielle Besitznahme von Boden ausgerichteten Zionismus basiere (vgl. Zuckermann 2016). Zuckermann problematisiert daher, dass Israel seit Jahrzehnten ein Okkupationsregime und expansive Besiedlungen betreibe sowie die Palästinenser/-innen unterdrücke und an deren nationaler Selbstbestimmung hindere (vgl. Zuckermann 2005). Laut Judith Butler gehe das auf Gewährleistung jüdischer demografischer Überlegenheit ausgerichtete zionistische Projekt bzw. die entsprechende Verfasstheit Israels gar notwendigerweise mit einer beständigen Reproduktion von Unrecht in Form von Unterdrückung einher. Israel sei im Sinne der Aufrechterhaltung seiner Existenz von Enteignungen und Vertreibungen abhängig. Butler meint, dass ein Israel „wie wir es kennen" (Butler 2013, 250) ohne eine fortwährende Struktur kolonialer Unterwerfung sowie Unterdrückung der Palästinenser/-innen „undenkbar ist" (ebd.). Sie spricht daher auch von einem Siedlerkolonialismus sowie von rechtswidrigen (Land-)Enteignungen, Vertreibungen und rechtlichen Ungleichbehandlungen (vgl. Butler 2013; siehe dazu auch Piberger 2016). Zudem spricht der US-amerikanische Linguist Noam Chomsky in Bezug auf Israel von einem seit 1967 eingeschlagenen Kurs „fortwährender Unterdrückung" (Chomsky 2004, 97) und der deutsche Politik- und Islamwissenschaftler Martin Lüders spricht von einer „systematischen Entrechtung der Palästinenser" (Lüders 2015, 144).

Die Palästinenser/-innen werden dementsprechend als unaufhörlich um ihre Freiheit ringende Unterdrückte wahrgenommen und markiert (vgl. etwa Nusseibeh 2012). Oder auch unschuldige Opfer im Rahmen eines unsymmetrischen Konflikts mit Israel, wie Edward Said in einem Zeitungsinterview betont:

„There is no symmetry in this conflict. (...) I deeply believe that. There is a guilty side and there are victims. The Palestinians are the victims." (Said 2001, 447)

Für Said seien die Palästinenser/-innen gar Opfer einer israelischen Apartheidpolitik. Er schreibt: „[T]he relationship between Israelis and Arabs is not a fact of nature but the result of a specific, continuing process of dispossession, displacement, and colonial de facto apartheid" (Said 1980, 37). Exklusiv vertritt Said diese Deutung nicht. So ist der gegen Israel gerichtete Apartheidvorwurf vor allem in Teilen der globalen politischen Linken sowie in arabischen Staaten und unter palästinensischen Akteuren/-innen aus politischer Elite und Zivilgesellschaft durchaus keine Seltenheit. Der Fatah-Führer Mahoumd Abbas meint z.B.: „Our people will continue their popular peaceful resistance to the Israeli occupation and its settlement and apartheid policies and its construction of the racist annexation wall (…)" (Abbas 2011). Und im Gründungsaufruf der BDS-Kampagne[37] aus dem Jahr 2005 wird zumindest implizit ein Vergleich zwischen der als völkerrechtswidrig und nicht lösungsorientiert gedeuteten israelischen Konfliktpolitik einerseits und

---

[37] Die Abkürzung BDS steht für Boycott, Divestment and Sanctions (Boykott, Kapitalabzug und Sanktionen).

dem südafrikanischen Apartheidregime andererseits hergestellt, und zwar insofern, als die Sanktionen und Maßnahmen gegenüber dem südafrikanischen Apartheidregime nun auch in vergleichbarer Weise gegen Israel durchgesetzt werden sollten. Konkret heißt es im Gründungsaufruf dieser Bewegung unter anderem:

„Aufgrund der Tatsache, dass sämtliche internationale Interventionen und Friedensbestrebungen nicht in der Lage waren, Israel zu überzeugen oder zu zwingen, den Konventionen des Humanitären Rechts genüge zu leisten, die grundlegenden Menschenrechte anzuerkennen und die Besatzung und Unterdrückung der palästinensischen Bevölkerung zu beenden; (...) rufen wir, RepräsentantInnen der palästinensischen Zivilgesellschaft, internationale Organisationen und alle rechtschaffenen Menschen auf der ganzen Welt dazu auf, weitgreifend Boykott und Investitionsentzug gegen Israel durchzusetzen, ähnlich der Maßnahmen gegen Südafrika während der Apartheid." (BDS-Kampagne 2005)

Auch für andere Akteure/-innen stellt die israelische Konfliktpolitik den Kern des Problems dar. Und auch sie sprechen in diesem Zusammenhang von Verstößen gegen die Grundsätze der Allgemeinen Erklärung der Menschenrechte sowie gegen die Genfer Konventionen. Für Edward Said reichen diese Verstöße „von Verhaftungen über Landenteignungen im großen Stil, Hauszerstörungen, Vertreibungen, Folter, Morden, Bücherverboten bis hin zur Schließung von Schulen und Universitäten" (Said 2002, 188). Zugleich ist von Rassismus die Rede. So meint etwa der deutsche Soziologe Peter Ullrich:

„Die rassistischen Diskurse, Praxen und institutionellen Arrangements sind vielfältig und offensichtlich, und zwar nicht nur im rassistisch konnotierten Besatzungsregime mit seinen teilweise an Apartheid erinnernden Separationsstrukturen. Die israelischen Siedlungen in Hebron, in denen einige hundert jüdische Siedler/innen ihren religiös begründeten Besitzanspruch mit aller Härte, Erniedrigung und militärischer Unterstützung gegenüber der palästinensischen Bevölkerung durchsetzen, ist ein verdichtetes Symbol der diskriminierenden Grenzziehung zwischen nach Herkunft oder Hautfarbe Unterschiedenen." (Ullrich 2013, 92)

Mitunter werden Israel gar beispiellose Verbrechen vorgeworfen. Die palästinensische Politikerin Hanan Ashrawi sagte in ihrer Rede auf der Weltkonferenz gegen Rassismus der Vereinten Nationen im südafrikanischen Durban im Jahr 2001 in Bezug auf Israel beispielsweise folgendes:

„Sisters and Brothers, never before has an occupation army imposed such a total and suffocating siege on a captive civilian population, then proceeded to shell their homes, bomb their infrastructure, assassinate their activists and leaders, destroy their crops and trees, murder their civilians at will, steal their lands, and then demand that they acquiesce like lambs to the slaughter."
(Ashrawi 2001; hier zit. aus: Lozowick 2003, 249)

Alldem gegenüber wird betont, dass Israel ein Rechtsstaat sei, in dem auch die arabische Minderheit über die volle Staatsbürgerschaft inklusive Wahlrecht verfüge und mithin in der Regierung vertreten sei. Und dies, so der US-amerikanische Politikwissenschaftler Mitchell G. Bard, unterscheide Israel vom südafrikanischen Apartheidregime (vgl. Bard 2002). Überdies könne auch die israelische Politik in den besetzten Gebieten nur als Konsequenz und Folge eines jahrzehntelangen, gleichsam gewalttätigen Konflikts inklusive terroristischer und kriegerischer Angriffe auf Israel bewertet und interpretiert werden; was aus Perspektive des südafrikanischen Anti-Apartheidaktivisten Malcolm Hedding wiederum den Apartheidvorwurf gegenüber Israel als ungerechtfertigt erscheinen lasse. So sagt er:

„Calling Israel an 'apartheid state' is absolute nonsense. You might have structures that look like apartheid, but they're not. The barrier fence has nothing to do with apartheid and everything to do with Israel's self-defense. There was no such barrier until the second intifada, when people were being murdered on the highways. And the country does not dehumanize its minority in the sense of apartheid. The issues are totally different." (Gilbert 2007)

Zudem wird argumentiert, dass das Urteil gegenüber der israelischen (Konflikt-)Politik grundsätzlich vergleichsweise milde ausfalle müsse, so man Israel im Kontext eines jahrzehntelangen gewaltsamen Konflikts betrachte. Der US-amerikanische Jurist Alan M. Dershowitz meint z.B., dass keine andere Nation angesichts vergleichbarer Bedrohungen je mehr Rücksicht auf die Zivilbevölkerung der anderen Seite genommen habe und dass sich keine andere Nation je mehr der Herrschaft des Rechts verpflichtet gesehen habe (Dershowitz 2005, 229). Ähnlich sieht dies auch Yaacov Lozowick. Er meint, dass Israelis weder willkürlich noch brutal morden, foltern oder Rache nehmen würden und wenn doch, dann würde die Mehrheit der Israelis dies missbilligen – im Gegensatz zu den Palästinensern/-innen, die ihre Attentäter/-innen als „Helden feiern" (Lozowick 2006, 305) würden. Auch deshalb meint Lozowick, dass sich Juden und Jüdinnen weitaus moralischer und humaner als ihre Feinde verhalten würden. Denn:

„*Immer schon hatte die palästinensische Herrschaft über Juden weitaus schrecklichere Konsequenzen für die Betroffenen als die jüdische Herrschaft über die Palästinenser sie je hatte. (...) Sollten die Palästinenser jemals Herrschaft über die Juden erlangen, wird Palästina ebenso judenrein werden, wie es der größte Teil Europas heute ist (...).*" (Lozowick 2006, 308)

Damit offenbart sich eine Deutungsperspektive, wonach der Antisemitismus ein Kernproblem im Rahmen Nahostkonflikts darstelle. Eine solche Perspektive steht, der (in Inhalt und Form gleichwohl deutlich ausdifferenzierten) Benennung und Problematisierung israelischer (Konflikt-)Politik als Kernproblematik des Nahostkonflikts gegenüber. Denn insofern der Antisemitismus nicht in den Händen Israels liege, kommt es hinsichtlich der Fragen nach der Ursache bzw. nach der Schuld und Verantwortung für die Nicht-Lösung des Nahostkonflikts zu einer Verschiebung. So ist es nunmehr nicht vor allem an Israel, die Voraussetzungen für einen realen Frieden zu gewährleisten oder zu ermöglichen. Stattdessen hänge die Lösung des Nahkonflikts von einer Lösung des Antisemitismusproblems ab. So schreibt etwa Stephan Grigat: „Es gibt unter den gegebenen Umständen keine ,Lösung des Nahostkonflikts', denn diese würde bedeuten, den (antizionistischen) Antisemitismus aus der Welt zu schaffen" (Grigat 2016, 269).

Ebendiese Deutungsperspektive wird wiederum kontrovers diskutiert. Teil dieser Kontroverse ist die grundsätzliche Frage nach der Bedeutung eines (antizionistischen) Antisemitismus in der islamisch geprägten Welt und schließlich dessen Relevanz im Kontext des Nahostkonflikts.

3.1.4 Kontroverse D: Antizionistischer Antisemitismus

3.1.4.1 Vorbemerkungen zum Antisemitismus

Beim Antisemitismus handelt es sich um eine von Antisemiten/-innen in Europa erfundene Konstruktion, die sich als ein feindseliges Gerücht gegenüber Juden und Jüdinnen äußert (vgl. etwa Adorno 1980a; Pollak 2008) – und zwar ausschließlich gegen Juden und Jüdinnen bzw. gegen als jüdisch konstruierte Personen, Institutionen und Strukturen. Entgegen also auch

anderslautender Meinungen richtet sich der Antisemitismus nicht zugleich auch gegen andere semitische (Sprach-)Gemeinschaften. Die den Juden und Jüdinnen als konstruiertes Kollektiv zugeschriebenen Eigenschaften zielen letztlich darauf ab, diese „zu distanzieren, zu vertreiben und zu töten" (Rensmann/Schoeps 2008, 12).
Dem modernen Antisemitismus, der an tradierte Semantiken des christlichen Antijudaismus anschließt, von diesem aber analytisch zu unterscheiden ist, ist eine generalisierbare Vorurteilsstruktur inhärent, die diesen strukturell nicht wesentlich von anderen Ideologien der Ungleichwertigkeit unterscheidet. So basiert auch der moderne Antisemitismus auf einer (rassistischen) Konstruktion des ungleichwertigen Anderen. Zugleich aber liegt dem modernen Antisemitismus auch ein spezifischer Charakter zugrunde; und zwar in Form eines umfassenden und flexiblen, reaktionär-antimodernen und personalisierenden Welterklärungsmodells bzw. Welterklärungsangebots.[38] Verständlich wird dieser Charakter nur durch einen Verweis auf den historischen Entstehungskontext im 19. Jahrhundert – eine Zeit, die von der Durchsetzung der (modernen) bürgerlichen und kapitalistischen Vergesellschaftung mit all den damit einhergehenden gesellschaftlichen und politischen Umbrüchen geprägt war. Denn von Beginn an stellte der moderne Antisemitismus ein (zweifellos verkürztes und irrationales) Deutungs- und Erklärungsangebot der komplexen und nur schwer durchschau- und erklärbaren gesellschaftlichen Verhältnisse und Modernisierungsprozesse dar.[39] Und er wendete sich als antimoderne Ideologie gegen ebendiese Verhältnisse und Prozesse (vgl. etwa Postone 2005; Holz 2005; Salzborn 2014); weshalb

---

[38] Nicht zuletzt deshalb haben antisemitische Denkformen und Deutungsmuster eine durchaus bedeutungsvolle, weil umfassende Funktion für die Antisemiten/-innen. Jean-Paul Sartre betonte daher auch: „Existierte der Jude nicht, der Antisemit würde ihn erfinden" (Sartre 1994, 12).

[39] Moishe Postone schreibt daher in Bezug auf die moderne antisemitische Denkform: „Es handelt sich dabei nicht um die bloße Wahrnehmung der Juden als Träger von Geld – wie im traditionellen Antisemitismus; vielmehr werden sie für ökonomische Krisen verantwortlich gemacht und mit gesellschaftlichen Umstrukturierungen und Umbrüchen identifiziert (…). Mit anderen Worten: Die abstrakte Herrschaft des Kapitals, wie sie besonders mit der raschen Industrialisierung einhergeht, verstrickte die Menschen in das Netz dynamischer Kräfte, die, weil sie nicht durchschaut zu werden vermochten, in Gestalt des ‚internationalen Judentum' wahrgenommen wurden" (Postone 2005, 180f.)

nicht die Moderne für den Antisemitismus ursächlich ist, sondern eine Verarbeitung dieser. Mit Thomas Haury lässt sich in diesem Zusammenhang konkretisieren, dass es sich beim Antisemitismus um eine ideologisierte „Reaktion auf die von vielen als Bedrohung oder gar Katastrophe erfahrene Universalisierung der kapitalistischen Warenvergesellschaftung und den dadurch eingeleiteten Umbruch der gesellschaftlichen Beziehungen, Herrschaftsverhältnisse und Herrschaftsformen" (Haury 1992, 127) handelt. Das damit einhergehende antikapitalistische Moment im Antisemitismus blendet den komplexen, umfassenden und zentrumslosen Totalitätscharakter kapitalistischer Vergesellschaftung aus (vgl. dazu Postone 2005). Es kommt z.B. zu einer Aufspaltung von Sphären, die eigentlich miteinander verzahnt sind. Gemeint ist hier eine mit Wertung versehene Unterscheidung zwischen dem Abstrakten und dem Konkreten. Während das Konkrete – also z.b. die Arbeit, das produktive Industriekapital bzw. die Produktionssphäre – glorifiziert wird, wird sich zugleich gegen das Abstrakte – z.b. der Handel, die Banken, der Zins, der Profit bzw. die unproduktive Zirkulationssphäre (aber auch die Presse) – gewendet (vgl. Niehoff 2011). Samuel Salzborn schreibt:

„In der antisemitischen Phantasie wird die Sphäre des Abstrakten (...) mit ‚den Juden' identifiziert. Denn Antisemiten glauben, dass gerade Juden diejenigen seien, die den Profit aus Kapitalismus und Finanzkrise zögen – weil sie für den Antisemiten all das verkörpern, was er selbst nicht versteht und vor dem er sich fürchtet: das abstrakte Gesetz, den Verstand, die Individualität, die Freiheit, kurzum: die Moderne." (Salzborn 2014, 117)

Die als bedrohlich empfundenen Aspekte moderner Gesellschaften werden also in der Feindbildkonstruktion des „mächtigen Juden" personifiziert (vgl. auch Holz 2005). „Der Jude" erscheint mithin in der Figur des wurzellosen, universalistischen Lenkers und Profiteurs moderner (weithin säkularer) gesellschaftlicher Verhältnisse – wahlweise des „westlichen" Kapitalismus und Liberalismus oder auch des Kommunismus, womit deutlich wird, dass der moderne Antisemitismus über einen systemartigen Charakter verfügt: „Er beansprucht, die Welt zu erklären" (Postone 2005, 179).

Seinen monströsen Kulminationspunkt fand der reaktionär-antimoderne und gleichsam rassistische Antisemitismus in der arbeitsteilig organisierten und industriell betriebenen Massenvernichtung europäischer Juden und Jüdinnen im Nationalsozialismus.

Nach diesem Zivilisationsbruch ist der Antisemitismus indes weder verschwunden noch gänzlich unmöglich geworden. Vielmehr manifestieren sich neue Erscheinungs- und Kommunikationsformen, ohne dass dabei die tradierten Kernsemantiken maßgeblich verändert werden (vgl. Holz 2005). Gerade in Deutschland kommen antisemitische Denk- und Deutungsmuster eher latent und verdeckt sowie über Umwege kommuniziert zum Ausdruck. Detlev Claussen spricht daher von einem „Ja, aber-Antisemitismus" (Claussen 2005, VII). Zugleich hat sich der Antisemitismus neuen historischen und politischen Konstellationen angepasst. Eine Eigenschaft, die dem Antisemitismus ohnehin wesenhaft ist. Denn immer schon diente er unterschiedlichen sich national, rassisch oder religiös selbst definierenden Gemeinschaften nicht nur als Welterklärungsmodell, sondern auch als ein flexibles Angebot zur Aufwertung durch Abgrenzung sowie zur Aufrechterhaltung und Stabilisierung von Orientierung, Sicherheit und kollektiver Identität (vgl. Holz 2005; Goldenbogen 2013b). Michael Kiefer spricht daher auch von Antisemitismus als einem flexiblen Code, der bis in die Gegenwart hinein „in alle Ideologien oder Ideologiekonglomerate des weltanschaulichen Spektrums integriert werden kann" (Kiefer 2007, 84).

Zu den bedeutendsten gegenwärtigen Erscheinungsformen des Antisemitismus wird in Teilen des sozialwissenschaftlichen Diskurses ein gegen den jüdischen Staat Israel sich richtender antizionistischer Antisemitismus gezählt (vgl. etwa Diner 2004; Beck 2004; Holz 2005; Salzborn 2014).

3.1.4.2 Zur Frage nach Israelkritik, Antizionismus und Antisemitismus

Da es in Phasen gewalttätiger oder gar kriegerischer Zuspitzungen des Nahostkonflikts auch in Europa zu verbalen und tätlichen Angriffen auf jüdische Einrichtungen und Personen kam, stellte sich die Antisemitismusforschung zunehmend die Frage nach einem Zusammenhang zwischen Kritik und Feindschaft gegenüber Israel einerseits und Antisemitismus andererseits. Als weithin konsensfähig kann gelten, dass der Nahostkonflikt bzw. Israel als Konfliktakteur einen Auslöser und Katalysator oder auch eine Projektionsfläche für antisemitische Deutungsmuster und Handlungen darstellt.[40]

---

[40] Es wird unterschiedlich bewertet, ob der Konflikt eher Projektionsfläche oder eher Ursache gegenwärtiger Erscheinungsformen des Antisemitismus sei (vgl. etwa Holz 2005). Erstere

Derweil hat sich jedoch eine Kontroverse in Bezug auf die Frage entzündet, ob bzw. wann es gerechtfertigt ist, im Kontext von israelkritischen und/oder antizionistischen Perspektiven und Positionen von Antisemitismus zu sprechen. Einige Autoren/-innen erkennen in der so genannten Israelkritik[41] eine gefährliche Nähe zum Antisemitismus oder gar explizit antisemitische Motive und Erscheinungsformen (vgl. etwa Haury 1992; Walzer 2004; Markovits 2004). So betont z.b. der Soziologe Ulrich Beck, dass Kritik am jüdischen Staat Israel leicht in Antisemitismus umschlagen könne (vgl. Beck 2004). Ausdruck dessen sei, so etwa der Soziologe Detlev Claussen, eine überbordende Kritik an Israel, die als solche keine berechtigte Kritik an einer Besatzungsmacht darstelle, sondern entgrenzt wirke – wie z.b. „die absurden und doch immer wieder reizvollen Vergleiche Israels mit Nazipraktiken zeigen" (Claussen 2005, XIV). Und ebendiese überbordende Israelkritik stellt für Claussen einen Ausdruck des mehrheitsfähig und somit berechtigt sowie denk- und artikulierbar erscheinenden demokratischen Antisemitismus dar; denn sie lebe nicht zuletzt „von dem gleichen fragwürdigen Lustgewinn eines wiederholten Tabubruchs wie der altbekannte Antisemitismus selbst" (ebd.). Der französische Soziologe und Politologe Pierre-André Taguieff spricht in diesem Zusammenhang gar von einer neuartigen antijüdischen Konstellation, die sich seit dem so genannten Sechs-Tage-Krieg von 1967 bis in die Gegenwart hinein in Form eines weltweit verbreiteten Antizionismus ausdrücke, der gegen Israels Existenz ausgerichtet sei und nicht selten antirassistisch und menschenrechtlich argumentiere (vgl. Taguieff 2004; Kloke 2010).[42] Und auch der Schriftsteller und Philosoph Jean Améry deutete den Antizionismus

---

These vertrat z.B. Max Horkheimer schon Ende der 1960er Jahre. Er schrieb: „Heute (…) bereitet der Haß gegen die Juden, noch stimuliert durch die Existenz Israels, auf der ganzen Erde sich aus. (…) Der Konflikt im Nahen Osten bildet einen willkommenen Zusatz zu den innenpolitischen Möglichkeiten, das durch die gesamte, sich verdunkelnde Situation ständig wachsende Unbehagen auf ein geeignetes Ziel zu projizieren" (Horkheimer 1988, 139).

[41] Der durchaus geläufige Begriff „Israelkritik" ist insofern irritierend, als kaum jemand von Deutschlandkritik, Frankreichkritik, Syrienkritik oder Japankritik spricht (vgl. etwa Brumlik 2013). Ulrich Beck spricht zudem von einem „flinken Wort", dem eine bemerkenswerte Zweideutigkeit inhärent sei. Er fragt sich: „Wird das Recht dieses Staates, zu sein, kritisiert? Oder die Regierungspolitik (…)?" (Beck 2004, 139).

[42] In der Antisemitismusforschung ist es gegenwärtig als weithin konsensfähig, dass es sich beim antizionistischen oder israelbezogenen Antisemitismus nicht um einen gänzlich neuen Antisemitismus handelt, sondern nur um eine neue Erscheinungsform, die in ihrer Struktur und Semantik dem modernen europäischen Antisemitismus gleicht (vgl. etwa Holz 2005).

„als die Aktualisierung des uralten, offensichtlich unausrottbaren, ganz und gar irrationalen Judenhasses von eh und je" (Améry 2005, 162). Demgegenüber meint der Antisemitismusforscher Klaus Holz, dass eine allzu voreilige Gleichsetzung von Antisemitismus und Antizionismus zu einer Verabsolutierung des Antisemitismus führe und gleichsam andere Gründe für eine kritische bis ablehnende Haltung gegenüber Israel ignoriere (vgl. Holz 2005, 79). Auch andere Autoren/-innen betonen, dass zwischen Antisemitismus und Antizionismus ein deutlicher Unterschied bestehe (vgl. etwa Butler 2004; Judt 2004). Mitunter wird gar von einem Antisemitismus-Vorwurf als (Herrschafts-)Instrument gesprochen, der dazu diene, eine legitime und notwendige Kritik an Israel zu diffamieren und somit ihrer Legitimität zu berauben (vgl. etwa Lerman 2004; Zuckermann 2010; Ullrich 2013) – weshalb es notwendiger Differenzierungen bedürfe.[43]

Angesichts der angedeuteten Kontroversen wurde ein Bedarf nach Kriterien zur analytischen Unterscheidung zwischen legitimer und antisemitischer Kritik an Israel offenkundig (vgl. etwa Diner 2004; Markovits 2004; Holz 2005). Klaus Holz plädiert in diesem Zusammenhang für die Anwendung der von ihm selbst wissenssoziologisch rekonstruierten Grundmuster des modernen Antisemitismus.[44] Denn, so Holz, „die Grundmuster der antisemitischen Semantik, die Unterscheidung zwischen Gemeinschaft und Gesellschaft, die verschwörungstheoretische Personifikation, die Figur des Dritten und die Täter-Opfer-Umkehr zur Relativierung der Shoa haben mit rationaler Kritik und legitimer Interessenverfolgung nichts zu tun" (Holz 2005, 80). Auch im Rahmen einer durch die (vormalige) Europäische Beobachtungsstelle für Rassismus und Fremdenfeindlichkeit (EUMC)

---

[43] Im Sinne einer solchen Differenzierung schreibt etwa Moshe Zuckermann: „[M]an kann Israel sehr wohl kritisieren, ohne gleich gegen Juden zu sein (…). Man kann ‚Juden' nicht mögen und den Judenstaat Israel dennoch hochschätzen (…). Man kann den Zionismus kritisch hinterfragen, ohne gleich antisemitisch und sogar ohne antiisraelisch zu sein; denn es ist eine Sache, die geschichtlich realen Entwicklungsstrukturen des Zionismus zu beäugen, eine ganz andere – nach der Shoah zumal –, das nun mal in der zionistischen Ideologie eingebettete Existenzrecht Israels in Frage stellen. Damit ist nicht gesagt, daß Israelkritik und Antizionismus nicht Spuren des Antisemitismus aufweisen mögen (…). Nur darf man ihn eben nicht als vorausgesetzte Annahme in Anschlag bringen, wenn es um eine kritische Auseinandersetzung mit Israel bzw. mit dem israelisch-palästinensischen Konflikt *in der Sache selbst* geht." (Zuckermann 2005, 9; *Hervorhebung im Original*)

[44] Die von Holz rekonstruierten antisemitischen Grundmuster wurden im Fachdiskurs und der empirischen Antisemitismusforschung breit rezipiert (vgl. etwa Kraft/Freiheit/Spaiser 2012); seine These des nationalen Antisemitismus aber auch kritisiert (vgl. etwa Salzborn 2014).

erarbeiteten Arbeitsdefinition des Begriffs Antisemitismus wurden (Unterscheidungs-)Kriterien vorgelegt (vgl. EUMC 2012). Demnach handele es sich um eine nicht-legitime, weil antisemitische Israelkritik unter anderem dann,
- wenn dem jüdischen Volk das Recht auf nationale Selbstbestimmung abgesprochen wird;
- wenn an die Politik und das Verhalten Israels doppelte Standards angelegt werden;
- wenn in der Charakterisierung Israels Symbole und Bilder des klassischen Antisemitismus verwendet werden;
- wenn die Politik Israels mit der nationalsozialistischen Politik verglichen wird;
- wenn Juden weltweit für die Politik Israels in Kollektivhaftung genommen werden (vgl. ebd.).

Ähnliche Kriterien benennt zudem eine etwas andere terminologische Systematik aus dem Forschungsumfeld des Instituts für interdisziplinäre Konflikt- und Gewaltforschung der Universität Bielefeld. Hier werden im Sinne einer Begriffsbestimmung des Antisemitismus die in der Forschung etablierten Begriffe des klassischen und sekundären Antisemitismus unter anderem um die Facetten der „NS-vergleichenden Israelkritik" und des „israelbezogenen Antisemitismus" ergänzt (vgl. Heyder et al. 2005, 147). Unter „NS-vergleichender Israelkritik" wird dabei eine „Gleichsetzung der israelischen Palästinenserpolitik mit der Vernichtung von sechs Millionen Juden durch das Dritte Reich" (ebd., 149) verstanden, die mit einer unzulässigen Relativierung sowie einer Täter-Opfer-Umkehr einhergeht. Und unter „israelbezogenen Antisemitismus" wird die Übertragung der Israelkritik auf Juden und Jüdinnen verstanden, also eine Form der Kollektivhaftung für die Politik Israels (vgl. ebd.).

Bezüglich letzterem wird indes eingewendet, dass Israel mitunter selbst einer Verquickung von Juden und Jüdinnen einerseits und Israel andererseits Vorschub leiste. Und zwar deshalb, weil Israel vorgebe, für die Gesamtheit der Juden und Jüdinnen sprechen zu können bzw. beanspruche, das jüdische Volk vertreten zu können (vgl. Zimmermann 2004; Amar-Dahl 2016). Judith Butler spricht in diesem Zusammenhang von einer Monopolisierung des Judentums und der Interessen jüdischer Menschen durch den zionistischen

Staat Israel (vgl. Butler 2013). Und auch Tony Judt problematisiert, dass die Zionisten/-innen und die israelischen politischen Eliten schon immer darauf bestanden hätten, dass es zwischen Juden und Jüdinnen sowie Israel keinen Unterschied gäbe, dass also Israel vorgebe für alle Juden und Jüdinnen weltweit sprechen zu können (vgl. Judt 2004). Die Konsequenzen einer solchen Verquickung seien sodann immer auch insofern problematisch, als Juden und Jüdinnen weltweit „schnell zu Partnern, Schützlingen oder Geiseln der israelischen Politik" (Zimmermann 2004, 306) würden und damit eben auch einem israelbezogenen Antisemitismus Tür und Tor geöffnet werde.

3.1.4.3 Zur Kontroverse um die Bedeutung des antizionistischen Antisemitismus im Kontext Nahostkonflikt

In den Debatten um gegenwärtige Erscheinungsformen des Antisemitismus steht nicht selten die Frage nach einem (israelbezogenen) Antisemitismus im islamisch geprägten Nahen Osten sowie unter „muslimischen Migranten/-innen" in Europa im Mittelpunkt. Einige Autoren/-innen verwenden derweil Begrifflichkeiten, die einen sonst eher untypischen Zusammenhang zwischen den Trägern/-innen (hier die Muslime/-innen) und der Form des Antisemitismus herstellen und somit suggerieren, es gebe eine eigenständige antisemitische Erscheinungsform. So spricht etwa der ehemalige Vorsitzende der US-amerikanischen Anti-Defamation League Abraham Foxman von *muslimischem Antisemitismus* (vgl. Foxman 2006) und der Politikwissenschaftler Mathias Küntzel spricht von *islamischem Antisemitismus* (Küntzel 2007a, 31; vgl. etwa auch Faber 2006).

Demgegenüber wird darauf verwiesen, dass der Antisemitismus kein integraler Bestandteil der islamischen Theologie und Geschichte sei. Denn im Vergleich zum christlich geprägten Europa sei sowohl der traditionelle Antijudaismus als auch der (moderne) Antisemitismus in den islamischen Gesellschaften bei weitem nicht so stark ausgeprägt und verbreitet gewesen. Die frühe muslimisch-jüdische Beziehungsgeschichte wird daher auch als vergleichsweise konfliktarm beschrieben (vgl. etwa Nordbruch 2007; Bunzl 2008; Kiefer 2010). Zwar hätten Juden und Jüdinnen Diskriminierungen und Ungleichbehandlungen erfahren (etwa als Schutzbefohlene), dennoch meint z.B. der Islamwissenschaftler Michael Kiefer, dass es in der vormodernen islamischen Geschichte „keine tief verwurzelte Feindseligkeit gegen Juden

gab" (Kiefer 2007, 73). Und auch der Politikwissenschaftler Bassam Tibi betont, dass dem traditionellen Islam der Judenhass weithin fremd gewesen sei und zwar sowohl „in Bezug auf die Theologie als auch auf das Rechtssystem" (Tibi 2007, 48).[45]
Vor diesem Hintergrund wird darauf verwiesen, dass der seit dem frühen 20. Jahrhundert sich auch im islamisch geprägten Nahen Osten ausbreitende Antisemitismus als ein „Import aus Europa" (Holz/Kiefer 2010, 109) verstanden werden müsse. Der Antisemitismus sei in seiner modernen Erscheinungsform als eine reaktionär-antimoderne und verschwörungstheoretische Ideologie also adaptiert worden – weil es entsprechende Bedarfe gab. So hätten auch im Nahen Osten sich vollziehende gesellschaftliche und politische Modernisierungsprozesse und Umbrüche – etwa Entkolonialisierungsprozesse und Nationalstaatsgründungen – einen Bedarf an ideologisierten (Welt-)Deutungen produziert bzw. eine antisemitische Verarbeitung dieser Prozesse und Veränderungen nahegelegt (vgl. etwa Nordbruch 2004; Grigat 2016). Und da derweil die Kernsemantik des Antisemitismus im Wesentlichen unberührt geblieben sei (vgl. etwa Holz 2005), handele es sich auch nicht um einen gänzlich neuen Antisemitismus. Deshalb sei es analytisch und terminologisch treffender, von einem *islamisierten* Antisemitismus zu sprechen (vgl. etwa Müller 2007; Kiefer 2007; Dantschke 2010).

Überdies wird betont, dass auch die zunehmenden Spannungen im Mandatsgebiet Palästina und späterhin die Verwirklichung und Verteidigung des zionistischen Projekts Israel sowie überhaupt der krisenhafte und mitunter gewalttätig ausgetragene Nahostkonflikt Anlässe für Reproduktionen tradierter antisemitischer und antijudaistischer Stereotype bieten würden (vgl. etwa Holz 2005). Dan Diner schreibt z.B.:

„Die Beteiligung von Juden als Israelis am Konflikt lädt (...) die Auseinandersetzung mit Bildern und Metaphern auf, die zur Steigerung seines ohnehin dramatischen Charakters und damit zu seiner Radikalisierung beitragen. (...) So läßt sich beim besten Willen nicht in Abrede stellen, daß die politische, durch den Konflikt begründete Gegnerschaft zu den Juden bei Arabern wie

---

[45] Unbenommen dessen verweisen einige Autoren/-innen immer wieder auch auf antijüdische Direktiven im Koran (vgl. etwa Küntzel 2006; Carmon 2006), die im Kontext der Konflikte zwischen jüdischen Stämmen und dem Propheten Mohammed in Medina zu verstehen und interpretieren sind.

bei Muslimen (...) zu einer Bebilderung der Wirklichkeit beiträgt, die bei aller gebotenen Zurückhaltung als problematisch zu erachten ist. Problematisch insofern, als dabei tradierte antijüdische Bilder und Motive evoziert werden (...)." (Diner 2004, 317)

Gleichwohl wird über die konkrete Bedeutung des Antisemitismus im Kontext des Nahostkonflikts kontrovers diskutiert. Als weithin konsensfähig kann derweil noch gelten, dass der Antisemitismus zumindest insofern von Bedeutung sei, als der Zionismus vor dem Hintergrund des europäischen Antisemitismus sich reaktiv ausbildete und Israel, als staatspolitische Institutionalisierung des zionistischen Projektes, immer auch als eine Antwort auf den Antisemitismus verstanden werden müsse (vgl. etwa Zuckermann 2016; Grigat 2016).[46] So besehen sei Israel kein Land wie irgendein anderes. Jean Améry spricht etwa von Israel als Ort der Zuflucht und des Schutzes der Verfolgten und Überlebenden (vgl. Améry 2005). Der historische Zweck und Wert Israels, so auch der deutsch-US-amerikanische Philosoph Herbert Marcuse, bestehe demnach darin, „eine Wiederholung von Konzentrationslagern, Pogromen und anderen Formen der Verfolgung und Diskriminierung zu verhindern" (Marcuse 2004 [1971], 147f.).

Ob der Antisemitismus nun aber eine zentrale Analysekategorie im Kontext des Nahostkonflikts sei, darüber besteht Uneinigkeit. In diesem Zusammenhang wird von einigen Diskursakteuren/-innen betont, dass eine Problemanalyse des Konflikts primär den Antisemitismus in den Blick nehmen müsse. Denn schließlich sei von exponierter Bedeutung, dass Israels

---

[46] In diesem Zusammenhang wird von einigen Autoren/-innen betont, dass die reaktive Formierung des Zionismus letztlich zur Verfestigung eines negativen Grundmusters in Israel geführt habe. Konkret ist hier gemeint, dass die jüdische Minderheiten- und Verfolgungsgeschichte zu einer „Ideologisierung des Sicherheitsproblems Israels" sowie zu einer „Fetischisierung des in der Welt vorwaltenden Antisemitismus" geführt habe (Zuckermann 2016, 255). Die Furcht vor einem Antisemitismus (im Nahen Osten) und einer Wiederholung der Shoah, so Moshe Zimmermann, sei in Israel allgegenwärtig – und aus dieser Furcht würden immer auch Überreaktionen erwachsen (vgl. Zimmermann 2004, 307). Ähnlich sieht dies auch Moshe Zuckermann. Er betont, dass das israelische Selbstverständnis als ein von äußeren Feinden in seiner Existenz bedrohtes Kollektiv nicht nur den innerisraelischen Zusammenhalt, sondern auch ein aggressives außenpolitisches Handeln festige (vgl. Zuckermann 2016). Zuckermann schreibt: „Ungeachtet der Tatsache, dass sie selbst ein bald fünfzig Jahre währendes brutales Okkupationsregime unterhalten, sehen sich die Israelis selbst als Opfer einer ihnen feindlich gesonnenen Welt. Dieses Muster der Selbstviktimisierung erfüllt eine klare ideologische Funktion: Je stärker und aufgeblähter der Druck ‚von außen', desto kohäsiver der ‚innere' Zusammenhalt." (Zuckermann 2016, 255).

Existenz fortwährend bekämpft und in Frage gestellt werde – und zwar vor allem aufgrund eines gegen den jüdischen Staat sich richtenden antizionistischen Antisemitismus, der zwar nicht ausschließlich, aber doch vor allem im islamisch geprägten Nahen Osten verbreitet sei und immer auch in offene Gewalt umschlage (vgl. etwa Wistrich 2004; Scheit 2004; Lozowick 2006; Küntzel 2007b; Grigat 2016).[47] Mathias Küntzel spricht derweil sogar von einem wahnhaft-eliminatorischen Antisemitismus bzw. von einem faschistisch orientierten Antizionismus (Küntzel 2002; Küntzel 2007a). Und der Historiker Robert S. Wistrich spricht von einer antisemitischen „Hasskultur" und von menschenverachtenden Bildern über (israelische) Juden und Jüdinnen, die die gesamte politische Öffentlichkeit des Islam sowie „Bücher, Zeitschriften, Zeitungen, Predigten (…), Internet, Rundfunk und Fernsehen" (Wistrich 2004, 250) durchdringen würden und „sich in Ton und Inhalt als so radikal [erweisen], daß sie gleichsam eine ‚Vollmacht zum Genozid' in sich tragen" (ebd.).[48] Zudem wird auf einen Antisemitismus in der Türkei verwiesen. Dieser zeige sich in einer spezifisch verschwörungstheoretischen Variante (Dönme-Verschwörung) und auch hier als antizionistischer Antisemitismus (vgl. dazu etwa Guttstadt 2008; Dantschke 2010).[49]

Im Kontext solcher Deutungsperspektiven wird der Antisemitismus schließlich als dem Nahostkonflikt wesentlich ursächlich markiert. Küntzel schreibt:

---

[47] Nicht selten werden zugleich der exklusive Charakter des jüdischen Staates als *notwendig* und die israelische Gewalt als *Verteidigungsmaßnahmen* gedeutet (vgl. etwa Grigat 2016).
[48] Mithin wird darauf verwiesen, dass erste antisemitische Schriften schon vor den zionistischen Einwanderungswellen ins historische Palästina erschienen. Und es wird darauf verwiesen, dass der Antisemitismus von historischer Kontinuität sei, da es während des Nationalsozialismus zu Kollaborationen zwischen einigen bedeutenden arabischen und palästinensischen Repräsentanten (etwa der irakische Premierminister Rashid Ali al-Kailani oder der Mufti von Jerusalem Amin al-Husseini) und den Nationalsozialisten/-innen gekommen sei (vgl. etwa Küntzel 2004; Grigat 2015). Demgegenüber betont etwa der Islamwissenschaftler Götz Nordbruch, dass es in der islamischen Welt neben Bezügen zum Nationalsozialismus und zum antisemitischen und autoritären Denken immer auch Ansätze zu dessen Überwindung sowie explizite Abgrenzungen zum Nationalsozialismus gegeben habe (vgl. Nordbruch 2007).
[49] Der antizionistische Antisemitismus ist auch in der Türkei in allen Schichten und politischen Spektren der Gesellschaft vorzufinden; gerade auch in der islamistischen Milli-Görüs-Bewegung sowie in der stark islamisch orientierten Regierungspartei AKP. So hat sich der türkische Präsident Erdogan –insbesondere im Kontext der von der Türkei aus gestarteten Gaza-Flottille „Mavi Marmara – mit einer sehr harschen Israelkritik hervorgetan, weshalb sich die historisch besehen vergleichsweise guten türkisch-israelischen Beziehungen seit einigen Jahren in einer Krise befinden (Stand: Mai 2016).

„Es haben nicht die Zuspitzungen des Nahostkonflikts den Antisemitismus verursacht, sondern der Antisemitismus jene Zuspitzungen" (Küntzel 2007a, 242). Und Stephan Grigat betont:

„Der Antisemitismus in den arabischen und islamischen Ländern ist kein Resultat der Gründung Israels, sondern der arabische und islamische Antisemitismus ist eine der zentralen Ursachen des Konfliktes zwischen der jüdischen und der arabischen Nationalbewegung im Nahen Osten und prägt diesen Konflikt bis heute." (Grigat 2016, 265)

Seinen Ausdruck finde der als tiefverankert gedeutete Antisemitismus unter anderem in Form eines selbstmörderischen Hasses auf Israel (vgl. Lozowick 2006). So meint etwa Benny Morris:

„The bombing of the buses and restaurants (...) made me understand the depth of the hatred for us. They made me understand that the Palestinian, Arab and Muslim hostility toward Jewish existence here is taking us to the brink of destruction. I don't see the suicide bombings as isolated acts. They express the deep will of the Palestinian people. That is what the majority of the Palestinians want. They want what happened to the bus to happen to all of us." (Morris 2004)

Demgegenüber wird die Gewalt auf Seiten der Palästinenser/-innen nicht als Ausdruck eines antizionistischen Antisemitismus, sondern vor allem als Ausdruck politischer Frustration über das Leben im Kontext israelischer Besatzung und Unterdrückung gedeutet und bezeichnet (vgl. etwa Nusseibeh 2012; Lüders 2015). Mitunter wird diese Gewalt sogar für legitim erachtet; und zwar nicht nur unter radikalen oder islamistisch-fundamentalistischen (palästinensischen) Gruppierungen und Akteuren/-innen. So setzte sich z.B. auch die jüdisch-israelische Journalistin Amira Hass in der israelischen Zeitung Haaretz ausdrücklich für das palästinensische Recht auf gewaltvollen Widerstand gegen die israelische Besatzung ein. Denn, so Hass:

„Throwing stones is the birthright and duty of anyone subject to foreign rule. Throwing stones is an action as well as a metaphor of resistance." (Hass 2013)

Vor diesem Hintergrund dürfte offenkundig sein, dass die Deutung, wonach der Antisemitismus ein zentrales Kernproblem oder gar die Ursache des Nahostkonflikts darstelle, nicht selten entweder gar nicht in Betracht gezogen bzw. explizit verneint oder aber zumindest relativiert und als verkürzend problematisiert wird. Im Sinne letzteren betont etwa Peter Ullrich:

„Der Nahostkonflikt lässt sich nicht (...) auf die Dimension des Antisemitismus reduzieren. Der Versuch mit diesem Schlagwort alles erklären und verstehen zu wollen, (...) ist zum Scheitern verurteilt, weil er wichtige Dimensionen des Konfliktes aussparen muss. Zu diesen wichtigen Dimensionen gehören neben dem Leid der unter Besatzung lebenden palästinensischen Bevölkerung beispielsweise auch (...) seine geopolitische Dimension." (Ullrich 2010, 78)

Überdies wird betont, dass zumindest der wahnhaft-eliminatorische Antisemitismus sowohl im palästinensischen und arabischen Nationalismus als auch im Islamismus[50] keinen Wiedergänger finde (vgl. Bunzl 2008) und somit die dort vertretenden antizionistischen und israelkritischen Positionen nicht allzu voreilig als antisemitisch bezeichnet und damit diffamiert werden könnten (vgl. etwa Judt 2004; Butler 2004; Lüders 2015).[51]

---

[50] Der Antisemitismus wird jedoch gemeinhin als ein fester Bestandteil der islamistischen Ideologie bestimmt (vgl. etwa Pfahl-Traughber 2011).

[51] Mitunter kommt es derweil zu einer Vermeidung des Antisemitismusbegriffs auch dort, wo er in Referenz auf die etablierten Begrifflichkeiten der Antisemitismusforschung unumgänglich scheint. So bringt etwa John Bunzl in Bezug auf Demonstrationen gegen Israel und die damit mitunter einhergehenden Übergriffe auf jüdische Personen und Institutionen den Begriff des „Kriegsrassismus" ins Spiel (vgl. Bunzl 2008, 141). Gleichzeitig betont er, dass Äußerungen über Israel erst dann als antisemitisch bezeichnet werden können, wenn das Kriterium der Stereotypisierung erfüllt ist – um sodann eine eher rhetorisch gemeinte Frage zu formulieren: „Was aber, wenn Feindseligkeit gegen Israel (zumindest im Orient) weniger seinem ,jüdischen Selbstverständnis' als vielmehr seiner Wahrnehmung als europäisch, westlich, fremd, nicht-arabisch, nicht-islamisch, vor allem aber als repressiv gegenüber den Palästinensern geschuldet ist?" (ebd., 128).
Diesbezüglich kann indes eingewendet werden, dass solcherart Zuschreibungen zwingend als stereotypisierende Konstruktionen zu problematisieren sind und dass die Kollektivhaftung europäischer Juden und Jüdinnen durchaus als Ausdruck eines antizionistischen Antisemitismus verstanden werden sollte. Denn die europäischen Juden und Jüdinnen sind ganz offenkundig keine Kriegsteilnehmer/-innen. Daran ändert auch nichts, dass sich durchaus relevante Teile der europäischen Juden und Jüdinnen mit dem Staat Israel mehr oder minder solidarisch erklären und dass es in Israel gleichsam problematische Stimmen und Überzeugungen gibt, wonach Israel ein Alleinvertretungsanspruch für alle Juden und Jüdinnen besitze.

3.1.5 Kontroverse E: Konfliktfaktor Religion

Religiös begründete Perspektiven und Interessen sowie Positionen und Argumentationen können im Rahmen des Politischen von Bedeutung sein – und zwar im positiven wie negativen Sinne. So können sie z.b. versöhnend und friedensstiftend wirken. Sie können Verständigungs-, Entscheidungs- und somit Lösungsprozesse aber auch erschweren, weil z.b. heilige Orte als nicht verhandelbar erachtet werden können, weil religiöse Argumentationen als Legitimationsgrundlage für Gewalt dienen können oder auch weil religiöse Überzeugungen solcherart Emotionen und Ideologisierungen mobilisieren können, die einer rationalen, politischen Problemlösung eher entgegenstehen (vgl. etwa Hagemann 2016; Johannsen 2016; Nordbruch 2016).

In Bezug auf den Nahostkonflikt könne eine Relevanz des Faktors Religion zumindest nicht gänzlich von der Hand gewiesen werden. Und zwar gerade auch deshalb, weil der Konflikt in einer Region ausgetragen werde, die aufgrund der für mehrere Glaubensgemeinschaften symbolkräftigen Orte – etwa Hebron oder Jerusalem mit der der Grabeskirche, der Al-Aqsa-Moschee und dem Tempelberg samt Klagemauer – als „Heiliges Land" bezeichnet werden könne (vgl. etwa Wolffsohn 1992; Amar-Dahl 2016; Johannsen 2016). Zudem wird betont, dass der in seinen Ursprüngen nicht religiös determinierte Nahostkonflikt gegenwärtig auf beiden Seiten von Beteiligten entscheidend mitgeprägt werde, die eine religiöse Begründung ihrer Gruppeninteressen und Standpunkte benötigen und heranführen würden (vgl. Bunzl 2008). Bezogen auf Israel heißt es z.B., dass die im Nachgang des Sechs-Tage-Kriegs von 1967 allmählich begonnene und bis in die Gegenwart fortgesetzte (und gleichsam konfliktverschärfende) Besiedlung des Westjordanlandes nicht nur von Protagonisten/-innen und Parteien des säkularen politischen Zionismus betrieben werde, sondern zunehmend auch von frommen Juden und Jüdinnen unter expliziten Rückgriffen auf entsprechend religiöse Begründungen und Legitimationen. Dabei sei eine Vorstellung zunehmend prägend, wonach es ein biblisches Stammland (inklusive der West Bank) gäbe, das eben deshalb besiedelt werden müsse, weil es den Juden und Jüdinnen von Gott zugedacht worden sei. Ein konkretes Beispiel dafür ist die zunehmend einflussreicher werdende gesellschaftliche und politische Strömung der Nationalreligiösen in Israel, die die israelische

Souveränität in der Region als eine Rechtmäßigkeit markieren, welche in historischer Kontinuität stehe. So meint etwa der derzeitige israelische Bildungsminister und Vorsitzende der Partei „HaBayit HaYehudi" Naftali Bennet (Stand: Dezember 2015) im Rahmen eines Interviews mit Karl Vick für das Time Magazin in Bezug auf das historische Palästina:

„*[I]t's ours, it's always been ours for 3800 years we have Jewish sovereignty over Judea and Samaria since we first got it, 3800 years ago.*" (Vick 2013)

Und auch in Bezug auf die Palästinenser/-innen wird betont, dass territoriale Exklusivitätsansprüche religiös begründet und legitimiert würden. So betont etwa Margret Johannsen, dass viele fromme Muslime/-innen der Auffassung seien, „dass das historische Palästina, das Israels Territorium einschließt, heiliges Land sei, das nach islamischem Glauben nicht aufgeteilt oder abgetreten werden dürfe" (Johannsen 2016, 249) – weshalb sich Israel gegenwärtig weniger mit einem säkularem arabischen und palästinensischen Nationalismus, als vielmehr mit muslimisch-fundamentalistischen Bewegungen wie der palästinensischen Hamas oder der libanesischen Hisbollah (und dem Iran) konfrontiert sehe (vgl. Amar-Dahl 2016). Die Hamas etwa begründet territoriale Ansprüche im historischen Palästina ganz explizit religiös. So bezeichnete Ismail Haniyeh, einer der zentralen politischen Führer der Hamas, das historische Palästina als *Waqf*, also als einen „von Gott den Muslimen anvertrauten, unveräußerlichen Teil des Islamischen Landes" (Dinkelaker 2016a, 234).

Demgegenüber wird betont, dass Religion auf Seiten der Palästinenser/-innen im Grunde keine bedeutende Rolle spiele. So betont etwa der Historiker Michael Wolffsohn, dass die Palästinenser/-innen nur „sehr allgemein von der Heiligkeit des Landes und des Stadt Jerusalem reden" (Wolffsohn 1992, 276) würden – abgesehen von einigen religiösen Fanatikern, die „das Heilige Land sozusagen ‚judenrein' machen [wollen]" (ebd.). Ähnlich sieht dies auch Sari Nusseibeh. Er schreibt: „Wir Palästinenser betrachten einen nationalen palästinensischen Staat nicht als Teil eines göttlichen Plans. Wir hegen in erster Linie, ganz pragmatisch, die Sehnsucht, in unserem Heimatland ein normales Leben zu führen" (Nusseibeh 2012, 18).

Ohnehin wird die Frage, ob Religion bzw. Religiosität ein prägender Faktor im Nahostkonflikt sei, kontrovers diskutiert. Festhaltend an der Deutung des Nahostkonflikts als einen in seinem Wesen territorialen Konflikt, geht etwa

Moshe Zuckermann davon aus, dass es zu erwarten stehe, dass der im Nachgang des Sechs-Tage-Krieges (zunehmend) „zum Politikum geronnene religiöse Faktor" (Zuckermann 2016, 259) durch eine friedliche Beilegung des territorialen Streits seine ursprüngliche Randständigkeit wiedererlangen würde (vgl. ebd.). Demgegenüber spricht z.b. Matthias Küntzel vom Nahostkonflikt als einem „Religions- und Weltanschauungskrieg" (Küntzel 2007, 69) und Tamar Amar-Dahl begreift den religiösen Faktor als mittlerweile konfliktcharakteristisch. So sei aus einem territorialen Konflikt zwischen zwei Nationalbewegungen im Laufe der Zeit ein „Kampf zwischen Juden und Muslimen um das Heilige Land" (Amar-Dahl 2016, 297) erwachsen.

3.1.6 Kontroverse F: Machtverhältnisse in einem globalisierten Konflikt

Hinsichtlich der Machtverhältnisse im Nahostkonflikt gilt es im sozialwissenschaftlichen Problemdiskurs als weithin konsensfähig, dass Israel den Palästinensern/-innen sowohl institutionell als auch ökonomisch und militärisch überlegen sei. Steffen Hagemann schreibt etwa:

„Israel besitzt als verfasster Staat die einem solchen Staat zur Verfügung stehenden Machtmittel, einschließlich von Polizei, Militär, Geheimdiensten etc. Gerade im Bereich militärischer Macht besteht eine klare Dominanz, das israelische Militär ist hochgerüstet und gut ausgestattet, Israel verfügt über die Kontrolle der Grenzen, ist als Besatzungsmacht auch im Westjordanland präsent und besitzt dort die Handlungsmacht. Die Palästinenser haben im Zuge der Gründung palästinensischer Institutionen lediglich Polizei- und Geheimdiensteinheiten aufgebaut, die Israel klar unterlegen sind. Auch ökonomisch ist Israel als Wirtschaftsmacht ungleich größer und stärker als die Palästinenser." (Hagemann 2016b, 283)

Moshe Zuckermann verweist in diesem Zusammenhang darauf, dass die Palästinenser/-innen „stets durch die Herrschaftsvorgaben Israels und seine Unterdrückungsmechanismen bestimmt [waren]" (Zuckermann 2016, 256). Die militärische Überlegenheit Israels sei im Grunde immer schon so groß gewesen, dass von einem auch nur annähernd gleichwertigen Kräfteverhältnis nie die Rede hätte sein können – weshalb es für ihn ganz außer Frage steht, „dass die Palästinenser im Verhältnis zur israelischen Macht stets die

Ohnmächtigen waren" (ebd., 257) und dass „die Palästinenser nie eine Bedrohung für die Existenz Israels dargestellt [haben]" (ebd., 256). Ähnlich sieht dies auch Sari Nusseibeh. Er deutet und markiert die (gegenwärtige) Realität im Nahostkonflikt als eine „von Israel diktierte Realität" (Nusseibeh 2012, 15). Und Sumaya Farhat-Naser spricht davon, dass der Nahostkonflikt zwei Völker betreffe, deren „Verhältnis (…) dem eines Herrschenden und eines Beherrschten [entspricht]" (Farhat-Naser 2001, 140).

Der israelische Politikwissenschaftler Gerald M. Steinberg verweist indes darauf, dass die Annahme, wonach Israel eine regionale Supermacht darstelle, eine ideologisch gestützte Version der Geschichte sei. Denn dabei würden die demographische Asymmetrie sowie weitere Faktoren – wie z.B. die Israelfeindschaft oder die Kriege und der Terror gegen Israel – außer Acht gelassen, die den arabischen Staaten einen Vorteil verleihen (vgl. Steinberg 2008).[52] Auch der Historiker Dan Diner verweist auf den Aspekt des demographischen Wandels, der perspektivisch auf eine Asymmetrie zuungunsten Israels hinauslaufen würde. Er schreibt:

„Asymmetrisch sind auch die mit dem Konflikt verbundenen Zeithorizonte der involvierten Kollektive. So scheinen die Israelis aktuell übermächtig – historisch, sprich langfristig, dürften sie sich als schwach erweisen. Schwach insofern, als eine voraussehbare zukünftige demographische Konstellation die arabische Bevölkerung im Lande wieder in den Stand einer Mehrheit versetzen könnte, was wiederum die inzwischen eingetretene Realität der jüdischen Staatlichkeit umkehrbar machen würde." (Diner 2004, 313)

Überdies meint etwa Stephan Grigat, dass „die Palästinenser im Kontext der arabischen Welt agieren und einige ihrer Fraktionen zudem durch das iranische Regime unterstützt werden" (Grigat 2016, 269). Und vor diesem Hintergrund, so Grigat, würden sich die Machtverhältnisse, trotz der eindeutigen militärischen Überlegenheit Israels, „eindeutig zu Ungunsten Israels" (ebd.) verschieben.

Andere Autoren/-innen verweisen nun wiederum darauf, dass das Machtverhältnis zugunsten Israels gerade auch durch die Beteiligung globaler Akteure im Konflikt gefestigt werde. So seien vor allem die Europäische Union und

---

[52] Dass diese Deutung zumindest in Israel verbreitet ist, darauf verweist der ARD-Korrespondent Richard C. Schneider. So meint er, dass man sich in Israel als von 250 Millionen feindlich gesinnten Arabern umgeben sähe und damit als höchstens militärisch stärker empfinde (vgl. Schneider 2005).

die USA (aus historischen Gründen) traditionelle Unterstützer und wichtige Partner Israels (vgl. etwa Amar-Dahl 2016; Hagemann 2016b). Zudem betont Moshe Zuckermann, dass die zweifellos heterogene und nicht als moralisches und politisches Kollektivsubjekt handelnde „Weltgemeinschaft" Israel und sein „brutales Okkupationsregime" bis in die Gegenwart hinein gewähren lassen habe (vgl. Zuckermann 2016). Eine damit angedeutete Bevorteilung Israels identifiziert (und kritisiert) Michael Lüders ganz explizit. So verweist er darauf, dass man weder „in Berlin noch Brüssel, geschweige denn in Washington, (…) je Anlass gesehen [hat], Israel auf die Normen internationalen Rechts zu verpflichten" (Lüders 2015, 143). Israel habe, so Lüders weiter, trotz systematischer Entrechtung der Palästinenser/-innen und der anhaltenden Inbesitznahmen palästinensischen Landes durch internationale Akteure nichts „zu befürchten" (ebd., 144). Lüders spricht daher auch von einer einseitigen Parteinahme für bzw. einer unkritischen Haltung gegenüber Israel, die insbesondere auch in Deutschland zu beobachten sei (vgl. ebd.).

Demgegenüber wird wiederum betont, dass sowohl in Bezug auf Deutschland als gerade auch in Bezug auf die EU von einer einseitigen Parteinahme nicht gesprochen werden könne und dass die Anliegen der palästinensischen Seite auch in den Vereinten Nationen viel Sympathie genießen würden (vgl. etwa Schäfer 2004; Johannsen 2016; Grigat 2016). Alan M. Dershowitz meint gar, dass sich Israel „[ü]berall in der Welt, von den Vereinten Nationen bis hin zu den Universitäten, (…) herausgegriffen, verurteilt, verteufelt [sieht]" (Dershowitz 2005, 15; vgl. auch Lozowick 2006). Und auch das Verhältnis zwischen den USA und Israel wird als kein bruchlos solidarisches ausgewiesen. Der Politikwissenschaftler Gert Krell betont zwar, dass die dominierende Stimmung in der US-amerikanischen Öffentlichkeit sowie im US-amerikanischen Kongress seit den 1960er Jahren eindeutig pro-israelisch sei (vgl. Krell 2004), gleichzeitig verweist er aber auch auf eine Differenzierung des öffentlichen Diskurses in den USA, die sich z.B. an regelmäßigen kritischen Kommentaren zur Politik Israels in großen US-Zeitungen wie der New York Times und der Washington Post zeige (vgl. Krell 2004). Und Steffen Hagemann verweist darauf, dass die auf sicherheitspolitischen Aspekten und politisch-kulturellen Affinitäten beruhenden engen Beziehungen zwischen Israel und den USA keineswegs auf immerzu gleiche

Interessen oder eine bedingungslose Solidarität gründen würden (vgl. Hagemann 2013).

3.2 Überprägte Deutungen und Positionierungen in Deutschland

3.2.1 Vorbemerkungen zu den Wahrnehmungen der Konfliktakteure in Deutschland

Befunde aus der empirischen Einstellungsforschung zum Nahostkonflikt in der Bundesrepublik Deutschland belegen, dass die Sympathien und Antipathien gegenüber Israel und den Palästinensern/-innen unter anderem an die Konstellationen und Dynamiken im Konflikt selbst bzw. deren Interpretationen gekoppelt sind. Sie unterliegen daher ereignisbezogenen Schwankungen (vgl. Bergmann/Erb 1991; Hagemann 2016a). Israel verfügte z.B. im Zuge und Nachgang des Sechs-Tage-Kriegs von 1967 (sowie auch im Zuge des Jom-Kippur-Kriegs von 1973) über eine vergleichsweise hohe Unterstützung in Deutschland. So äußerten deutlich über 50% der Befragten Sympathien für Israel, während die Sympathiewerte für die palästinensische Seite bei lediglich knapp über 5% lagen (vgl. Wolfssohn 1988). Diese (moralische) Unterstützung Israels gründete, so die Antisemitismusforscher Werner Bergmann und Rainer Erb, im Wesentlichen auf einer Wahrnehmung, wonach vor allem die Palästinenser/-innen (und die sie damals unterstützende Sowjetunion) als Schuldige und Verantwortliche der Eskalation ausgemacht wurden (vgl. Bergmann/Erb 1991). Seit den 1980er Jahren gehen die Sympathien für Israel indes zurück. Als ursächlich werden veränderte Wahrnehmungen des Konflikts und der Rolle Israels in diesem genannt; denn Israel werde nunmehr weniger als „David" denn vielmehr als übermächtiger und auch aggressiv auftretender „Goliath" wahrgenommen (vgl. Bergmann/Erb 1991;

Hagemann 2016a). Davon aber konnten die Palästinenser/-innen kaum profitieren.[53] Stattdessen kam es im Zuge des fortdauernden und zunehmend als unlösbar gedeuteten Konflikts „zu einer Distanzierung von beiden Konfliktparteien bzw. zu einer unentschiedenen Haltung" (Bergmann/Erb 1991, 185). Ein Befund, der sich bis in die Gegenwart fortsetzt (vgl. etwa ADL 2007; Hagemann 2016a). So hegen laut einer im Jahr 2007 veröffentlichten Studie der Anti-Defamation League 22% für die Palästinenser/-innen und 20% für die Israelis, aber 40% für keine von beiden Seiten Sympathien. Auch hier kann die Deutung der Unlösbarkeit des Konflikts sowie Unsicherheiten hinsichtlich der Schuldfrage als ursächlich gelten (vgl. Hagemann 2016a). Ein durch die Bertelsmann-Stiftung im Jahr 2014 in Auftrag gegebener Trendvergleich zeigte zudem, dass die israelische Regierung sehr negativ bewertet wird. So standen ihr im besagten Jahr nur 19% positiv gegenüber (vgl. Hagemann/Nathanson 2015). Werden jedoch Meinungen zu Israel als Gesellschaft abgefragt, fallen die Werte ungleich höher aus. So wird Israel von 54% der Deutschen für eine offene und demokratische Gesellschaft gehalten (vgl. ADL 2007).

Gleichzeitig aber gilt es immer auch zu berücksichtigen, was bereits einleitend angesprochen wurde: dass der Nahostkonflikt als politischer Deutungsgegenstand nicht selten überprägt ist – auch gerade in Deutschland. Und so will es denn scheinen, dass das Reden über den Nahostkonflikt immer auch über diesen hinausgeht (vgl. Zuckermann 2012).

3.2.2 Erinnerungspolitisch überformte Deutungen und Positionierungen

Die Thematisierung des Nahostkonflikts und Israels ist in Deutschland nicht selten zugleich eine Verhandlung der Vergangenheit des eigenen nationalen Kollektivs (vgl. etwa Zuckermann 2005; Hagemann 2016; Grigat 2016). Vor dem Hintergrund des Nationalsozialismus und der Shoah kommt es also zu einer erinnerungspolitischen Überprägung oder Überformung des Nahostdiskurses. Ausdruck dessen sind spezifische Positionierungen – insbesondere

---

[53] Die Phase des Libanon-Krieges von 1983 bildet hier eine Ausnahme. Denn zu der Zeit lagen die Sympathiewerte für die palästinensisch-arabische Seite leicht höher, als die für Israel – wenn auch insgesamt auf relativ niedrigem Niveau.

gegenüber Israel. Ein Beispiel hierfür ist die offizielle (bundes-)deutsche Nahostpolitik. Denn obgleich diese immer auch von eigenen außenpolitischen Interessen geprägt war und sich seit den 1970er Jahren zunehmend den palästinensischen Interessen öffnete (vgl. Weingardt 2005; Ullrich 2008; Kloke 2015), lässt sich doch nicht von der Hand weisen, dass diese seit jeher im Zeichen einer historisch begründeten Verantwortung gegenüber Israel steht und einem intakten deutsch-israelischen Verhältnis eine vergleichsweise herausragende Bedeutung zuweist (vgl. Weingardt 2002; Hagemann 2013).[54] Ein markanter, beredeter Ausdruck dessen ist die Betonung einer deutschen Verantwortung für die Existenz und Sicherheit Israels als Teil der nationalen Identität Deutschlands (vgl. etwa Dreßler 2005; Kaim 2016). So sagte z.B. die deutsche Bundeskanzlerin Angela Merkel im Jahr 2008:

„Jede Bundesregierung und jeder Bundeskanzler vor mir waren der besonderen historischen Verantwortung Deutschlands für die Sicherheit Israels verpflichtet. Diese historische Verantwortung Deutschlands ist Teil der Staatsräson meines Landes. Das heißt, die Sicherheit Israels ist für mich als deutsche Bundeskanzlerin niemals verhandelbar." (Merkel 2008)

Aus den erinnerungspolitischen Überprägungen folgen aber nicht nur Bekundungen der Verantwortung und Solidarität, sondern auch Ressentiments gegenüber Israel. Ein Beispiel hierfür ist der so genannte sekundäre Antisemitismus[55] – eine vor allem in Deutschland (und Österreich) gerade auch in der Mitte der Gesellschaft verbreitete Erscheinungsform des Antisemitismus, die wesentlich auf dem Bedürfnis nach einer möglichst ungebrochen positiven nationalen Identität basiert (vgl. etwa Bergmann/Erb 1991; Rommelspacher 1995; Heyder et al. 2005; Zick 2010; Schwarz-Friesel

---

[54] Zu erwähnen ist, dass sich dies vor allem auf die politische Regierungselite in Deutschland beschränkt (vgl. etwa Stein/Lewy 2015; Kloke 2015). Schließlich nehmen einzelne Politiker/-innen immer wieder öffentlich israelkritische oder gar israelfeindliche Positionen ein – z.B. Jürgen Möllemann (FDP), Jamal Karsli (Grüne), Norbert Blüm (CDU) oder auch die Linken-Politiker/-innen Inge Höge, Anette Groth und Norman Paech (vgl. dazu etwa Rensmann 2004; Ullrich 2013).
[55] Die Zustimmungsraten zu dieser Facette des Antisemitismus sind – im Gegensatz etwa zur Facette des „klassischen Antisemitismus" – vergleichsweise hoch. Der Aussage „Ich bin es leid, immer wieder von den deutschen Verbrechen an den Juden zu hören" stimmten im Rahmen einer repräsentativen Umfrage im Jahr 2004 20,9% eher und sogar 41,3% voll und ganz zu (vgl. Heyder/Iser/Schmidt 2005).

2010).[56] So kommt es im Versuch, sowohl die als Belastung empfundene Erinnerung an die nationalsozialistischen Verbrechen als auch die damit verbundene Schuld zu relativieren oder sich ihrer gar ganz entledigen, zu einem latenten oder gar offenen Ressentiment gegenüber dem jüdischen Staat Israel als staatspolitisch institutionalisierte „Dauerpräsentation der Schande" (Zuckermann 2005, 10). Ausdruck dessen sind die bereits an anderer Stelle erwähnten und problematisierten Vergleiche Israels mit der Politik der Nationalsozialisten, die die Opfer von damals als Täter/-innen von heute erscheinen lassen, was schließlich als entlastend empfunden werden kann. Und solche Vergleiche sind einer repräsentativen Studie zu Folge gar nicht allzu selten. Der Aussage „Was der Staat Israel heute mit den Palästinensern macht, ist im Prinzip auch nichts anderes als das, was die Nazis im Dritten Reich mit den Juden gemacht haben" stimmten im Rahmen einer repräsentativen Studie mit 51,2% über die Hälfte der Befragten zu – wobei davon 27,3% *voll und ganz* und 23,9% *eher* zustimmten (vgl. Heyder et al. 2005).

3.2.3 Ideologisierte Deutungen und Positionierungen

Es sollte deutlich geworden sein, dass deutsche Nahostdiskurse ohne Rekurse auf die nationalsozialistische Vergangenheit und Fragen des Umgangs mit dieser Vergangenheit zumeist nicht analysier- und begreifbar sind. Hinzu kommt nun, dass der Nahostkonflikt eine Projektionsfläche für weitere politische oder weltanschaulich-ideologische Überzeugungen darstellt. Zu erwähnen sind neben tradierten antisemitischen Denk- und Deutungsmustern auch antimuslimische und islamfeindliche Haltungen und Einstellungen. So ist z.B. unter Rechtspopulisten/-innen in Europa ein bedingungsloses Bekenntnis zur Existenz Israels und dessen Selbstverteidigungsrecht „gegenüber allen Aggressionen, insbesondere gegenüber islamischem Terror" (Strache 2010; hier zit. aus: Wetzel 2016, 57), die Konsequenz einer Wahrnehmung des „fundamentalistischen Islam" als „einer neuen weltweiten

---

[56] Birgit Rommelspacher definierte den sekundären Antisemitismus wie folgt: „Der Wunsch, die Verbrechen des NS zu vergessen und sich auch all der damit verbundenen Gefühle zu entledigen, das ist der Kern des sekundären Antisemitismus. Die zentrale Bedingung dafür ist die Verdrängung der Vergangenheit insgesamt, insbesondere aber die der Geschichte der Opfer und deren Verfolgung" (Rommelspacher 1995, 42).

totalitären Bedrohung" (ebd.). Auf Grundlage eines antimuslimischen Rassismus und einer Furcht vor der Islamisierung Europas und Deutschlands wird Israel als Bollwerk der abendländischen Aufklärung konzipiert und als Verbündeter gegen die islamische Welt in Stellung gebracht (vgl. Goldenbogen 2013).[57]

Besonders prägnant aber treten politisch-ideologische Überprägungen in der politischen Linken zutage – deren Vertreter/-innen vermittels Publikationen, Medienformaten und (bildungs-)politischen Maßnahmen einen durchaus relevanten Einfluss auf den gesellschaftlichen wie auch fachlich-wissenschaftlichen Diskurs zum Nahostkonflikt haben; weshalb sich ein etwas genauerer Blick lohnt:

In Bezug auf die globale politische Linke lässt sich zunächst einmal feststellen, dass es in der Regel zu einer Solidarität mit dem palästinensischen *Volk* kommt, während sich Israel gegenüber kritisch bis feindlich positioniert wird (vgl. etwa Haury 2004; Ullrich 2013). Derweil werden der Konflikt und das konkrete Verhalten der Konfliktakteure maßgeblich auf Grundlage eines Befreiungsnationalismus oder Antiimperialismus gedeutet und bewertet – wobei sich zumeist dichotome Gut-Böse-Deutungen manifestieren, die mit Ausblendungen einhergehen. Während z.B. der israelische Staat als imperialistische und koloniale respektive aggressive und gewalttätige Besatzungs- und Unterdrückungsmacht gedeutet wird, wird die Gewalt von Teilen der Palästinenser/-innen und die Bedrohung Israels durch vor allem islamistische Gruppierungen in den palästinensischen Gebieten, aber auch durch die arabischen Staaten sowie durch den Iran nicht selten relativiert oder mitunter gar legitimiert. Und während das nationale Selbstbestimmungsrecht als hohes menschenrechtliches Gut markiert und für die Palästinenser/-innen explizit gefordert wird, scheint dieses Recht für zionistische Juden und Jüdinnen nicht zu gelten – weshalb sich, so Thomas Haury, auch ein recht strikter Antizionismus vergegenständliche (vgl. Haury 2004).

Die auf einer antiimperialistisch-antizionistischen Grundkonstruktion basierenden Deutungen und Bewertungen des Nahostkonflikts stehen jedoch

---

[57] In den Medienformaten und politischen Aktionen dieser Bewegungen lässt sich daher auch eine offen zur Schau gestellte Israelaffinität und -solidarität identifizieren. So ist z.B. gleich auf der Startseite der mutmaßlich prominentesten deutschsprachigen Webpräsenz des rechtspopulistisch-islamfeindlichen Milieus „Politically Incorrect" zu lesen, dass man sowohl gegen die Islamisierung Europas als auch „pro-israelisch" sei (vgl. www.pi-news.net).

(auch in innerlinken Diskursen) immer auch zur Disposition. Problematisiert wird, dass es zu Verkürzungen und Vereinseitigungen sowie zu einer weithin unkritischen Islamophilie und einem Tolerieren von Antisemitismus und anderen reaktionären Ideen und Konzepten käme (vgl. Ullrich 2013). Mitunter wird die angesprochene Konstruktion selbst als antisemitisch bezeichnet; und zwar in Form einer „manichäischen Entgegensetzung des abstrakten absoluten Bösen in Form von Imperialismus, Zionismus (…) auf der einen und dem konkreten Guten, in Gestalt des geschlossen kämpfenden, opferbereiten Volkes der Palästinenser auf der anderen Seite" (Haury 2004, 149f.). Der antiimperialistisch-antizionistischen Deutungsperspektive steht daher eine vor allem im deutschsprachigen Raum verbreitete Denkrichtung bzw. Strömung der politischen Linken entgegen, die in ihrer Analyse vom Antisemitismus und der Shoah als negativer Kulminationspunkt der bürgerlichen Gesellschaft ausgeht.[58] In diesem Zusammenhang wird eine Kritik des Antisemitismus in den Fokus des Zugangs und der Analyse des Nahostkonflikts gestellt. Es wird von einem sowohl in Europa als auch vor allem in der islamisch geprägten Welt virulenten Antisemitismus ausgegangen, der sich insbesondere gegen den jüdischen Staat richte – und dieser Staat gerade deshalb als historisch wie gegenwärtig notwendig erachtet und verteidigt werden müsse (vgl. etwa Küntzel 2002; Scheit 2004; Grigat 2016).

Gegenüber diesen Deutungsperspektiven wird nun der Vorwurf erhoben, dass es zu einer (spezifisch deutschen) Überidentifikation mit Israel käme, die mit einem mystifizierenden und affirmativen Zerrbild von Israel einhergehe (vgl. Kurz 2003; Bunzl 2008; Ullrich 2013).[59] Dementsprechend

---

[58] Dabei handelt es sich um die so genannte antideutsche Linke – eine sich selbst in der Tradition der Marxschen Kritik der politischen Ökonomie und der Kritischen Theorie verortende ideologiekritische Strömung, die sich vom völkischen und antiimperialistischen Befreiungsnationalismus ganz entschieden abgrenzt. Die Vertreter/-innen dieser Strömung wenden sich gegen eine verkürzende und personalisierende Form der Kapitalismuskritik (durch Betonung des komplex-verzahnten und zentrumslosen Charakters des Kapitalismus) sowie gegen den Antisemitismus, den Antizionismus und den Antiamerikanismus, die als falsche, weil z.B. antiindividualistische und antimoderne Ideologiekonzepte kritisiert und zurückgewiesen werden.
[59] Demgegenüber argumentiert der Stephan Grigat, der im fachlichen Diskurs als ein prägnanter Vertreter der proisraelischen Strömung bezeichnet wird (vgl. Brumlik 2013, 9), dass sich die Israelsolidarität nicht aus Schuldreflexen oder projektiver Überidentifikation speise (vgl. Grigat 2009, 473). Die Israelsolidarität gründe auf einer grundsätzlichen Kritik des Antisemitismus, die von der konkreten Politik Israels und den konkreten Konfliktdynamiken weithin unberührt bleibe – weshalb die ideologiekritische Parteinahme für Israel über die spezifische

werden die zentralen Deutungskonstruktionen als wiederum unangemessen zuschreibend und verkürzend kritisiert. So problematisiert etwa der Politikwissenschaftler John Bunzl:

"Wenn Israel das jüdische Trauma repräsentiert, müssen die Palästinenser den deutschen Wahn verkörpern. Die Kolonisierung, Entwurzelung, Enteignung und Unterdrückung der Palästinenser kommen (...) sicherheitshalber erst gar nicht vor" (Bunzl 2008, 131).

Zudem wird kritisiert, dass es zu defizitorientierten und pauschalisierenden Deutungen der Muslime/-innen im Allgemeinen und der Palästinenser/-innen im Besonderen käme (vgl. Ullrich 2013). So werden z.B. Konstruktionen der Palästinenser/-innen als „todessehnsüchtiges Kollektiv" (vgl. Redaktion Bahamas 2004; hier zit. aus: Ullrich 2013) als überaus problematische Vereinheitlichung einer heterogenen palästinensischen Bevölkerung kritisiert, die nur mehr verdeutlichen würde, „wie sehr das essenzialisierende Denken in nationalen oder ‚rassischen' Kollektiven auch diejenigen betrifft, die vorgeben sich genau davon emanzipiert zu haben" (Ullrich 2013, 103). Diesem Vorwurf wird wiederum entgegnet, dass der Israelsolidarität eine materialistische Gesellschaftskritik zugrunde liege, die nicht auf einer essenzialisierenden antimuslimischen Grundhaltung, sondern auf einer materialistischen Kritik am politischen Islam basiere (vgl. Grigat 2009).

3.2.4 „(Junge) Muslime", der Nahostkonflikt und Antisemitismus

3.2.4.1 „Muslime" als heterogene, aber stigmatisierte Minderheit in Deutschland

Laut einer durch das Bundesamt für Migration und Flüchtlinge (BAMF) vorgelegten repräsentativen Studie zum „muslimischen Leben in Deutschland" lebten im Jahr 2009 zwischen 3,8 und 4,3 Millionen Muslime/-innen in

---

Ausgestaltung israelischer Politik und zionistischer Praxis gar nichts aussagen müsse (vgl. Grigat 2009, 473). Sie brauche nicht zu abstrahieren, „dass staatliche Verteidigungsmaßnahmen auch zu grauenhaften Übergriffen führen können, und dass staatliches Handeln in Israel keineswegs auf den Zweck der Verhinderung der Vernichtung beschränkt ist (…)" (Grigat 2009, 479).

Deutschland, von denen rund 45% deutsche Staatsangehörige waren.[60] Personen mit türkischem Migrationshintergrund machten zum Zeitpunkt dieser Studie mit 63% den größten Anteil aus. Mithin wurde deutlich, dass es sich um eine im Vergleich zur nicht-muslimischen Mehrheitsgesellschaft besonders junge Bevölkerung handelt und dass sich mit knapp 70% die deutliche Mehrheit stark oder sehr stark mit Deutschland verbunden fühlt (vgl. BAMF 2009). Des Weiteren konnte die Studie belegen, dass das „muslimische Leben" in Deutschland durch eine hohe Heterogenität gekennzeichnet ist. So heißt es, dass „im Hinblick auf die soziodemographische Struktur, die Migrationsbiographie und die Haushaltsstruktur (...) große Unterschiede bei den Muslimen (...) festzustellen [sind]" (ebd., 324). In Referenz auf Sinus-Studien über „Migranten-Milieus" kann in diesem Zusammenhang ergänzt werden, dass sich auch unter der Gruppe „muslimischer Migranten/-innen" vielfältige Milieus abbilden, die sich als solche weniger anhand von Kategorien wie Religion/Religiosität oder Herkunft als vielmehr auf Grundlage unterschiedlicher Wertvorstellungen, Lebensstile und ästhetischer Vorlieben unterscheiden lassen (vgl. Wippermann/Flaig 2009).[61] Die Heterogenität reicht von durchsäkularisierten Kulturmuslimen/-innen bis (in zweifellos sehr seltenen Fällen) zu fundamentalistischen Islamisten/-innen. Auch das Teilmilieu, das sich selbst als primär religiös definiert, spaltet sich in unterschiedliche, „sich auch gegenseitig abgrenzende Konfessionen, Strömungen und Ideologien [auf]" (Dantschke 2008, 16).

Ebendiese Heterogenität aber wird in den öffentlichen Diskursen über Migranten/-innen im Allgemeinen und über Muslime/-innen im Besonderen vielfach ausgeblendet. Und so kommt es in den häufig als Islamdiskurse geführten Migrations- und Integrationsdiskursen immer wieder zu homogenisierenden, kulturalisierenden und defizitorientierten Zuschreibungen (vgl. etwa Niehoff/Üstün 2011; Ensinger 2011; Achour 2014). So wurde die als

---

[60] Vor dem Hintergrund der vor allem seit 2014 verstärkten Migration von Flüchtlingen aus dem Nahen Osten (vor allem aus Syrien, Afghanistan und dem Irak) nach Deutschland sind diese Zahlen nicht mehr aktuell. Repräsentative Zahlen und Befunde, die diese Prozesse berücksichtigen, lagen bei Fertigstellung dieser Arbeit noch nicht vor.
[61] Betont wird: „[D]ass es in der Population der Menschen mit Migrationshintergrund (ebenso wie in der autochthonen bzw. einheimischen deutschen Bevölkerung) eine bemerkenswerte Vielfalt von Lebensauffassungen und Lebensweisen gibt. Es wird der empirischen Wirklichkeit nicht gerecht, diese Menschen weiterhin als ‚besondere' Gruppe in unserer Gesellschaft zu betrachten" (Wippermann/Flaig 2009, 5).

Sammelbezeichnung verwendete Kategorie *Muslime* auch zum Makel.[62] Diesbezüglich schreibt Anetta Kahane von der Amadeu-Antonio-Stiftung: „Und ganz gleich ob die Beargwöhnten nun fundamentale Islamisten oder säkulare Kulturmuslime sind, diese Definition ihrer Identität machte sie nahezu unterschiedslos zum Gegenstand von Distanz und Verdächtigung" (Kahane 2008, 7).
Gegenwärtig stellen die Feindbilder Islam und Muslime/-innen in Europa (und Deutschland) ein vergleichsweise stark verbreitetes Phänomen gruppenbezogener Menschfeindlichkeit dar. Prägend ist derweil die Furcht vor einer Islamisierung Europas. Der Islam und mithin die Muslime/-innen werden dabei dem als christlich oder mitunter auch als christlich-jüdisch bezeichneten Abendland gegenübergestellt. Derweil sind auch solche Deutungsmuster charakteristisch, wonach ein Spannungsverhältnis bzw. eine Unvereinbarkeit von Demokratie und Rechtsstaat einerseits sowie dem Islam und Muslimen/-innen andererseits bestünde. Und so wird der Islam als per se undemokratische, frauenfeindliche, rückständige, fanatische und gewalttätige Kultur gedeutet (vgl. etwa Königseder 2009; Achour 2013). Der Islam fungiert als Antithese oder Negation Europas (vgl. Ullrich 2013, 105) – wobei sich die Islamfeinde/-innen (vor allem im rechtspopulistischen Spektrum) zugleich als Retter/-innen des Abendlandes, als Verteidiger/-innen der Aufklärung und als Beschützer/-innen demokratischer und liberaler Rechte und Werte inszenieren (vgl. Wetzel 2016; Schooman 2009). Dabei manifestiert sich auch ein antimuslimischer Rassismus. Der Begriff Rasse wird derweil durch Begriffe wie Kultur oder Ethnie ersetzt. Es kommt zu defizitorientierten Kollektivierungen und Kulturalisierungen sowie spezifischen Ethnisierungen der Kategorie *Muslime*. Es findet eine Markierung und Kategorisierung von Menschen statt, die sowohl aufgrund signifikant religiöser als auch nicht-religiöser Merkmale wie Aussehen, Name, Akzent oder Kleidung als fremd

---

[62] Währenddem gerät aus dem Blickfeld, dass unterschiedliche Selbstbeschreibungen und Identitäten, Deutungen und Handlungen „weniger zwischen ‚Kulturen' als vielmehr zwischen unterschiedlichen sozialen Milieus und Lebensentwürfen verlaufen" (Massing/Niehoff 2014, 10). Die Sammelbezeichnung „Muslime" ist daher vor allem deshalb zu problematisieren, weil sie die vielfältigen Selbstbeschreibungen, Identitäten und Überzeugungen sowie die Pluralität an sozialen Milieus, ethnischen Hintergründen und konfessionellen Zugehörigkeiten ausblendet oder gar negiert. Hinzu kommt, dass vermittels solcher Zuschreibungen auch eine „'Islamisierung' dieser Personengruppe" (BMI 2011b, 79) befördert werden kann.

und nicht-zugehörig markiert werden. Und all dies kann in rassistische Strukturen und Praktiken münden, die sich etwa in Form von Ungleichberechtigungen beim Zugang zu materiellen und kulturellen Ressourcen ausdrücken können.

Vor diesem Hintergrund ist es schließlich nur wenig verwunderlich, dass die Alltagserfahrungen vieler (junger) Muslime/-innen in Deutschland auch durch das Erleben von sozialer, ökonomischer und politischer Exklusion und Diskriminierung mitgeprägt werden. Eine von Katrin Brettfeld und Peter Wetzels im Auftrag des Bundesministeriums des Innern durchgeführte Studie kam z.B. zu dem Ergebnis, dass fast 80% jugendlicher Muslime/-innen innerhalb eines Jahres mindestens eine Begebenheit erleben, „in denen sie sich (…) als ausgrenzend behandelt und negativ bewertet gefühlt haben" (Brettfeld/Wetzels 2007, 241).

3.2.4.2 Israelbezogener Antisemitismus unter (jungen) Muslimen/-innen

Wie bereits im Problemaufriss zu dieser Arbeit verdeutlicht, verweisen Akteure/-innen der politischen Bildungsarbeit aus Schulen und offener Jugendarbeit darauf, dass Jugendliche, die als muslimisch beschrieben werden, im Kontext des Nahostkonflikts antisemitische Denk- und Deutungsmuster (re-)produzieren würden (vgl. etwa Fechler 2006; Müller 2008; Nordbruch 2009; Niehoff 2010; Goldenbogen 2013). Die Antisemitismus- und Sozialforschung, die sich im Zuge antisemitischer Vorfälle und Gewalttaten in Europa ab etwa 2003 verstärkt auch der Gruppe „muslimischer Einwanderer/-innen" widmete, kann diese Erfahrungen empirisch durchaus untermauern. So hieß es z.B. in einem Forschungsbericht des damaligen European Monitoring Center on Racism and Xenophobia (EUMC) im Jahr 2004, dass vor allem in Frankreich, aber auch in skandinavischen Ländern ein Großteil antisemitischer Gewalttaten von „jungen Muslimen/-innen" ausging (vgl. EUMC 2004). Und auch in Bezug auf Deutschland heißt es in dem Bericht unter anderem: "(…) there is evidence that some antisemitic incidents are committed by perpetrators with a migration, particularly Muslim, background" (EUMC 2004, 20).

Im Rahmen der in den Folgejahren durchgeführten quantitativen wie qualitativen (Jugend-)Studien zum Antisemitismus in Deutschland wurden daher sowohl der Nahostkonflikt als auch junge Muslime/-innen vor allem aus

Familien mit türkischem und arabischem Migrationshintergrund stärker mitberücksichtigt (vgl. etwa Mansel/Spaiser 2010 und 2013; BMI 2011a; Kraft/Freiheit/Spaiser 2012; Schäuble 2012a). All diese Studien belegen, dass ein israelbezogener oder antizionistischer Antisemitismus unter besagten Jugendlichen und jungen Erwachsenen in einem vergleichsweise überdurchschnittlichen Maße verbreitet ist – während nicht-muslimische, herkunftsdeutsche Jugendliche eher einen geschichtsrelativierenden Antisemitismus und überdies antimuslimische Positionen vertreten (vgl. Mansel/Spaiser 2010). So wurden z.B. im Rahmen des Forschungsprojekts „Soziale Beziehungen, Konfliktpotentiale und Vorurteile im Kontext von Erfahrungen verweigerter Teilhabe und Anerkennung bei Jugendlichen mit und ohne Migrationshintergrund" Jugendliche nach ihrer Zustimmung zu folgender Aussage befragt: „Durch die israelische Politik werden mir die Juden immer unsympathischer". In den Ergebnissen heißt es, dass 41,5% der „arabischstämmigen" Jugendlichen sowie jeweils rund 25% der Jugendlichen mit Vorfahren/-innen aus anderen muslimisch geprägten Ländern und der Türkei dieser Aussage zustimmen – während unter jungen Deutschen ohne Migrationshintergrund sowie unter Jugendlichen mit „sonstigem Migrationshintergrund" lediglich jede(r) Dreißigste dieser Aussage zustimmt (vgl. ebd.). Zu ähnlichen Befunden kommt auch eine weitere quantitative Studie, die vom Bundesministerium des Innern herausgegeben wurde. Dort heißt es, dass deutsche Nicht-Muslime/-innen signifikant weniger Vorurteile gegenüber Juden und Jüdinnen äußern als Muslime/-innen – und zwar vor allem deutsche wie nichtdeutsche Muslime/-innen aus dem Nahen Osten und der arabischen Halbinsel (also aus Palästina, dem Libanon, Israel, Oman etc.) sowie aus Afrika und der Türkei (vgl. BMI 2011a). Gleiches gilt hinsichtlich der Zustimmungsraten zu israelbezogenen Items wie etwa den Aussagen „Es wäre besser, wenn die Juden den Nahen Osten verlassen würden" oder „Israel ist allein schuldig an der Entstehung und Aufrechterhaltung der Konflikte im Nahen Osten" (ebd., 236).

Ursächlich dafür seien unterschiedliche Aspekte. Erwähnt werden vereinseitigende und verkürzte Konfliktwahrnehmungen (vgl. etwa Zick 2010), der Konsum von spezifischen (arabischen und türkischen) Medien (vgl. etwa Müller 2008; Niehoff 2010; Mansel/Spaiser 2013) sowie besondere Emotionen und Betroffenheiten (vgl. etwa Greuel 2012; Mansel/Spaiser 2010).

Zudem wird auf soziale Erfahrungen der Stigmatisierung und Diskriminierung verwiesen, die die Ansprechbarkeit für einseitige Solidarisierungen mit den Palästinensern/-innen und auch für antisemitische Deutungen des Nahostkonflikts erhöhen können. Konkret wird betont, dass real erfahrene (und/oder wahrgenommene) Diskriminierungen, Benachteiligungen und Abwertungen sowie als islamfeindlich empfundene globale Diskurse und Medienberichterstattungen die vergleichsweise hohen Zustimmungsraten zum israelbezogenen Antisemitismus miterklären können (vgl. etwa Brettfeld/Wetzels 2007; Mansel/Spaiser 2012). Es kommt also zu spezifischen Projektionen. Darauf verweisen auch die Mitglieder/-innen des unabhängigen Expertenkreises Antisemitismus des Deutschen Bundestages. So ist in ihrem Bericht zu lesen:

„Vor allem Jugendliche, deren Eltern und Großeltern aus dem Nahen Osten stammen und die zum Teil in der zweiten oder dritten Generation in Deutschland leben, aber noch immer einen ungesicherten Aufenthaltsstatus haben und gesellschaftlich marginalisiert werden (…), solidarisieren sich mit dem Schicksal der Palästinenser, die sie ausschließlich als Opfer israelischer Politik wahrnehmen. Israel, die Israelis und gleichsam alle Juden, die ungeachtet ihrer ganz unterschiedlichen Affinität zu Israel zum kollektiven Feindbild avancieren, werden kategorisch zu Tätern und zum willkommenen Sündenbock für die eigene Situation erklärt." (BMI 2011b, 81)

Obgleich Diskriminierungserfahrungen (junger) Muslime/-innen die Relevanz und Verbreitung eines israelbezogenen oder antizionistischen Antisemitismus nicht vollumfänglich erklären können und es auch keine zwangsläufige und eindimensionale Bewegung gibt, die vom Erleben von Benachteiligung und Stigmatisierung ausgeht und hin zur Annahme und Reproduktion eines israelbezogenen Antisemitismus führt (vgl. etwa Mansel/Spaiser 2010; Niehoff 2010 und 2016a), scheint dennoch offenkundig, dass die Feindbilder Juden und Israel immer auch über eine Kompensations- und Erklärungsfunktion hinsichtlich der Benachteiligung, Ohnmacht und Schwäche der konstruierten Wir-Gruppe der Muslime/-innen verfügen können (vgl. Müller 2008; Mansel/Spaiser 2013). Die Jugendlichen verbinden demnach im israelbezogenen Antisemitismus ihre „eigene benachteiligte Lebenssituation (…) mit der schwierigen Lage anderer Muslime weltweit" (Spaiser/Mansel 2010, 56). Der Nahostkonflikt wird zu einer Metapher für grundsätzliche, vom konkreten Konflikt unabhängige Ungerechtigkeitsempfindungen. Götz Nordbruch schreibt:

"Yet, the perception of this conflict among young Muslims and immigrants does not exclusively derive from the actual events in the Eastern Mediterranean, but has as much to do with these youngsters daily life in Berlin, Paris or London. In the recent years, the conflict has turned into a metaphor that allows rallying for Muslim unity against injustice." (Nordbruch 2009)

Und so konstatiert auch Barbara Schäuble in Referenz auf ihre qualitative Studie zum Antisemitismus, dass in Bezug auf muslimische Jugendliche unter anderem dann von einem Antisemitismus mit ideologischer Kontur ausgegangen werden kann, wenn diese sich „politisch (...) in einer Weise als Muslime definieren, die von einem grundlegenden weltpolitischen Konflikt zwischen ‚dem Westen' und der ‚muslimischen Welt' ausgeht und die mit einer antisemitisch konturierten Israel-Kritik in Referenz auf den Nahostkonflikt einhergeht" (Schäuble 2013, 13).

3.2.4.3 Eine Problematisierung des Diskurses

Es steht in Referenz auf vorliegende empirische Erkenntnis außer Frage, dass ohne falsche Rücksicht benannt werden muss, dass auch diejenigen an antisemitische Denk- und Deutungsmuster anknüpfen können, „die selbst von rassistischen und kulturalisierenden Diskriminierungen betroffen sind" (Messerschmidt 2009, 168). Lange Zeit wurde dies nicht wahrgenommen und thematisiert oder auch bewusst ausgeblendet. Erst seit etwa 2003 wurden antisemitische Haltungen auch unter so genannten Migranten/-innen und insbesondere Muslimen/-innen zum Gegenstand öffentlicher, fachlicher und pädagogischer Debatten (vgl. BMI 2011b). Seit einigen Jahren aber steht ebendies nur umso mehr im Zentrum. So lässt sich in den gegenwärtigen öffentlichen und medialen Diskursen um Antisemitismus in Deutschland eine Fokussierung auf Muslime/-innen identifizieren (vgl. ebd.). Mitunter wird der Antisemitismus gar als ein Wesenszug des Islams bzw. als ein Merkmal muslimischer Zugehörigkeit dargestellt.
Ein Kausalzusammenhang zwischen Islam und Muslimen/-innen einerseits und antisemitischen Deutungsmustern im Kontext des Nahostkonflikts andererseits erscheint indes fraglich (vgl. etwa Zuckermann 2005;

Kraft/Freiheit/Spaiser 2012). Und zwar nicht nur, weil es, wie bereits erwähnt, in der Antisemitismusforschung als zumindest weithin konsensfähig gilt, dass es keinen eigenständigen islamischen oder muslimischen Antisemitismus gibt, sondern auch deshalb, weil sich auch in Bezug auf Muslime/-innen von vielfältigen sozialen Milieus und Lebenswelten, von vielfältigen individuellen Lebensentwürfen und politischen Orientierungen, Wertvorstellungen und Kompetenzen sowie von heterogenen Bezügen zur Religion und unterschiedlichen Interpretationen des Muslimisch-Seins ausgehen lässt und all dies a priori eher vermuten lässt, dass sich auch in Bezug auf den Nahostkonflikt unterschiedliche Zugänge, Positionen und Deutungsmuster vergegenständlichen.

Überdies sei kritisch angemerkt, dass eine Fokussierung des Antisemitismusproblems (im Kontext des Nahostkonflikts) auf (junge) Muslime/-innen mit einer unangemessenen Ausblendung antisemitischer Denk- und Deutungsmuster in der Mitte der Gesellschaft einhergehen kann und dass zugleich auch den Feindbildern Islam und Muslime/-innen weiterer Vorschub geleistet werden kann. So betont etwa der unabhängige Expertenkreis Antisemitismus des Deutschen Bundestages, dass eine Fokussierung auf den islamisierten Antisemitismus ins Bild einer islamfeindlichen Stimmung passe (vgl. BMI 2011b, 81). Und der Soziologe Wolfram Stender spricht von einer muslimisierenden Problemwahrnehmung und kritisiert, dass diese „den Formwandel des Antisemitismus gerade nicht im gesellschaftlichen Zusammenhang begreift, sondern innergesellschaftliche Grenzziehungen verstärkt" (Stender 2010, 7).

4 Handlungsrelevante soziale Deutungsmuster im Sprechen über den Nahostkonflikt und seine Thematisierung in Deutschland

4.1 Forschungsrahmen und Forschungsmethodik

4.1.1 Vorannahmen zur Rekonstruktion sozialer Deutungsmuster

Soziale Deutungsmuster wurden als sozial geteilte Wissensbestände bestimmt, die auf kognitive Handlungsprobleme in situativen Handlungskontexten bezogen sind. Methodisch sind sie indes nicht direkt zugänglich. Sie kommen erst durch eine Erhebung und vergleichende Analyse einer Vielzahl problembezogener Stellungnahmen und Begründungen zum Vorschein (vgl. Ullrich 1999a/b; Sachweh 2009); weshalb es zur Rekonstruktion sozialer Deutungsmuster sozialforschender Deutungsmusteranalysen auf Basis von mehreren Interviews bedarf (vgl. Arnold 1985; Niehoff 2014).

In diesem Zusammenhang sind qualitative Erhebungsmethoden von Nöten. Denn zum einen ist das Erkenntnisinteresse der qualitativen Sozialforschung grundsätzlich auf „kollektiv geteilte Sichtweisen, Deutungs- und Handlungstypen" (Lamnek 1988, 175) ausgerichtet. Zum anderen vermögen nur qualitative Erhebungsverfahren einen notwenigen Grad an Offenheit zu gewährleisten und die Evokation eines hinreichend originären problembezogenen Datenmaterials zu sichern. Sofern dabei Einzelinterviews geführt werden, ist davon auszugehen, dass Elemente eines in Frage stehenden sozialen Deutungsmusters „erst in unterschiedlichen Einzelinterviews zum Vorschein kommen" (Kassner 2003, 51). Denn Deutungsmusteranalysen zielen eben nicht auf den subjektiv gemeinten Sinn, sondern auf den in Deutungsmustern sich dokumentierenden sozialen Sinn, der als solcher quer zu den Interview-Protokollen liegt und dementsprechend nur durch einen systematischen und kontrastierenden Vergleich von problembezogenen Stellungnahmen und Begründungen rekonstruiert werden kann (vgl. Ullrich 1999a).

Die befragten Personen rücken damit eher in den Hintergrund. Das primäre Erkenntnisinteresse gilt also „weder den individuellen Einstellungen und Handlungsorientierungen noch deren Zurückführung auf sozialstrukturelle Merkmale, sondern den jeweils spezifischen Konstitutionsbedingungen von Handlungsorientierungen" (Ullrich 1999b, 429f.). Die interviewten Personen interessieren so besehen lediglich als Informanten/-innen über problembezogen-handlungsrelevante soziale Deutungsmuster in situativen Handlungskontexten.

Da die Erhebung sozialer Deutungsmuster auf Konfrontationen mit Handlungsproblemen angewiesen ist, bedarf es einer Befragungsmethodik, die eine relativ starke Strukturierung des Interviews sowie vergleichsweise hohe Steuerungs- und Eingriffsmöglichkeiten seitens des oder der Forschenden ermöglicht (vgl. Ullrich 1999a, 11f.). Und es bedarf problembezogener Vorkenntnisse seitens des oder der Forschenden. Denn andernfalls können die zur Evokation sozialer Deutungsmuster geeigneten Gesprächsimpulse in Form von Handlungsproblemen nur schwerlich gesetzt werden.

Vor diesem Hintergrund stellt sich notwendigerweise immer auch die Frage nach dem Einfluss des Wissenschaftlers oder der Wissenschaftlerin auf den Forschungsprozess und somit auch auf die Forschungsergebnisse. Dass ein solcher Einfluss – gerade im Rahmen von Forschungsansätzen und Erhebungsmethoden, die vorinformierte und impulsgebende Forschende voraussetzen – gegeben ist, kann nur schwerlich bestritten werden. Daher ist eine kritische Reflexion der eigenen soziokulturellen Prägungen und Einflüsse sowie der eigenen problemfeld- und forschungsbezogenen Vorannahmen ein wesentlicher Aspekt des Anspruchsprofils sozialforschender Wissenschaftler/-innen. Denn andernfalls dürfte die Gütequalität der Ergebnisse allzu sehr Schaden nehmen. So hat z.B. Alfred Schütz darauf hingewiesen, dass man „die meisten Fehler in den Sozialwissenschaften (…) auf eine Vermengung des subjektiven und objektiven Standpunktes zurückführen [kann], die, vom Wissenschaftler unbemerkt, im Verlauf des Übergangs von einer Ebene auf eine andere entstand, während er seine wissenschaftliche Arbeit verfolgte" (Schütz 1972, 9). Je klarer sich die Wissenschaftler/-innen also ihrer eigenen Zugänge und Haltungen bewusst sind, desto eher kann eine Trennung dieser aus dem Prozess des wissenschaftlichen Arbeitens gelingen.

4.1.2 Das diskursive Interview als leitende Forschungsmethodik

Es sei vorangestellt, dass – nicht zuletzt aufgrund unterschiedlich akzentuierter Deutungsmusterbegriffe – kein weithin etabliertes Verfahren zur Erhebung, Analyse oder Rekonstruktion sozialer Deutungsmuster existiert (vgl. etwa Plaß/Schetsche 2001; Kassner 2003; Sachweh 2009).[63] In Referenz auf den dieser Arbeit zugrunde gelegten Deutungsmusterbegriff, bedarf es zur Rekonstruktion sozialer Deutungsmuster eines Erhebungsverfahrens, das auf die Generierung und Evokation einer vergleichsweise hohen Zahl an problembezogenen Äußerungen in Form von Stellungnahmen und Begründungen ausgerichtet ist. Die von dem Soziologen Carsten G. Ullrich entwickelte Methodik des diskursiven Interviews ist eine in diesem Sinne geeignete Methodik (vgl. Ullrich 1999a/b). Sie beruht auf der Annahme, dass „soziale Deutungsmuster in alltäglichen Interaktionen beständig kommuniziert und reproduziert werden" (Ullrich 1999b, 433) und sie ist ganz explizit darauf ausgerichtet, die in situativen Handlungskontexten problembezogen-handlungsrelevanten sozialen Deutungsmuster erheben und analysieren zu können. Daher wird diese Methodik dem empirischen Teil dieser Arbeit maßgebend zugrunde gelegt.

Als eine „umfassende Forschungsstrategie" (Sachweh 2009, 113) umfasst das diskursive Interview die drei Forschungsphasen *Auswahl*, *Befragung* und *Auswertung*; die zugleich eine funktionale Einheit bilden. Besonders charakteristisch ist derweil eine spezielle Befragungsform, die ganz gezielt auf die Evokation von problembezogenen Stellungnahmen und Begründungen ausgerichtet ist (vgl. Ullrich 1999a, 18). Es handelt sich daher um eine leitfadengestützte Interviewform, die „eine relativ starke Strukturierung des Leitfadens sowie eine Reihe explizit steuernder Eingriffe seitens des Interviewers" vorsieht (Sachweh 2009, 114). Ullrich selbst spricht von einem „relativ ‚rigiden' Leitfaden (…), der die für eine interaktive Interviewführung erforderlichen Steuerungs- und Evokationseingriffe ermöglicht" (Ullrich 1999a, 13); weshalb sich dieses Interviewverfahren auch recht deutlich von gängigen, eher zurückhaltenden qualitativen Interviewverfahren unterscheidet (vgl. Ullrich 1999a; Sachweh 2009).

---

[63] Als in diesem Zusammenhang vergleichsweise bedeutend kann die Methode der Objektiven Hermeneutik nach Ulrich Oevermann (1979; 2003) sowie die auf Gruppendiskussionen basierende dokumentarische Methode nach Ralf Bohnsack (Bohnsack et al. 1993) gelten.

Konkret benennt Ullrich unterschiedliche „Frage- und Stimulustypen" (Ullrich 1999a, 15) zur Aktivierung eines problembezogenen Reflexionspotentials. Zunächst unterscheidet er vier Fragearten, die sich hinsichtlich der Textart unterscheiden, die generiert werden soll:

- *Wissensfragen*, die am besten zu Beginn des Interviews als offene Fragen gestellt werden sollten.
- *Erzählaufforderungen*, die auf eine Generierung von Beschreibungen „vergangener Ereignisse, Erfahrungen und Handlungen zielen" (ebd., 16).
- *Aufforderungen zu Stellungnahmen* zu bestimmten Sachverhalten, die von zentraler Bedeutung sind, da diese die Wahrscheinlichkeit erhöhen, dass die Befragten in den Antworten auf soziale Deutungsmuster zurückgreifen.
- *Begründungsaufforderungen*, die sich als klassische Warum-Fragen unter anderem auf (eigene oder auch fremde) Stellungnahmen beziehen können und ebenfalls die Wahrscheinlichkeit von Rückgriffen auf soziale Deutungsmuster erhöhen (vgl. ebd.).

Aufgrund der expliziten Bedeutung von Stellungnahmen und Begründungstexten sieht Ullrich mithin eine Reihe von Stimuli vor, die sich zu deren Evokation eignen. Hierzu verweist er neben bewussten Suggestivfragen, Polarisierungen sowie Konklusionen unter anderem auf folgende Möglichkeiten (vgl. ebd.):

- „Persilscheine": Diese können gleich zu Beginn der Interviews „ausgestellt" werden. Sie sollen den Befragten das Gefühl vermitteln, dass alles, auch vermeintlich sozial Unerwünschtes, frei und offen geäußert werden kann (vgl. ebd.). Es gilt also darauf hinzuweisen, dass alle Äußerungen wichtig sind und dass es keine erwünschten oder unerwünschten sowie richtigen oder falschen Antworten gibt (vgl. auch Sachweh 2009).
- „Externe Konfrontationen" mit Sichtweisen, Stellungnahmen, Deutungen oder Positionen anderer Menschen. Dieses Stilmittel dient der Generierung von Stellungnahmen und Begründungstexten. Zudem ist der (vorinformierte) Forschende durch solche vorab festgelegten Konfrontationen in der Lage, „theoretisch relevante Aspekte, die ohne einen solchen Eingriff im Interviewverlauf unberührt zu bleiben drohen, zielgerichtet und diskursiv einzuführen" (Ullrich 1999a, 20).

- „Hypothetische Situationen": Dieses Stilmittel veranlasst die Befragten, sich in eine bestimmte Situation hineinzuversetzen um sodann zu überlegen, zu welchen Entscheidungen und Beurteilungen sie kommen. Es eignet sich unter anderem für einen Perspektivwechsel und zur Evokation von Stellungnahmen zu Sachverhalten oder Problemen, von denen die Befragten selbst nicht unmittelbar betroffen sind (vgl. ebd.).

In Bezug auf den traditionellen Validitätsanspruch qualitativer Sozialforschung sei mit Ullrich betont, dass sich das sonst so grundlegende Problem der Erzähl- und Erfahrungshomologie durch ein Abzielen des diskursiven Interviews auf die Kommunizierbarkeit von Deutungen und Begründungen gar nicht erst stellt (vgl. ebd.). Durch den Fokus auf Derivationen – also individuell-situative Adaptionen sozialer Deutungsmuster – stellt das Validitätsproblem keine Hürde dar. Denn: „Die Validität von Derivationen ist insofern unproblematisch, als sich deren Kommunizierbarkeit bereits im Kommunikationsakt des Interviews erweist, also schon durch den Umstand und im Moment ihrer Erfassung" (ebd., 28).

4.1.3 Begründung der Beschränkung des Untersuchungssamples auf Jugendliche mit türkischem oder palästinensischem Familienhintergrund

Das dem Forschungsvorhaben zugrundeliegende Untersuchungssample setzt sich aus 27 Schüler/-innen der Sekundarstufe 2 zusammen. Alle Jugendlichen und jungen Erwachsenen wurden in Deutschland geboren. In Referenz auf die Begriffsdefinition des Statistischen Bundesamtes lässt sich allen Befragten indes ein so genannter „Migrationshintergrund" zuweisen.[64]

---

[64] In der Definition heißt es: „Zur Bevölkerung mit Migrationshintergrund zählen alle, die nach 1949 auf das heutige Gebiet der Bundesrepublik Deutschland zugezogen sind, alle in Deutschland geborenen Ausländer/-innen und alle in Deutschland mit deutscher Staatsangehörigkeit Geborenen mit zumindest einem zugezogenen oder als Ausländer in Deutschland geborenen Elternteil. Der Migrationsstatus einer Person wird somit sowohl aus ihren persönlichen Merkmalen zu Zuzug, Einbürgerung und Staatsangehörigkeit wie auch aus den entsprechenden Merkmalen der Eltern abgeleitet.
Dies bedeutet, dass in Deutschland geborene Deutsche einen Migrationshintergrund haben können, sei es als Kinder von Spätaussiedlern, als Kinder ausländischer Elternpaare (…) oder als Deutsche mit einseitigem Migrationshintergrund. Dieser Migrationshintergrund leitet sich dann ausschließlich aus den Eigenschaften der Eltern ab" (Statistisches Bundesamt 2016).

Konkret handelt es sich beim Untersuchungssample um 17 Jugendliche (9 männliche und 8 weibliche), die einen so besehen „türkischen Migrationshintergrund" und um 10 Jugendliche (5 weibliche und 5 männliche), die einen so besehen „palästinensischen Migrationshintergrund" haben.
Im Rahmen der vorab erfragten Selbstbeschreibungen bezeichneten sich alle Jugendlichen als muslimisch. Die Konkretisierung, was das Muslimisch-Sein für die jeweilige Person bedeute war freiwillig und wurde nicht von allen Jugendlichen vorgenommen. In der Regel aber wurde das Muslimisch-Sein als ein (wie auch immer im Detail ausgelegtes) religiöses Konzept bestimmt. Um die Möglichkeit unterschiedlicher Erzählungen zu erhöhen, wurden Jugendliche aus insgesamt sechs verschiedenen Schulen in unterschiedlichen Berliner Stadtteilen in das Sample aufgenommen. [65] Pro Schule wurden zudem maximal sechs Interviews geführt bzw. im Sample berücksichtigt. Dabei wurde gewährleistet, dass die Jugendlichen nicht allesamt Teil eines Klassenverbandes oder eines als eng bezeichneten Freundeskreises sind.
Die im Laufe des Forschungsprozesses bewusst getroffene Entscheidung für eine Beschränkung des Untersuchungssamples auf Jugendliche mit türkischem oder palästinensischem Familienhintergrund lässt sich zweifellos kritisieren. So kann z.B. eingewendet werden, dass sich auf Grundlage eines solchen Samples die Aussagekraft der empirischen Erkenntnisse nicht zuletzt für eine politische Bildung zum Nahostkonflikt stark in Grenzen hält – da eine problembezogene Handlungsrelevanz der Wissensbestände z.B. für so genannte herkunftsdeutsche Jugendliche weder empirisch belegt noch uneingeschränkt behauptet werden kann. Zudem kann der Vorwurf erhoben werden, dass sich die Auswahl des Samples in das Bild verbreiteter problem- und defizitorientierter Diskurse und Perspektiven auf Muslime/-innen im Allgemeinen sowie auf Jugendliche aus türkisch- und palästinensischstämmigen

---

[65] Die Schulen (3 Gymnasien und 3 Sekundarschulen mit gymnasialer Oberstufe) liegen in den Berliner Bezirken Friedrichshain-Kreuzberg, Neukölln, Tempelhof-Schöneberg, Steglitz-Zehlendorf. Während sich die Schüler/-innenschaft in den Schulen in Steglitz-Zehlendorf mehrheitlich aus so genannten „herkunftsdeutschen Jugendlichen" zusammensetzt, besteht die Schüler/-innenschaft an den Schulen in Friedrichshain-Kreuzberg, Neukölln und Tempelhof-Schöneberg überwiegend aus Jugendlichen mit vor allem türkischen aber auch palästinensischen und/oder arabischen „Migrationshintergrund". Die Zusammensetzung der Schülerschaft an den jeweiligen Schulen der Befragten stellt im Rahmen des hier vorliegenden Forschungsvorhabens indes keine gesonderte Analysekategorie dar.

Einwandererfamilien im Besonderen einfügt. Die Entscheidung, das Untersuchungssample zu beschränken, erfolgte in Kenntnis dieser Einwände. Sie sei daher nachfolgend ausführlicher begründet:

Repräsentativitätsdefizit grundsätzlich gegeben

Da Rekonstruktionen sozialer Deutungsmuster auf qualitative Forschungsmethoden angewiesen sind, stellt sich hinsichtlich der Befunde grundsätzlich immer ein Repräsentativitätsdefizit dar. Obgleich im Rahmen dieses Forschungsvorhabens eine Forschungsmethodik zur Anwendung kommt, die – auf Basis einer für qualitative Forschungsansätze vergleichsweise hohen Fallzahl – darauf ausgelegt ist, typische Muster sozialer Sinngehalte zu rekonstruieren und somit auch verallgemeinerbare Aussagen zulässt (vgl. Ullrich 1999a), bleibt das Repräsentativitätsdefizit qualitativer Sozialforschung, die das Allgemeine im Besonderen sucht, auch hier bestehen. Eine Berücksichtigung von einigen herkunftsdeutschen Jugendlichen hätte daran nichts Wesentliches geändert.

Befragte als Informanten/-innen über soziale Sinngehalte von Bedeutung

Insofern das Erkenntnisinteresse auf die Erhebung und Beschreibung der Erscheinungsformen gängiger sozialer Sinngehalte fokussiert ist, insofern interessieren die Befragten vor allem als Informanten/-innen über soziale Sinngehalte. Zumindest vom leitenden Erkenntnisinteresse her gesehen sind somit die individuellen Identitäten, Erfahrungen, Lebensgeschichten oder Orientierungen der Befragten von nachrangiger Bedeutung. Bezogen auf die Methodik des diskursiven Interviews schreibt Ullrich in diesem Sinne:

„Befragte haben (...) die Funktion von Informanten (über die soziale Konstruktion der Wirklichkeit). Deren tatsächliche Erfahrungen und Entscheidungen sind daher von geringerem Interesse als die im Interview geäußerten Derivationen, die wiederum das Ausgangsmaterial zur Rekonstruktion der sozialen Deutungsmuster bilden. Das Erkenntnisziel richtet sich also nicht auf die individuellen Idiosynkrasien einzelner Befragter (den ‚subjektiven' Sinn ihrer Äußerungen), sondern auf das, was sozial und (nur) daher verstehbar ist." (Ullrich 1999a, 28)

Erwartung unterschiedlicher sozialer Wissensbestände von verallgemeinerbarer Gültigkeit

Da diesem Forschungsvorhaben die Annahme zugrunde liegt, dass Jugendliche und junge Erwachsene mit türkischem oder palästinensischem Familienhintergrund über eine Vielfalt an Selbstbeschreibungen, Identitäten und Lebensentwürfen sowie politischen, moralischen und religiösen Überzeugungen verfügen, stand a priori zu erwarten, dass sich auf Grundlage des vorliegenden Untersuchungssamples unterschiedliche soziale Deutungsmuster rekonstruieren und beschreiben lassen, die sich dementsprechend auch nicht (allesamt) als spezifisch „muslimische", „türkische" oder „palästinensische" Deutungsmuster klassifizieren lassen. Die damit angedeutete Annahme einer verallgemeinerbaren Relevanz und Gültigkeit der rekonstruierten Deutungsmuster, ergibt sich auch aus dem Begriffskonzept sozialer Deutungsmuster. Denn wie dargelegt handelt es sich bei sozialen Deutungsmustern in der Regel um kultur-, milieu- oder gruppenübergreifende Wissensbestände. Sie liegen also zumeist quer zu konstruierten Gruppenkategorien wie Geschlecht, Herkunft oder Religion – wobei dieser Grundannahme indes nicht entgegensteht, dass es in bestimmten sozialen Gruppen und Milieus oder auch Gesellschaften und Nationen soziale Sinngehalte geben kann, die nur dort über wirkmächtige Geltung verfügen.

Dessen unbenommen sei mithin angemerkt, dass es nicht zuletzt im Sinne einer sich inklusiv verstehenden Migrationsgesellschaft eine Selbstverständlichkeit sein sollte, dass es für alle Adressaten/-innen politischer Bildung von Wert ist, wenn konzeptionelle Überlegungen im Sinne einer erfahrungsorientierten Praxis an jenen Deutungskonzepten orientiert sind, die aus Interviews mit nicht-herkunftsdeutschen Jugendlichen erhoben wurden. Denn auch diese Jugendlichen haben ihren Lebensmittelpunkt in Deutschland. Auch ihre vielfältigen Lebenswelten sind ein, angesichts demographischer Entwicklungen gleichsam zunehmend bedeutender, Teil deutscher Lebenswelten. Und ihre problembezogen-handlungsrelevanten sozialen Sinnbestände sind nicht nur von normativer Gleichwertigkeit, sondern eben auch Teil der sich gegenseitig beeinflussenden und überschneidenden lebensweltlichen Wissensnetze und Deutungskonzepte unter Jugendlichen.

Erwartung eines gehaltvollen Datenmaterials und eines differenzierten Einblicks zur Frage nach Nahostkonflikt, jungen Muslimen/-innen und Antisemitismus

In Referenz auf die bereits Eingangs dargelegten Erfahrungen aus der politischen Bildungsarbeit lässt sich annehmen, dass das Thema Nahostkonflikt insbesondere Jugendliche und junge Erwachsene mit türkischem oder palästinensischem Familienhintergrund (emotional) anspricht und für diese somit von vergleichsweise großem Interesse ist (vgl. etwa Wagenknecht 2006; Nordbruch 2014). Und deshalb kann a priori davon ausgegangen werden, dass gerade auf Basis von Interviews mit diesen Jugendlichen und jungen Erwachsenen ein für die qualitative Deutungsmusterrekonstruktion notwendig gehaltvolles Datenmaterial in Form problembezogener Stellungnahmen und Begründungen erhoben werden kann.[66]

Bezogen auf die mithin vorliegenden Befunde aus der empirischen Sozialforschung, wonach sich im Kontext Nahostkonflikt unter jungen Muslimen/-innen in Deutschland auch antisemitische Deutungskonzepte manifestieren (vgl. etwa Spaiser/Mansel 2010)[67], muss einschränkend erwähnt werden, dass diese zumeist der Einstellungsforschung zur gruppenbezogenen Menschenfeindlichkeit im Allgemeinen oder zum Antisemitismus im Besonderen entstammen. In Referenz dessen kann daher zumeist nicht beantwortet werden, ob und inwiefern antisemitische Denk- und Deutungsmuster in freien wie problembezogenen Stellungnahmen zum Nahostkonflikt tatsächlich reproduziert und somit handlungsrelevant werden. Mithin liefern diese

---

[66] Im Rahmen einer Pilotphase, in der Probeinterviews auch mit insgesamt fünf herkunftsdeutschen Jugendlichen geführt wurden, stellte sich heraus, dass die Interviews mit diesen tatsächlich vergleichsweise wenig ergiebig waren. Auch deshalb wurde im Anschluss an die Pilotphase entschieden, auf Interviews mit herkunftsdeutschen Jugendlichen gänzlich zu verzichten.

[67] Zugleich zeigen diese Studien, dass eine Wut auf Israel Teil und Ausdruck der emotionalen Reaktionen sein kann. So heißt es etwa im Abschlussbericht des Forschungsprojekts „*Soziale Beziehungen, Konfliktpotentiale und Vorurteile im Kontext von Erfahrungen verweigerter Teilhabe und Anerkennung bei Jugendlichen mit und ohne Migrationshintergrund*": „Nur 5.0 % der deutschen Jugendlichen ohne Migrationshintergrund stimmen der Aussage ,Ich werde wütend, wenn ich daran denke, wie Israel die Palästinenser behandelt' voll zu (...). Deutlich emotionaler reagieren offenbar muslimische Jugendliche. 56.1 % der Jugendlichen arabischer, 38.3 % türkischer Herkunft und 37.5 % der Jugendlichen aus anderen muslimisch geprägten Ländern stimmen der ‚Wut-Aussage' voll zu." (Spaiser/Mansel 2010, 27)

Studien nur ungenügende Informationen darüber, welche weiteren Deutungskonzepte von gleichzeitiger Handlungsrelevanz sind und ob diese womöglich sogar in Konflikt zu etwaig antisemitischen Deutungskonzepten stehen.
Vor diesem Hintergrund bedarf es im Sinne einer differenzierteren Betrachtung des Problemkomplexes junge Muslimen/-innen, Nahostkonflikt und Antisemitismus einer umfassenderen Erhebung von Deutungsmustern, die im freien wie problembezogenen Sprechen über den Nahostkonflikt und seine Konfliktakteure tatsächlich adaptiert und reproduziert werden – um darüber zugleich einen Beitrag zur Schließung eines Forschungsdesiderats leisten zu können (vgl. Hagemann 2016a).

4.1.4 Forschungsfragen, Interviewführung und Leitfadenstruktur

Im Zentrum des empirischen Forschungsinteresses steht die Rekonstruktion und Beschreibung jener sozialen Deutungsmuster, die in Bezug auf den Nahostkonflikt, seine lokalen Konfliktakteure sowie seine Bedeutung und Thematisierung in Deutschland reproduziert werden. Es soll also beantwortet werden können, welche sozialen Deutungsmuster als typisch handlungsrelevant gelten können, ob sich derweil auch kontrovers oder widerstreitend zueinanderstehende soziale Deutungsmuster vergegenständlichen und ob es zu einseitigen und verkürzten Perspektiven und Wahrnehmungen kommt; wobei insbesondere auch die im Raum stehende Frage nach der Handlungsrelevanz israelkritischer und/oder antisemitischer Deutungsmuster mitberücksichtigt werden soll. Mithin soll überprüft werden können, ob bestimmte Deutungsmuster oder Deutungsmusterdimensionen ausschließlich von Befragten mit türkischem oder palästinensischem Familienhintergrund und/oder ausschließlich von männlichen oder weiblichen Befragten reproduziert werden. Zudem soll nach relevanten diskursiven Verknüpfungen gefragt werden, die als solche durch die politische Bildung zu berücksichtigen wären.
Wie dargelegt bilden insgesamt 27 Leitfaden-Interviews mit Schüler/-innen der Sekundarstufe 2 an Berliner Schulen die Datenbasis der Untersuchung. Vor Beginn der Interviews wurden die Befragten im Rahmen eines kurzen Vorgespräches über den Forschungszusammenhang in Kenntnis gesetzt. Zudem wurde kommuniziert, dass alle Namen und Daten anonymisiert und

streng vertraulich behandelt werden. Und es wurde ausdrücklich betont, dass im Rahmen des Interviews frei und offen gesprochen werden kann und dass es keine falschen Stellungnahmen, Positionen oder Antworten geben kann. Überdies wurden die Befragten gebeten, Angaben zu Persönlichkeitsmerkmalen zu machen. Sie wurden nach ihrem Alter sowie nach ihrem Geburtsort und dem ihrer Eltern und weiterer familiärer Vorfahren befragt. Zudem wurden sie gefragt, ob sie sich selbst als muslimisch beschreiben würden. Alle Angaben waren freiwillig.

In den Interviews selbst wurde Wert auf die Gewährleistung einer für die Befragten möglichst angenehmen Gesprächsatmosphäre gelegt. Zu Beginn der Interviews standen Assoziationen und freie Erzählungen zum Nahostkonflikt und den lokalen Konfliktakteuren im Vordergrund. Im weiteren Verlauf wurden die Befragten zur Artikulation problembezogener Stellungnahmen und Begründungen aufgefordert. Die Handlungsprobleme, mit denen die Befragten konfrontiert wurden, wurden vorab aus zentralen Kategorien und Analysefragen des Politik-Zyklus abgeleitet (vgl. dazu Massing 1995). Dabei kamen vor allem die sequentiellen Kategorien „Problem", „Auseinandersetzung" und „Bewertungen" sowie die Einflusskategorien „Akteure", „Interessen", „Erfahrungen", „Machtverhältnisse" und „Lösungsentwürfe" zur Geltung. So wurde z.B. nach grundsätzlichen Problemdefinitionen in Bezug auf den Nahostkonflikt gefragt oder auch nach Wahrnehmungen der beiden lokalen Konfliktakteure und ihrer jeweiligen Interessen. Um begründete Positionierungen und Stellungnahmen explizit zu evozieren, wurden die Befragten überdies auch mit gegenstands- bzw. problembezogen relevanten Diskurspositionen konfrontiert; so z.B. mit den Aussagen: „Die Machtverhältnisse im Konflikt sind ungleich verteilt!" oder „Der Nahostkonflikt hat in Deutschland eine besondere Bedeutung!". Die abschließenden Fragen zum Nahostkonflikt als Unterrichtsgegenstand dienten lediglich der weiteren Evokation von Problemdefinitionen in Bezug auf den Konflikt und dessen Bedeutung und Thematisierung in Deutschland.

Die zentralen Elemente des Leitfadens[68] kamen in allen Interviews zur Geltung, um darüber Stellungnahmen und Begründungstexte erheben zu können, die sich auf identische Handlungsprobleme beziehen und damit eine vergleichende Analyse erleichtern. Gleichwohl entspricht kein Interview bzw.

---

[68] Der Interviewleitfaden ist dem Anhang dieser Arbeit beigefügt.

Interviewverlauf dem anderen. Jedes Interview hat seine eigene diskursive Dynamik entwickelt. Ohnehin wurde insbesondere zu Beginn der Interviews auf spontane gesprächsgenerierende Nachfragen und daran anknüpfende Begründungsaufforderungen Wert gelegt – etwa im Sinne von Nachfragen wie „Kannst du mir das noch einmal genauer erläutern?". Dabei wurde darauf geachtet, dass diese spontanen Eingriffe die Gesprächsatmosphäre und -dynamik nicht wesentlich behindern.

Im Verlaufe des Forschungsprozesses wurden leichte Modifizierungen am Leitfaden vorgenommen. So wurden einige Fragen, die sich als wenig ergiebig erwiesen, in späteren Interviews gar nicht mehr gestellt, andere wurden hinzugefügt. Und einige Fragen, die sich für die Befragten als nur schwer verständlich erwiesen, wurden umformuliert oder im Interview selbst durch den Interviewenden erläutert. Der Leitfaden wurde an insgesamt vier Jugendlichen getestet. Diese Pilotinterviews fanden keinen Eingang in das Untersuchungssample.[69]

4.1.5 Auswertungsverfahren und Erkenntnisgrenzen

Das angewandte Forschungs- und Auswertungsverfahrens basiert auf der Annahme, dass soziale Deutungsmuster nur angemessen durch einen systematischen Vergleich von problembezogenen Stellungnahmen und Begründungen rekonstruiert werden können (vgl. Ullrich 1999a). In diesem Sinne wurde ein fallkontrastierendes Vorgehen präferiert, wobei im Unterschied zu gängigen Untersuchungsdesigns qualitativer Sozialforschung der Fall nicht aus einer Person, sondern aus einem bestimmten Bezugsproblem bzw. den darauf bezogenen Deutungsmustern besteht (vgl. Ullrich 1999a; Sachweh 2009). Insofern also der oder die Befragte im Interview auf mehrere „objektive Situationen" Bezug nimmt, besteht dieses Interview auch aus mehreren Fällen (vgl. Ullrich 1999a). Dies bedeutet zugleich, dass die Fälle

---

[69] Zudem wurden sechs weitere Interviews mit „herkunftsdeutschen" Schüler/-innen geführt, die auf Schulen im Berliner Teilbezirk Steglitz gingen. Dabei zeigte sich, dass bei diesen Schülern/-innen, bis auf eine Ausnahme, eher wenig Wissen über und kaum Interesse am Nahostkonflikt vorhanden ist. Nach diesen Interviews wurde daher die Entscheidung getroffen auf Interviews mit herkunftsdeutschen Schüler/-innen zu verzichten. Die damit einhergehende Beschränkung wird im Weiteren auch kritisch reflektiert werden.

quer zu den Interviews liegen und es im Sinne einer Deutungsmusterrekonstruktion um einen synoptischen Vergleich aller problembezogenen Aussagen geht.
Carsten G. Ullrich schreibt hinsichtlich eines solchen Vorgehens:

„Ein soziales Deutungsmuster wird also rekonstruiert, indem alle Stellungnahmen zu einer definierten ‚objektiven Situation' systematisch hinsichtlich der Gemeinsamkeiten und Unterschiede miteinander verglichen werden. Sobald dabei typische, d.h. mehrfach vorzufindende und konsistente (sinnhafte) Begründungen und Situationsdefinitionen erkennbar sind, kann von einem sozialen Deutungsmuster ausgegangen werden." (Ullrich 1999, 22f.)

Dementsprechend stellen die vorformulierten kognitiven Handlungsprobleme bzw. (objektiven) Bezugsprobleme im gesamten Auswertungsprozess relevante Arbeitskategorien dar. Derweil stand a priori zu erwarten, dass in Bezug auf ein objektives Bezugsproblem mehrere Deutungsmuster erkennbar werden (vgl. ebd.) – weshalb die Rekonstruktion unterschiedlicher sozialer Deutungsmuster als paralleler Prozess verlief.

Konkret vollzog sich der Auswertungsprozess über eine Reihe unterschiedlicher Arbeitsschritte. Zunächst einmal bedurfte es einer vollständigen Transkription aller Interviews. Diese Texte bildeten in ihrer Gesamtheit das Ausgangsdatenmaterial des Auswertungsprozesses. Zur systematischen Ordnung des Datenmaterials kam sodann eine qualitative Kodierung zur Anwendung (vgl. Kelle/Kluge 2010). Diese Kodierung war eine notwendige Voraussetzung, um einen synoptischen Vergleich aller Äußerungen zu einem bestimmten Bezugsproblem vornehmen zu können.

Das Kodierverfahren, das mit Hilfe des auf die qualitative Analyse von Daten ausgerichteten Softwareprogramms MAXQDA durchgeführt wurde, erfolgte zunächst durch eine grobe Zuordnung von Textpassagen oder Textsegmenten zu Kategorien – verstanden als Oberbegriff zur Kennzeichnung und Unterscheidung von Phänomenen, die dem Erschließen, Beschreiben und Erklären der Daten dienen (vgl. Kelle/Kluge 2010, 60). Dieser Prozess lässt sich als „hypothetisches Schlussfolgern" bezeichnen.[70] Konkret wurden alle Textsegmente zunächst einem groben Kategorienschema zugeordnet, das auf Grundlage des theoretischen Vorwissens des Forschenden sowie in Referenz

---

[70] Ohnehin geht der qualitative Auswertungsprozess immer auch mit interpretativen Konstruktionsleistungen des oder der Forschenden einher.

auf die vorab definierten Handlungsprobleme vorangefertigt wurde (subsumptive Kodierung). Zugleich wurden anhand der Textsegmente aber auch neue Kategorien aus dem Datenmaterial selbst heraus entwickelt (abduktive Kodierung). Wie eingangs erwähnt handelte es sich dabei nicht um eine personenbezogene bzw. horizontale Sortierung, sondern um eine themenbezogene bzw. vertikale Sortierung. Das bedeutet, dass alle Textsegmente zu einem objektiven Bezugsproblem zusammengestellt wurden, um somit einen Überblick über das gesamte Antwortspektrum zu erhalten (vgl. dazu Spennemann/Stempka 2010).

Da das gesamte der Strukturierung, Systematisierung und Auswertung der Daten dienende Kategorienschema bis dato nur von geringem empirischen Gehalt war, wurden die Kategorien im Weiteren sukzessive verfeinert und währenddem um weitere, empirisch gehaltvolle Subkategorien ergänzt.[71] In diesem Zusammenhang wurden für jede betrachtete Kategorie theoretisch relevante Merkmale sowie die entsprechenden Dimensionen identifiziert (vgl. Kelle/Kluge 2010, 73). Dabei wurden die zu Beginn des Auswertungsprozesses grobcodierten Textsegmente aller Interviews nun den neu gebildeten Subcodes zugeordnet. Sofern dabei Zusammenhänge zwischen bestimmten Kategorien deutlich werden konnten, wurden neue übergeordnete Kategorien gebildet. Auch im Rahmen dieses interpretativen Verfahrens wurden induktive wie deduktive Verfahren angewendet; d.h., dass die Subkategorien und Dimensionen sowohl auf begrifflichen Explikationen des theoretisch vorinformierten Forschenden beruhen als auch direkt aus dem Datenmaterial heraus entwickelt wurden (vgl. dazu auch Sachweh 2009) – obgleich erwähnt sei, dass sich die interpretativen Verfahren aufgrund von Ausdrucksschwierigkeiten und sprachlicher Mängel als bisweilen schwierig darstellten. Die Frage nach der Validität aber stellte sich derweil erst gar nicht. Denn wie bereits an anderer Stelle erwähnt, sind die im Rahmen des diskursiven Interviews geäußerten Derivationen als kommunizierte Deutungsangebote per definitionem valide (vgl. Ullrich 1999).

Durch eine vergleichende und die einzelnen Kategorien sukzessive verdichtende Analyse wurden schließlich unterschiedliche empirisch gewonnene und abgesicherte soziale Deutungsmuster samt Deutungsmusterdimensionen

---

[71] Der gesamte Prozess der Konstruktion von Kategorien und Subkategorien, diente „einer guten Beschreibung von Heterogenität und Varianz im Datenmaterial" (Kelle/Kluge 2010: 73f.).

rekonstruiert (vgl. Sachweh 2009). Im Ergebnis lässt sich ein Raum problembezogener-handlungsrelevanter sozialer Deutungsmuster abbilden und beschreiben – womit dem wesentlich auf die Formebene des sozialen Wissens beschränkten Erkenntnisinteresses entsprochen werden kann.

Ergänzend zu den (kritischen) Anmerkungen im Rahmen der Begründungen des hier zugrunde gelegten Untersuchungssamples lässt sich sagen, dass der Fokus des Erkenntnisinteresses auf die Formebene des sozialen Wissens mit Einschränkungen einhergeht. Insofern also die Befragten lediglich als Informanten/-innen über sozial verfügbare Wissensbestände von Interesse sind, können hier folglich auch so gut wie keine Aussagen über die einzelnen Individuen getroffen werden. Sowohl sozialstrukturelle Gegebenheiten als auch die konkreten gesellschaftlichen Positionen, sozialen Erfahrungen und sozialen Kontakte der Befragten wurden weder erhoben noch analytisch berücksichtigt. Gleiches gilt für konkretere Selbstbeschreibungen, Identitätskonzepte und Lebensentwürfe sowie politische Überzeugungen und Kompetenzen. Daher bleibt auch eine sinnverstehende Rekonstruktion und Interpretation der Motive und Gründe individuell adaptierter sozialer Deutungsmuster sowie überhaupt ein Zugang zur Verbindung zwischen Wissen und Sozialstruktur zumindest weithin versperrt.[72] Zudem sei auch hier noch einmal betont, dass aus den empirischen Befunden keine repräsentativen Aussagen abgeleitet werden können.

So besehen erscheint ein ergänzender Forschungsbedarf angezeigt. So wäre z.B. empirisch zu überprüfen, ob die rekonstruierten sozialen Deutungsmuster auch von (nicht-muslimischen) Jugendlichen in anderen Regionen Deutschlands im problembezogenen Sprechen über den Nahostkonflikt tatsächlich reproduziert werden oder auch auf Zustimmung oder Ablehnung stoßen.

---

[72] Zweifellos sind solche Kenntnisse gerade auch für eine politische Bildung von Relevanz. Wie mehrfach betont, wird im Rahmen dieser Arbeit jedoch unter Lebenswelt- und Adressatenorientierung in erster Linie der Anspruch gefasst, wonach die politische Bildung konzeptionell immer auch von gängigen bzw. typischen Wissensbeständen und Sinngehalten unter Jugendlichen wertschätzend auszugehen hat. Und ebendiesem Anspruch kann vermittels der Analyse und Beschreibung eines Raumes typisches situativ handlungsrelevanter sozialer Sinngehalte durchaus Rechnung getragen werden.

4.1.6 Der Nahostkonflikt im Forschungszeitraum: Anmerkungen in Eckpunkten

Es sollte deutlich geworden sein, dass der Nahostkonflikt als ein seit Jahrzehnten existierender und bis in die Gegenwart hinein ungelöster politischer Konflikt gelten kann, der immer wieder durch Phasen gewalttätiger oder gar kriegerischer Auseinandersetzungen sowie durch Phasen relativer Entspannung geprägt wurde und wird. Mithin sollte deutlich geworden sein, dass die Wahrnehmungen und Deutungen des Konflikts sowie die Positionierungen zum Konflikt durch grundsätzliche bzw. konfliktunabhängig existierende historische Konstellationen und soziale Erfahrungen, identitäre und emotionale Befindlichkeiten sowie politische und moralische Überzeugungen mitgeprägt werden.

Gleichzeitig aber ist der Problemdiskurs und dessen Intensitätsgrad immer auch von konkreten Ereignissen im Konflikt selbst geprägt. So kommt es z.B. vor allem dann zu besonders emotionalen und hitzig geführten Debatten und Aktionen (z.B. Demonstrationen), wenn sich der Konflikt in einer Phase gewalttätiger Eskalation befindet. So besehen ist die Frage nach dem Untersuchungszeitraum von Bedeutung.

Im Rahmen der hier vorliegenden Untersuchung wurden alle 27 Interviews in Phasen geführt, die eher durch relative Entspannung denn durch gewalttätige Eskalationen geprägt waren – schließlich richtete sich das Erkenntnisinteresse im Rahmen dieser Arbeit auf jene Deutungskonzepte, die eher von grundsätzlicher Relevanz sind und die als solche zumindest nicht allzu stark von einem ganz unmittelbar wirkmächtigen Ereignis und dessen Rezeptionen überprägt oder beeinflusst sind. Konkret wurden 20 Interviews zwischen Ende August und Ende Oktober 2013 geführt. Weitere 7 Interviews wurden im Zeitraum zwischen März und April 2015 geführt.

Im Folgenden seien die zentralen Ereignisse in Eckpunkten skizziert, die für eine Einordnung des Untersuchungszeitraumes von Bedeutung sind und/oder auf die sich in den Interviews einige Befragte direkt bezogen haben.

Die jüngsten kriegerischen Auseinandersetzungen im Nahostkonflikt wurden vor allem zwischen den israelischen Streitkräften und radikalen Gruppierungen im Gaza-Streifen – insbesondere der Hamas – geführt. Nach einem verstärkten Raketenbeschuss auf die südlichen Teile Israels, kam es im Dezember 2008 und Januar 2009 zu einer Militäroperation Israels, in deren

Verlauf viele Palästinenser/-innen ihr Leben verloren. In vielen Teilen der Welt kam es währenddessen zu Demonstrationen, die sich vor allem gegen die israelische Militäroffensive richteten. Auch in mehreren Städten Deutschlands wurde gegen die Militäroffensive demonstriert, wobei es mitunter auch zu antisemitischen Vorfällen kam.[73]

Ende Mai 2010 versuchten mehrere Schiffe von der Türkei aus (über Zypern) den Gaza-Streifen über den Seeweg zu erreichen. Organisiert wurde diese so genannte Gaza-Flottille durch das Free Gaza Movement – einem internationalen Zusammenschluss propalästinensischer Gruppierungen – und der türkisch-islamistischen IHH (Stiftung für Menschenrechte, Freiheiten und Humanitäre Hilfe).[74] Erklärtes Ziel dieser Aktion war das Durchbrechen der israelischen Blockade des Gaza-Streifens, die Lieferung von Hilfsgütern sowie eine öffentlichkeitswirksame Provokation Israels.[75] Am 30.05. starteten die Schiffe. Einen Tag später enterten israelische Soldaten/-innen die Schiffe. Es kam zu bewaffneten Auseinandersetzungen. Das israelische Militär erschoss im Zuge dessen insgesamt neun Menschen.[76] Dieser Vorfall belastete die türkisch-israelischen Beziehungen und wurde in Deutschland gerade auch unter Jugendlichen mit türkischem Familienhintergrund viel diskutiert.

Im November 2012 kam es zu einer weiteren militärischen Operation Israels im Gazastreifen, die am 21.11. nach Vermittlung Ägyptens beendet wurde. Ende des gleichen Monats stimmte die Mehrheit der UN-Generalversammlung für eine Anerkennung Palästinas als Beobachterstaat in Organen der Vereinten Nationen – wobei sich Deutschland und 40 weitere Staaten enthielten, während Israel, die USA sowie weitere sieben Staaten dagegen stimmten (vgl. Böhme /Sterzing 2014).

Im Juli 2014 startete die israelische Regierung die Operation Protective Edge, womit der seit November 2012 geltende Waffenstillstand beendet wurde.

---

[73] Vgl. etwa: www.spiegel.de/politik/ausland/gaza-krieg-hunderttausende-demonstrieren-gegen-israelische-offensive-a-600427.html; www.spiegel.de/politik/deutschland/proteste-zehntausende-demonstrieren-gegen-krieg-in-gaza-a-601873.html.
[74] Vgl. etwa: www.telegraph.co.uk/news/worldnews/middleeast/israel/7790919/Gaza-flotilla-the-Free-Gaza-Movement-and-the-IHH.html.
[75] Vgl. etwa: www.welt.de/politik/ausland/article7812162/Solidaritaetsflotte-als-Provokation-gegen-Israel.html.
[76] Vgl. etwa: www.faz.net/aktuell/politik/ausland/israel-empoerung-ueber-militaeraktion-vor-gaza-1982060.html.

Hintergrund war die mutmaßlich von Hamas-Aktivisten/-innen in der West Bank begangene Entführung von drei israelischen Jugendlichen (die später ermordet aufgefunden wurden) sowie abermals ein verstärkter Raketenbeschuss aus dem Gaza-Streifen. Israel ging es um die Zerstörung von Infrastrukturen, die durch die im Gaza-Streifen regierende Hamas sowohl zu militärischen als mitunter auch zu zivilen Zwecken genutzt wurden (z.B. Tunnelanlagen). Zwischen 2100 und 2300 Palästinenser/-innen (Anzahl der Zivilisten/-innen umstritten) und über 73 Israelis (darunter sieben Zivilisten/-innen) wurden getötet. Auch im Zuge dieses Krieges kam es (unter anderem) in Deutschland zu zahlreichen Demonstrationen gegen die israelische Militäroffensive, die vor allem von Personen mit arabischem und türkischem Migrationshintergrund getragen wurden. Und abermals kam es mitunter zu antisemitischen Vorfällen.[77]

Insbesondere für den deutschen Nahostdiskurs war zudem das am 04.04.2012 in der Süddeutschen Zeitung veröffentliche Gedicht „Was gesagt werden muss" von Günter Grass von Bedeutung. Das lyrische Ich bezeichnet Israel dort als Atommacht, die „den ohnehin brüchigen Weltfrieden" gefährde, da sie sich ein „Recht auf den Erstschlag" gegen den Iran vorbehalte bzw. plane und damit das „iranische Volk auslöschen könnte". Grass, der hier mit dem lyrischen Ich des Gedichts gleichgesetzt werden dürfte, befürchtete, dass Deutschland durch die Lieferung weiterer Atom-U-Boote zu einem „Zulieferer eines Verbrechens" werden könnte. Mithin suggerierte er ein Tabu, Israel zu kritisieren; das Schweigen über die Bedrohung durch Israel bezeichnet er als „belastende Lüge und Zwang, der Strafe in Aussicht stellt" – und zwar in Form des „Verdikt ‚Antisemitismus'".[78] Zustimmung erhielt Grass vor allem von pro-palästinensischen Gruppen und Teilen der Friedensbewegung, aber auch aus dem Iran.[79] Verteidigt wurde Grass auch

---

[77] Vgl. etwa: www.spiegel.de/politik/deutschland/gaza-krieg-israel-hass-und-antisemitismus-auf-demos-in-deutschland-a-982351.html; www.tagesspiegel.de/berlin/palaestinenser-demo-in-berlin-der-gaza-konflikt-ist-ganz-nah/10223188.html; www.zeit.de/politik/deutschland/2014-07/nahost-demonstrationen-antisemitismus; www.spiegel.de/politik/deutschland/zentralrat-der-juden-kritisiert-judenhass-bei-palaestina-demos-a-982165.html.
[78] Vgl.: www.sueddeutsche.de/kultur/gedicht-zum-konflikt-zwischen-israel-und-iran-was-gesagt-werden -muss-1.1325809.
[79] Vgl. etwa: www.stern.de/politik/deutschland/debatte-um-israel-gedicht-grass-erntet-lob-vom-iran-und-der-friedensbewegung-3063238.html; www.kurier.at/politik/nazi-beifall-fuer-guenter-grass/773.512.

von Jakob Augstein, der sich seinerseits im Rahmen verschiedener Kolumnen zu Israel sehr kritisch ins Verhältnis setzte.[80] In der deutschen Politik und den deutschen Massenmedien wurde Grass' Position indes mehrheitlich kritisiert. Grass selbst wies den Vorwurf des Antisemitismus zurück, gestand aber falsche Formulierungen ein.

Abschließend seien mithin drei islamistische Anschläge in Europa erwähnt, die nicht nur Auswirkungen auf (mitunter problematische) Diskussionen um Islam und Muslime/-innen in Europa hatten, sondern auch als zum Nahostkonflikt in Beziehung stehend interpretiert werden müssen. So kam es im März 2012 zu einer Anschlagsserie in Frankreich; genauer in Toulouse und Montauban. Zum Ziel dieser Angriffe wurde auch eine jüdische Schule. Der Attentäter Mohamed Merah erschoss vier Personen und gab später an, die Palästinenser/-innen rächen zu wollen.[81] Im Mai 2014 wurde das Jüdische Museum im belgischen Brüssel Ziel des französischen Attentäters Mehdi Nemmouche. Und im Januar 2015 kam es zu Anschlägen auf die Redaktion der Satirezeitschrift „Charlie Hebdo" sowie auf einen jüdischen Supermarkt in Paris.[82]

4.2 Soziale Deutungsmuster und Deutungsdimensionen

Nachfolgend wird von einem sozialen Deutungsmuster gesprochen, wenn sich im Rahmen einer vergleichenden Kontrastierung problembezogener Stellungnahmen und Begründungen mehrfach vorliegende und inhaltlich weithin konsistente Muster analysieren ließen. Diese Muster sind indes lediglich *weithin konsistent*, da sich in sozialen Deutungsmustern unterschiedliche Wissenselemente kombinieren und sammeln können. Und so konstituieren sich die nachfolgenden sozialen Deutungsmuster zumeist aus

---

[80] Unter anderem das Simon Wiesenthal Center (SWC) warf Augstein in diesem Zusammenhang Antisemitismus vor (vgl. www.wiesenthal.com/atf/cf/%7B54d385e6-f1b9-4e9f-8e94-890c3e6dd277%7D/TT_2012.PDF.).
[81] Vgl.: www.sueddeutsche.de/politik/mutmasslicher-attentaeter-von-toulouse-staatsfeind-selbsternannter-raecher-1.1314374.
[82] Die Täter/-innen hatten Verbindungen zu Al-Qaida im Jemen. Insbesondere diese Anschläge führten zu weltweiter Bestürzung und Solidaritätsbekundungen – auch in islamisch geprägten Staaten und unter islamischen Verbänden in Europa.

mehreren Deutungsmusterdimensionen, die jeweils für sich benommen von mindestens einem Drittel der Befragten[83] reproduziert wurden und somit auch als ein Deutungsmuster zweiter Ordnung verstanden werden können.

In der Beschreibung der sozialen Deutungsmuster und Deutungsmusterdimensionen werden zentrale analytische Aspekte mitthematisiert. Im Fokus aber steht ein authentischer Zugang zu der Erscheinungsform des sozial geteilten Wissens selbst; weshalb einigen jeweils exemplarischen und/oder aussagekräftigen Derivationen ein besonderer Raum gegeben. Währenddessen wird konsequent der Konjunktiv verwendet werden – Zitationen ausgenommen.

Im Sinne der Anonymisierung des Datenmaterials wurden Pseudonyme in Form von Kürzeln zugewiesen, die im Rahmen der Quellenverweise und Zitationen durchgängig verwendet werden. Dabei steht „T" für *türkischer Familienhintergrund*, „P" für *palästinensischer Familienhintergrund*, „M" für *männlich* und „W" für *weiblich*. Innerhalb der vier Vergleichsgruppen wurden die Interviews durchnummeriert.

Zur besseren Lesbarkeit wurden längere Zitate mitunter editiert. In Fußnoten werden konkretisierende und/oder ergänzende Informationen zur Verfügung gestellt – etwa über jene Deutungen, die aufgrund geringer Fallhäufigkeiten nicht im Rang eines sozialen Deutungsmusters stehen, aber z.B. insofern relevant sind, als sie den Deutungsmustern kontrovers gegenüberstehen.

Die Häufigkeitsverteilungen der relevanten Deutungsmusterdimensionen eines jeden sozialen Deutungsmusters werden vermittels Grafiken zugänglich gemacht. In diesen ist die jeweilige Gesamthäufigkeit in einem Kreisdiagramm graphisch abgebildet und aus Gründen der Anschaulichkeit in eine Prozentzahl übersetzt. Da der empirischen Untersuchung auch die Fragestellung zugrunde gelegt wurde, ob es bestimmte Deutungsmuster gibt, die ausschließlich von Befragten mit türkischem oder palästinensischem Familienhintergrund oder ausschließlich von männlichen oder weiblichen

---

[83] Dabei handelt es sich um eine arbeitsbegriffliche Festlegung, die in der Deutungsmusterforschung in dieser Form keine Entsprechung findet. In Arbeiten, die sich ebenfalls auf die Forschungsmethodik des diskursiven Interviews nach Ullrich beziehen, wird nicht genauer konkretisiert, ab welcher relativen Fallhäufigkeit von einem Deutungsmuster gesprochen werden kann. So spricht etwa Patrick Sachweh von sozialen Deutungsmustern als „von mehreren Individuen geteilte Interpretationsmuster" (Sachweh 2009, 87). Und Ullrich selbst spricht von sozialen Deutungsmustern als Ausdruck „mehrfach" vorzufindender Begründungen und Situationsdefinitionen (vgl. Ullrich 1999a, 23).

Befragten reproduziert werden, werden in Balkendiagrammen auch die Häufigkeitsverteilungen hinsichtlich der vier Vergleichsgruppen abgebildet. Es sei jedoch einschränkend erwähnt, dass sich die statistische Aussagekraft all dessen in Grenzen hält. Und so dienen die graphisch abgebildeten Häufigkeitsverteilungen lediglich eines leicht zugänglichen Einblicks zur Frage, in welchem (relativen) Maße die jeweils angesprochenen Deutungsmuster bzw. Deutungsmusterdimensionen reproduziert werden. Pro Interview wurde derweil nur jeweils eine kommunizierte Adaption des betreffenden Deutungsmusters bzw. der betreffenden Deutungsmusterdimension berücksichtigt. Denn Mehrfachnennungen im Rahmen eines Interviews würden die Darstellung der Fallhäufigkeiten verzerren. Zudem sei auch an dieser Stelle noch einmal angemerkt, dass die Grundlage all dessen nur bedingt vergleichbare Interviewsituationen und Interviewverläufe darstellen. Und so wurden einige Aspekte, Begriffe oder Kategorien, die in den rekonstruierten Deutungsmustern auftauchen können, in manchen Interviews verhandelt oder gar spontan eingeführt und in anderen nicht.

4.2.1 Verantwortliche und mächtige politische Eliten vs. unschuldige und machtlose Völker[84]

> „Es ist ja (...) das palästinensische Volk, das israelische Volk, das darunter leidet. Nicht die, die dann in den Führungsmächten stehen oder irgendwie dann halt darüber entscheiden, mit einem Ja oder Nein darüber entscheiden, wie viele Menschenleben geopfert werden sozusagen." (TM8)

Der Nahostkonflikt wird von den befragten Jugendlichen und jungen Erwachsenen als ein auf die Menschen in der Region sich in gewalttätiger Form unmittelbar auswirkender Konflikt gedeutet. Allein in den ersten freien

---

[84] Aus stilistischen Gründen wird in den nachfolgenden *Überschriften* auf die im Rahmen dieser Arbeit sonst durchgängig verwendete Genderschreibeweise verzichtet. Die weibliche Form ist stets mitzudenken.

Erzählungen und Assoziationen zum Nahostkonflikt sprechen 24 der 27 Befragten über Krieg und menschliches Leid. So sagt z.B. ein Jugendlicher:

„Also, was (...) mir dabei in den Kopf kommt, ist eigentlich hauptsächlich ein sinnloser, lang hingezogener Krieg, der jetzt lang genug gedauert hat. Viele Morde auf beiden Seiten. Und Tote. Es ist grausam (...)." (PM4)

In Bezug nun auf die daraus resultierende Frage nach Schuld und Verantwortung wird zwischen *politischen Eliten* und *Volk* dichotom unterschieden. Die politischen Eliten werden derweil als mit Macht ausgestattete politisch Handelnde konstruiert, die aufgrund der ihnen gleichsam zugewiesenen Konfliktorientierung und Kompromisslosigkeit als Schuldige und Verantwortliche für den gleichsam als ungelöst wahrgenommenen Konflikt markiert und gedeutet werden. Demgegenüber wird das Volk auf beiden Seiten in der Figur der unschuldigen sowie mithin verständigungs- und friedensorientierten Betroffenen (von Politik) konstruiert. In diesem Sinne sagt z.B. eine Jugendliche: „[D]as Volk würde sich, glaube ich, noch vertragen und verstehen, aber die Regierung oder die da oben sitzen, die provozieren das Ganze" (TW1). Und so wird der Konflikt denn auch als einer zwischen „den Mächten (...) in der Politik" (PW2) bezeichnet. Die politischen Eliten auf beiden Seiten würden „alles für sich beanspruchen" (TM7) bzw. „die gesamte Macht haben" (PW2) und seien dementsprechend weder an Kompromissen noch an Frieden wirklich interessiert. So sagt etwa ein Jugendlicher:

„Ich glaube die Leute in den Machtpositionen, die würden da nicht so lange bleiben, wenn es Frieden gäbe, weil sie halt teilweise eher (...) gute Führungspersonen für Kriege, also eher für (...) Krisenzeiten sind. (...) Also sowohl auf israelischer als auch auf palästinensischer Seite." (PM5)

Und da im Rahmen des vorliegenden Deutungsmusters sowohl die israelischen als auch die palästinensischen politischen Eliten angesprochen sind, ist auch von einem beidseitigen Konflikt bzw. von beidseitiger Schuld die Rede. Prägend scheint mithin ein Zugang zum Politischen zu sein, wonach Politik im Allgemeinen sowie politisches Handeln und politische Verantwortlichkeit im Besonderen als alleinige Angelegenheit (mächtiger) politischer Eliten gedeutet wird, denen die Nicht-Eliten (bzw. die Bürger/-innen weithin machtlos ausgeliefert seien. So meint etwa ein Jugendlicher: „[D]ie Regierung, (...) also die haben zu viel Macht und du als Bürger kannst ja nichts machen"

(TM6).⁸⁵ Und eine weitere Jugendliche problematisiert, dass „irgendwelche Oberhäupter denken (…) über alles zu bestimmen [zu] können" (PW3) und die Bevölkerung dem ausgeliefert sei. Mithin wird den politischen Eliten ein Einfluss auf öffentliche Diskurse zugewiesen. Und dieser hätte problematische Konsequenzen. Denn er würde dazu führen, dass die im Grunde kompromissorientierten Menschen auf beiden Seiten – also jene „Leute, die nicht in Machtpositionen sind" (PM5) – schließlich auch kompromisslose, unversöhnliche und feindselige Positionen und Haltungen übernehmen würden (TM9). Nicht zuletzt damit ist eine sehr kritische Wahrnehmung politischer Eliten angedeutet, die mit noch expliziteren Negativbewertungen einhergeht. So ist z.B. von „Dickköpfigkeit" (TW5) oder auch von „idiotischen Präsidenten" (PW3) die Rede. Oder aber es wird betont, dass es im Sinne von Frieden und zum Wohle der Menschen „anständiger Präsidenten" (TM6) bedürfe.

Hintergrund der Kritik an israelischen wie palästinensischen politischen Eliten ist im Wesentlichen die Wahrnehmung und Deutung, wonach diese für einen gewaltsamen und ungelösten, aber lösungsbedürftigen Konflikt verantwortlich seien. Über alle Vergleichsgruppen hinweg wird diese das hier vorliegende soziale Deutungsmuster prägende Deutungsmusterdimension von insgesamt 18 Befragten *(≈67%)* reproduziert (vgl. Abb. 1). Dabei offenbart sich zugleich auch eine grundsätzliche Negativhaltung gegenüber politischen Eliten bzw. Akteuren/-innen in der Politik. Deutlich wird dies z.B. an der Ausführung eines Jugendlichen, der in Bezug auf die politischen Eliten im Konflikt ebenfalls den Vorwurf der Dickköpfigkeit erhebt und diese zugleich als grundsätzliche Charaktereigenschaft derjenigen markiert, die in die Politik gehen. So sagt er in Bezug auf die Frage, worin das zentrale Problem im Nahostkonflikt bestehe:

„Beide Seiten sind ziemlich stur. Dickköpfige Leute. Einerseits kann ich verstehen, dass sie so stur und dickköpfig sind, sonst würde man ja nicht in die Politik gehen, wenn man nicht so wär." (TM7)

---

⁸⁵ Die zitierte Aussage kann als eine verallgemeinerbar gültige verstanden und interpretiert werden. Allerdings äußert der Jugendliche diese im Kontext seiner Kritik an Aktionen der israelischen Regierung, denen die Palästinenser/-innen handlungsunfähig gegenüberstehen würden. Insofern ist es auch möglich, dass der Begriff „Bürger" hier als ein Synonym für die Palästinenser/-innen benutzt wurde.

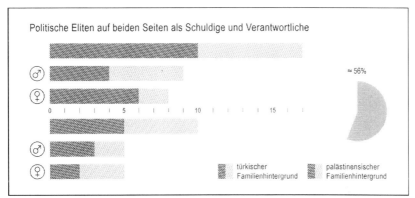

Abb. 1: Häufigkeitsverteilung der Deutungsmusterdimension „Politische Eliten auf beiden Seiten als Schuldige und Verantwortliche"

Die in Referenz auf das Untersuchungssample durchaus naheliegende Frage, ob die negativen Wahrnehmungen politischer Eliten auch in (gegenstandbezogen-unabhängigen) Erfahrungen und Perspektiven von Minderheiten gründen, kann hier nicht beantwortet werden. Es kann aber zumindest angenommen werden, dass auch dies eine Rolle spielt. Denn die Befragten verstehen sich als Teil eines wie auch immer im Einzelnen individuell definierten muslimischen Kollektivs, das sie mehrheitlich als diskriminiert und stigmatisiert wahrnehmen – wobei insbesondere auf Eliten in Politik und Medien verwiesen wird.

Was sich hingegen aussagen lässt, ist, dass das israelische *und* palästinensische „Volk" als unschuldige Betroffene von Politik im Allgemeinen bzw. als im wahrsten Sinne des Wortes Leidtragende eines von politischen Eliten verantworteten Konflikts im Besonderen gedeutet und markiert wird. So heißt es z.B., dass beide Völker „viel, viel leiden" (PM5) müssten und das, „obwohl die (…) nichts damit zu tun haben möchten" (TM3). Derweil wird häufig auf Frauen sowie vor allem auf Kinder als Betroffene und Opfer des Konflikts auf beiden Seiten verwiesen. Sie erscheinen als paradigmatische Verkörperungen unschuldiger und wehrloser Opfer.

Diese zweite Deutungsmusterdimension des hier vorliegenden sozialen Deutungsmusters, wird von insgesamt 16 Befragten *(≈59%)* – abermals über alle Vergleichsgruppen hinweg – reproduziert (vgl. Abb. 2).

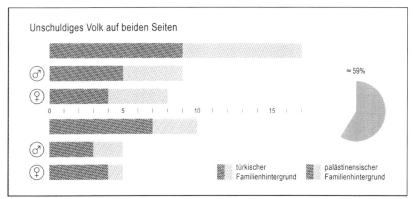

Abb. 2: Häufigkeitsverteilung der Deutungsmusterdimension „Unschuldiges Volk auf beiden Seiten"

4.2.2 Verantwortliche und überlegene israelische politische Elite vs. unschuldige sowie macht- und rechtlose Palästinenser

> *„Das sieht ja jeder, dass die Palästinenser echt weniger Macht haben." (TW1)*

Ein weiteres soziales Deutungsmuster bezieht sich ebenfalls auf Fragen nach Schuld und Unschuld sowie Täter und Opfer. Während die zentrale Kernsemantik der Dichotomie politische Elite vs. Volk erhalten bleibt, verändern sich indes die Bezugspunkte. So wird die Dichotomie nunmehr entlang der Kategorien israelische politische Elite vs. Palästinenser/-innen konstruiert. Derweil wird die israelische politische Elite als im Machtverhältnis des Konflikts weithin überlegen und zugleich als für den Konflikt und das Leid Unschuldiger verantwortlich gedeutet. Demgegenüber erscheinen die Palästinenser/-innen in der Figur der unschuldigen sowie weithin machtlosen und überdies verarmten und entrechteten Betroffenen des Konflikts.

Ein beispielhafter Ausdruck der ersten Deutungsmusterdimension ist die Markierung Israels bzw. der israelischen politischen Elite als „Hauptschuldiger" (TM7) im Konflikt. Insgesamt 18 Befragte *(≈67%)*, darunter alle männlichen Befragten mit palästinensischem Familienhintergrund, reproduzieren eine solche Deutungsperspektive (vgl. Abb. 3). Grundsätzlich wird die israelische Politik in diesem Zusammenhang als Kompromissen unzugänglich gedeutet und somit auch für das Scheitern einer Lösung des Konflikts hauptverantwortlich gemacht.[86] Und daher ist es nun vor allem auch die israelische politische Elite, die negativ – z.B. als „Bösewicht" (TM8) – bewertet wird.

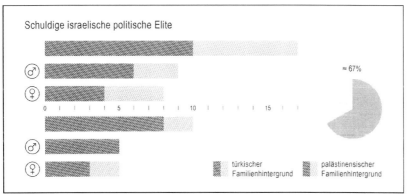

Abb. 3: *Häufigkeitsverteilung der Deutungsmusterdimension „Schuldige israelische politische Elite"*

Zugleich werden die Palästinenser/-innen von deutlich über drei Viertel der Befragten in der Figur des Opfers im Konflikt gedeutet (vgl. Abb. 4). So sagt z.B. ein Jugendlicher: „[A]ber ich hab die Wahrnehmung, dass ähm die Palästinenser eher sozusagen die Guten sind, nicht, nicht unbedingt die Guten aber das Opfer" (TM9). Und eine andere Jugendliche betont, „dass in Palästina die Bevölkerung viel mehr davon betroffen ist (…) als jetzt vielleicht eine israelische Person, die in irgendeiner Stadt einfach (…) ihr Leben lebt" (TW2). Mithin gebe es „mehr tote Palästinenser (…) als tote Israelis" (TM7).

---

[86] Vereinzelt wird demgegenüber auch ein Wille zum Frieden auf Seiten Israels betont. So sagt etwa eine Jugendliche: „Ich denke eigentlich, dass Israel hauptsächlich versucht einfach [das] Land aufrechtzuerhalten. Dieses Land, das sie sich geschaffen haben in den letzten 60, 70 Jahren. Und äh diesen Konflikt endlich loszuwerden und sich wieder mit anderen Dingen zu beschäftigen" (PM4).
Und zwei weitere Jugendliche verweisen auf israelische „Friedensbewegungen" (TM2) sowie auf Gruppierungen in Israel, „die sich mit den Palästinenser[n] (…) sogar solidarisieren" (TW2) – die als solche jedoch eher nicht als Teil der israelischen politischen Elite gedeutet werden.

Oder in den Worten einer anderen Jugendlichen noch deutlicher ausgedrückt: „Es sind halt immer palästinensische Menschen, die sterben" (TW5). Zugleich werden die Palästinenser/-innen als unschuldige und wehrlose Zivilisten/-innen gedeutet – wobei zur Verdeutlichung dessen auch auf palästinensische Kinder verwiesen wird. So kritisiert etwa eine Jugendliche, dass Israel „unschuldige Leute" angreife und erläutert, „weil es sind wie gesagt (...) diese kleinen Kinder, die dafür nichts können" (TW6).[87]

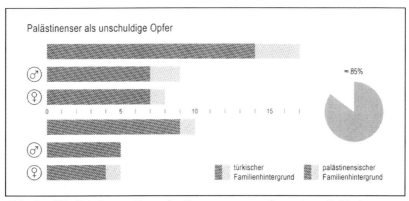

Abb. 4: Häufigkeitsverteilung der Deutungsmusterdimension „Palästinenser als unschuldige Opfer"

Zudem werden die Palästinenser/-innen durch alle Vergleichsgruppen hindurch als verarmt und durch Israel bzw. die israelische Politik weithin entrechtet gedeutet[88] – wenn auch nur von etwa der Hälfte der Befragten (vgl.

---

[87] Insgesamt kommen 16 der befragten 27 Jugendlichen in der problembezogenen Thematisierung des Nahostkonflikts auf Kinder zu sprechen. In vier Fällen dient dieser Verweis vor allem der Verdeutlichung einer menschlichen Tragödie auf beiden Seiten. In den übrigen Fällen ist vor allem von palästinensischen Kindern als Opfer des Konflikts die Rede – wobei Kinder zumeist als eine besonders markante Metapher für palästinensische Unschuld herangezogen werden.
Mitunter aber wird in diesem Zusammenhang auch auf palästinensische Kinder als Opfer mehr oder minder gezielter Gewalttaten Israels bzw. des israelischen Militärs verwiesen. In diesen Fällen stellt sich in jedem Falle die Frage, ob damit nicht bereits eine antisemitische Bebilderung reproduziert wird.
[88] Wenngleich die Befragten nicht explizit auf den Menschenrechtsbegriff zu sprechen kommen, benennen und kritisieren sie Zustände, die sich gerade auch aus Menschenrechtsperspektive problematisieren ließen. Angesprochen sind vor allem das Freiheits- und

Abb. 5). Konkret werden die Palästinenser/-innen als „nicht gerade wohlhabend" (TW1) oder als „arme Bevölkerung" (PW3) beschrieben. Ihre Lebensbedingungen seien „echt katastrophal" (TW6). Denn sie hätten „wenig Strom, (...) kein Essen, kein Trinken" (PW3). Und verantwortlich dafür sei vor allem die israelische Politik. Denn diese sei nicht nur in der Lage, die politischen und sozialen Rechte der Palästinenser/-innen einzuschränken, sondern würde dies auch tun. So meint ein Jugendlicher:

„Ich sag mal so, die Palästinenser haben jetzt nicht so ein gutes Leben, weil sie können jetzt nicht so leben wie sie wollen dort, weil sie sind ja dort wird ja am meisten kontrolliert von Israel. Ja und sie bestimmen da die Regeln und schreiben den[en] vor, was sie zu bekommen haben und was nicht" (TM3).

Überdies werden die Palästinenser/-innen als durch Israel „unterdrückt" markiert und bezeichnet (TW8: 6) – wobei sich diese Unterdrückung vor allem in Form einer Beschränkung bzw. eines Entzugs von Freiheiten und Selbstbestimmung äußere. Und deshalb seien Selbstbestimmung sowie Freiheit bzw. die Befreiung von Unterdrückung zentrale (politische) Interessen der Palästinenser/-innen. So sagt z.B. eine Jugendliche in Bezug auf die Palästinenser/-innen: „Die wollen einfach nur ihre Freiheit und so leben, wie sie wollen. Und vor allem hauptsächlich nicht unterdrückt werden" (TW1).

Selbstbestimmungsrecht sowie das Recht auf angemessenes Wohlergehen und ausreichende Nahrung.

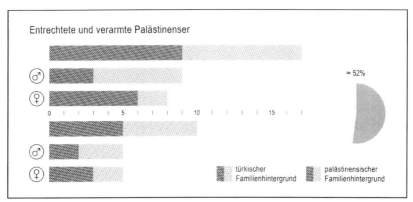

Abb. 5: Häufigkeitsverteilung der Deutungsmusterdimension „Entrechtete und verarmte Palästinenser"

Hinzu kommt eine weitere Deutungsmusterdimension, wonach die Palästinenser/-innen ihrer Entrechtung eher ohnmächtig gegenüberstehen; und zwar, weil das Verhältnis beider zueinander durch eine Machtasymmetrie geprägt sei, die eindeutig zugunsten Israels bestellt sei. So sagt z.B. eine Jugendliche:

„[S]oweit ich auch gehört habe, nimmt ja auch Israel den Palästinensern auch sehr viel Recht, etwas zu unternehmen. Und da sie auch viel, viel mehr Macht haben, in dem Moment, ja nimmt das natürlich auch das Recht von Palästina, irgendwas zu sagen." (TW4)

Mit Ausnahme einer Jugendlichen[89] deuten alle Befragten das Machtverhältnis im Konflikt als zugunsten Israels bzw. der israelischen politischen Eliten bestellt (vgl. Abb. 6).[90] So sagt z.B. ein Jugendlicher: „[I]ch meine, Israel hat ja alles in der Hand – also, also die israelische Regierung" (PM2). Und sehr bildhaft gesprochen meint ein anderer Jugendlicher: „Es ist halt (...) als

---

[89] Diese Jugendliche verweist auf eine Unterstützung der Palästinenser/-innen durch arabische Länder und kommt vor diesem Hintergrund schließlich zu dem Schluss, dass Israel „nicht so viel Macht bzw. Kraft [hat], die ähm Palästinenser da zu besiegen" (TW7).
[90] In diesem Fall ist wichtig zu betonen, dass sich die Befragten in ausnahmslos allen Interviews zum Aspekt „Machtverhältnisse" bzw. genauer: zu der Frage, ob und inwiefern die Machtverhältnisse im Konflikt ungleich verteilt sind, in Beziehung setzen sollten und auch gesetzt haben. So haben alle Befragten zu der Behauptung „Die Machtverhältnisse sind im Konflikt ungleich verteilt!" begründet Stellung genommen.

würde eine schwache, ganz schwache Fußballmannschaft gegen den Weltmeister spielen oder was weiß ich, den Champions-League-Gewinner" (TM1).

Die wahrgenommene Machtasymmetrie wird zum einen durch Verweise auf eine institutionelle Unterlegenheit der Palästinenser/-innen begründet und konkretisiert. So hätten diese „sozusagen keinen eigenen Staat" (TW1) und „auch gar nicht die Struktur, die Infrastruktur und auch die Industrie, die ein normaler Staat hat" (TM2). Ihnen fehle „eine richtige Vertretung" (TM2) im Rahmen eines funktionierenden Systems. Und da Israel all das habe, seien die Palästinenser/-innen Israel letztlich weithin machtlos ausgeliefert.

Zum anderen wird betont, dass sich die Machtasymmetrie ganz konkret in Form einer militärischen Überlegenheit Israels manifestiere. Israel sei als Akteur im Konflikt also deshalb „sehr viel mächtiger" (TM9), weil die Palästinenser/-innen im Gegensatz zu Israel „wirklich nichts zum Bekriegen" hätten (TM7) – was sodann auch den Opferstatus der Palästinenser/-innen erklären könne. Denn, so die Argumentation: „Wenn einer besser gerüstet ist und der andere schlechter und die kämpfen dann trotzdem, dann finde ich, dass der Schwächere, in diesem Fall Palästina halt, das Opfer ist" (TM5).[91]

---

[91] Zudem könne die militärische Asymmetrie erklären, warum im Konflikt mehr Palästinenser sterben würden. So führt z.B. ein Jugendlicher aus: „Israel (...) hat sehr viel Waffen. (...) Und die Palästinenser sozusagen haben nichts, die müssen einfach klarkommen mit nicht so guten Waffen. (...) [D]arum sieht man auch mehr palästinensische Bevölkerung (...) sterben als israelische." (TM5)

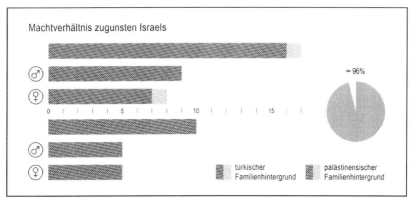

Abb. 6: Häufigkeitsverteilung der Deutungsmusterdimension „Machtverhältnis zugunsten Israels"

Im Rahmen all dessen ist indes nicht immer von israelischer Politik, sondern auch von Israel und Israelis oder (in seltenen Fällen) auch von Juden und Jüdinnen die Rede. Ob damit im Einzelfall eine in Referenz auf die Antisemitismusforschung zu problematisierende Gleichsetzung (re-)produziert wird, kann nicht ausgeschlossen werden. In der Regel aber dürfte es sich um eine im Moment des problembezogenen Sprechens nicht von allen Befragten durchgehend reflektierte sprachliche Ungenauigkeit handeln.[92] Dafür spricht jedenfalls, dass das Sprechen über den Nahostkonflikt und Israel auch zum Anlass genommen wird, um Differenzierungen zwischen der israelischen Politik, Israel/Israelis sowie Juden und Jüdinnen vorzunehmen – und zwar abermalig quer durch alle Vergleichsgruppen hindurch (vgl. Abb. 7).
In diesem Sinne betont etwa eine Jugendliche:

„Ich verbinde keinen Hass mit Israel an sich. (...) [A]lso für mich sind das im Endeffekt ganz normale Leute, die in Israel wohnen. Ähm, wie das mit der Regierung aussieht, das ist dann so eine ganz andere Sache." (TW6)

Und ein anderer Jugendlicher formuliert bildhaft:

---

[92] Wichtig ist überdies anzumerken, dass auch von Seiten des Interviewers die im Grunde unangemessen verallgemeinernden Begriffe „Israel" und „Palästinenser" benutzt wurden.

„Ich habe weder was gegen Juden, [noch] was gegen das israelische Volk. Ich meine (...) man kann nicht z.B. ein Haustier für seinen Halter (...) verantwortlich machen." (TM8)

Auch weitere Jugendliche betonen, dass man Israelis nicht pauschal als schuldig und verantwortlich betrachten könne. So gäbe es in Israel auch Menschen, die sich für Frieden und Verständigung einsetzen würden und die mit dem Krieg „nichts zu tun haben wollen" (TW8). Und so müsse man in der Betrachtung der Dinge „differenzieren" (PM5) – weshalb z.B. auch in der Thematisierung des Konflikts in der Schule „unbedingt darüber gesprochen werden [muss], dass nicht alle Israelis so denken, wie (…) die israelische Regierung handelt" (TM7).

Aus antisemitismustheoretischer Perspektive ist somit von Bedeutung, dass eine negative Haltung gegenüber der israelischen Politik nicht (zwangsläufig) mit einem israelbezogenen Antisemitismus einherzugehen scheint. Mitunter wird von den befragten Jugendlichen und jungen Erwachsenen in Kenntnis einer solchen Erscheinungsform des Antisemitismus gar antisemitismuskritisch argumentiert.[93] So problematisiert etwa ein Jugendlicher, dass eine Differenzierung zwischen der israelischen Regierung, Israelis sowie Juden und Jüdinnen nicht allen immer klar sei. So gebe es Menschen, „die das dann zu schnell verallgemeinern" (TM8) und „das sind dann halt die, die schnell Vorurteile ziehen, das sind dann halt so Menschen, die sagen: ‚Oh Israel, ich mag keine Juden, Juden sind schlecht und so'" (TM8). Und eine andere Jugendliche verweist auf (nahostkonfliktbezogene) judenfeindliche „Späße" und bezeichnet diese zugleich als störend und unfair, weil „das sind auch Menschen und (…) die meisten der Bevölkerung, die können gar nichts

---

[93] Einige Jugendliche berichten ganz explizit über eine Judenfeindschaft unter Muslimen/-innen sowie über judenfeindliche Beschimpfungen und grenzen sich zugleich davon ab – was dann auch dazu führen könne, so eine Jugendliche, dass man, sofern man für Israel Partei ergreift, nie sicher sein könne, dass einem auf der Straße nicht etwas passiert (TW8). Auch eine weitere Jugendliche verweist im Sprechen über die (wie sie selbst sagt) „Araber" und „Ausländer" darauf, dass die meisten dieser „ja so eine gewisse Abneigung gegenüber den Juden [haben]" (TW1) – und begründet dies mit einer religiösen Intoleranz unter Muslimen/-innen. Sie sagt: „Stellen Sie sich vor, da haben sie einen Muslim und einen Juden vor sich und der Jude ist zwar, der würde vielleicht den Muslimen akzeptieren, also würde es nicht unbedingt gegen Palästina zum Beispiel sein, aber der Muslim würde sagen: "Ja, nee. Ich habe nur den Islam und was anderes akzeptiere ich nicht. Und die, die das nicht haben, kommen sozusagen direkt in die Hölle." Also so denken die meisten und dadurch haben sie halt so eine gewisse Abneigung gegenüber den Juden und Jüdinnen in Israel." (TW1)

dafür" (TW1). Selbst ein Jugendlicher, der im Rahmen seiner Assoziationen mit Israel auch von „Hass" und „Wut" spricht, sagt:

„*Ich persönlich, wenn ich jetzt einen Juden auf der Straße sehen würde, würde ich den jetzt nicht angreifen oder so. Der hat ja gar nichts damit zu tun, es geht ja (...) hauptsächlich um diese oberen Leute. Präsidenten etc., Staatsführer."* (PM1)

Und eine weitere Jugendliche berichtet, dass sie einen Israeli kenne, mit dem sie gut auskomme und betont ausdrücklich, dass gegenseitige Vorurteile und Feindbilder nicht richtig sind (PW3). Denn:

„*Es ist egal, was man ist. Nur weil es jetzt diesen Krieg gibt, heißt das ja noch lange nicht, dass man sich auch woanders hassen muss."* (PW3)

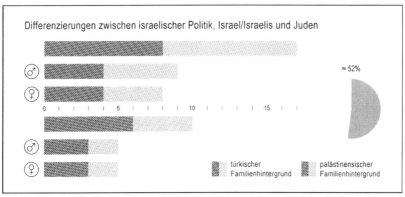

Abb. 7: Häufigkeitsverteilung der Deutungsmusterdimension „Differenzierungen zwischen israelischer Politik, Israel/Israelis und Juden"

4.2.3 Recht gegen Recht in einem Konflikt um Land

> *„Also (...) beide haben irgendwie das Recht, eigentlich dieses Land zu haben."* (PM2)

Der Nahostkonflikt wird vor allem als ein territorialer Konflikt gedeutet. Bereits in den ersten freien Erzählungen verweisen 25 Befragte *(≈93%)* auf Land bzw. Territorium als Konfliktgegenstand (vgl. Abb. 8).[94] So meint z.B. eine Jugendliche im Kontext ihrer freien Assoziationen zum Begriff Nahostkonflikt: „Wenn ich das höre, denke ich natürlich an Palästina und Israel (...), die sich nicht einigen können, welches Territorium wem gehört und sehr viele Konflikte auch dadurch gekommen sind" (TW4). Ursache und Gegenstand des Nahostkonflikts sei also ein Konflikt um Territorium bzw. „Land" (PW3). Dementsprechend werden der israelischen wie palästinensischen Seite auch territoriale Interessen zugewiesen. In Bezug auf Israel sagt z.B. eine Jugendliche: „Keine Ahnung, ich würde halt sagen, dass sie das Land besetzten oder so was, die kämpfen doch schon seit langem um das Land und um die ganzen Sachen. (...) Also ich würde sagen, dass es halt eher um das Land geht" (PW3). Und stärker auf die Palästinenser/-innen und ihre Interessen fokussiert, meint eine andere Jugendliche: „Naja, (...) dass Palästina mehr Land wollte, irgendwie mehr Raum, und Israel aber damit nicht einverstanden war" (TW5).[95]

---

[94] Gleichwohl werden von einzelnen Befragten auch weitere Konfliktgegenstände genannt. So wird mitunter von einer ökonomisch wertvollen Region gesprochen. Konkret wird z.B. auf „Bodenschätze" (TM3) und „Ölreserven" (PW3) verwiesen. Und so ginge es immer auch um „wirtschaftliche Fragen" (PW3, um „Geld" (TW1) sowie um Macht und Einfluss über Ressourcen.

[95] Eine Lösung des Konflikts hängt so besehen vor allem von Kompromissen hinsichtlich territorialer Fragen ab. Indes wird mitunter auch auf weitere Lösungshindernisse verwiesen. So wird z.B. davon ausgegangen, dass der wiederkehrend krisenhafte und gewalttätige Konflikt „schon so krass geworden" (TW8) sei, dass man an einem Frieden zweifeln müsse. Denn: „Eine Konfliktlösung ist halt sehr problematisch, wenn es davor Kriege gab" (PM2). In diesem Zusammenhang wird auch auf (konfliktbedingte) gegenseitige Feindseligkeiten verwiesen. Eine ganze Reihe von Jugendlichen und jungen Erwachsenen sprechen derweil von „Hass" (TM2) – der zugleich auch als eine Grundproblematik des Konflikts gedeutet wird. So sagt z.B. ein Befragter: „Also die Hauptproblematik würde ich da auch in diesem Hass da sehen, der jetzt so, ich sag mal, der entstanden ist in den 50 Jahren. Also fast und das ist die Hauptursache, also das ist, wo es erst mal angefangen hat mit der Staatsgründung, und dass sich eigentlich von Generation zu Generation nur noch ein Hass auf beiden Seiten entwickelt, der sehr schwer jetzt wieder rückgängig zu machen ist" (TM4). Vor diesem Hintergrund wird schließlich betont, dass sich im Sinne einer Konfliktlösung auf der

150

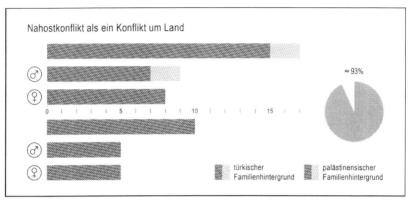

Abb. 8: Häufigkeitsverteilung der Deutungsmusterdimension „Nahostkonflikt als ein Konflikt um Land"

Kern des hier vorliegenden sozialen Deutungsmusters ist nun, dass die territorialen Interessen bzw. Ansprüche beider Seiten als legitim, rechtmäßig und/oder nachvollziehbar gedeutet werden. In diesem Zusammenhang wird betont, dass die Region sowohl von Juden und Jüdinnen als auch von Muslimen/-innen besiedelt war. So verweist etwa eine Jugendliche darauf, „dass beide Parteien ihre Argumente haben und ja durchaus beide eine Geschichte haben, die sie mit diesem Ort verbindet" (TW2). Ganz ähnlich argumentiert auch ein anderer Jugendlicher. Auch er betont, dass beide Seiten ein Recht auf Territorium in der Region hätten und begründet dies ebenfalls historisch: So ist „die Sache (…) ja, dass die Palästinenser schon seit, was weiß ich, wie viele Jahren, also schon mindestens mehr als 1000 Jahre schon dort sind, aber was man auch nicht vergessen darf, ist, dass ja ursprünglich noch – also noch vor den Römern – ja die Juden schon dort waren, die (…) sich dort angesiedelt und dort gelebt haben" (PM2).

Nicht zuletzt vor diesem Hintergrund wird sich auch für ein friedliches Mit- oder wenigstens Nebeneinander zwischen Palästinensern/-innen und Israelis

---

Ebene der Einstellungen etwas ändern müsse. So meint etwa ein Jugendlicher: „Zum einen die Einstellungen der Menschen und zum anderen auch, dass in beiden Staaten die Kinder nicht mit diesem Hass aufwachsen. Dass die Palästinenser keinen Hass auf die Israelis haben und umgekehrt. Weil ich denke, wenn diese Generation das jetzt gerade nicht schafft, dann muss es die Generation der Kinder schaffen oder auch die Generation nachher, aber das kann ja nicht immer so weitergehen. Und dass in den Köpfen einfach was verdreht, also nicht verdreht, sondern eine gewisse Toleranz geschaffen wird" (TM2).

in der Region ausgesprochen. Es wird gefordert, dass der gegenseitige Konflikt um Land beendet und die Region bzw. das Land geteilt werden müsse. Sehr deutlich kommt dies z.B. in der folgenden Ausführung einer Jugendlichen zur Sprache:

„Beide müssen in diesem Land jetzt bleiben, das kann nicht sein, dass jetzt Israel weggeht. Die bleiben dort. Und Palästina bleibt und die Palästinenser sind jetzt auch dort. Und die müssen jetzt einen Weg finden miteinander klarzukommen (...)." (PW4)

Zu erwähnen ist indes, dass das hier vorliegende soziale Deutungsmuster im problembezogenen Sprechen über den Nahostkonflikt zwar von Befragten aus allen Vergleichsgruppen reproduziert wird, doch aber zumindest vergleichsweise wenig handlungsrelevant erscheint. Und so sind es (lediglich) 10 Befragte *(≈37%)*, die in Bezug auf den als Territorialkonflikt gedeuteten und markierten israelisch-palästinensischen Konflikt, explizit oder implizit auf ein beiderseitiges Recht auf Territorium vor Ort verweisen (vgl. Abb. 9).

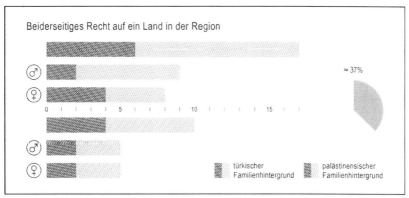

Abb. 9: Häufigkeitsverteilung der Deutungsmusterdimension „Beiderseitiges Recht auf ein Land in der Region"

4.2.4 Palästina gehört(e) den Palästinensern

> „Man kann eigentlich sich nur die Fakten angucken: Palästina war vorher, ihnen wurde das Land weggenommen." (PM3)

Im problembezogenen Sprechen über den als Territorialkonflikt gedeuteten Nahostkonflikt, wird das Land, um das es geht, von der überwiegenden Mehrheit der Befragten (≈89%), als den Palästinensern/-innen zustehend oder zugehörig gedeutet und bezeichnet (vgl. Abb. 10). Vor diesem Hintergrund werden die israelischen Gebietseroberungen, Besatzungen und Siedlungen problematisiert. So wird z.B. kritisiert, dass das „palästinensische Gebiet" bis in die Gegenwart hinein Stück für Stück immer weiter verkleinert werde (PM3).[96] Bezogen wird sich dabei vor allem auf die frühe zionistische Besiedelung der Region sowie schließlich auf die Gründung des jüdischen Staates Israel. So wird betont, dass die jüdisch-zionistischen Einwanderer/-innen in ein Land gekommen seien bzw. ein Land zur Verfügung gestellt bekommen hätten, dass den Palästinensern/-innen gehöre und das von ihnen bewohnt und somit „nicht mehr frei" (TW3) gewesen sei. Spätestens im Zuge der Staatsgründung Israels sei den Palästinensern/-innen so besehen ihr Land „weggenommen" (TM5) bzw. „geklaut" (PW5) worden. Und daraus seien schließlich Konflikte erwachsen, weil „das palästinensische Volk und die Machthaber" sich dadurch „einfach verletzt" (PM4) fühlten bzw. damit „nicht (…) einverstanden" (TM6) waren. Denn:

> „[W]er gibt schon sein Revier gerne ab? Würde ich ja auch nicht machen. Wenn mein Freund kommen würde, würde ich dem ja auch nicht mein Bett geben wollen. Würde ich ja selber drauf, drin schlafen wollen. Is ja meins." (TM1)

---

[96] Mithin wird in Bezug auf die israelische Politik von einer weithin kompromisslosen Territorialpolitik ausgegangen. So sei Israel bestrebt, „kein Land mehr an die Palästinenser wieder zurückzugeben" (TM4). Zudem wolle sich Israel immer weiter vergrößern und „erweitern" (PM3) – was auch am Ausbau der israelischen Siedlungen im Westjordanland sehen könne.

Die Palästinenser/-innen erscheinen demgemäß als Streiter/-innen für ihre „Heimat"[97] (TW2) – also für das, was ihnen „zusteht" (PM3).[98]

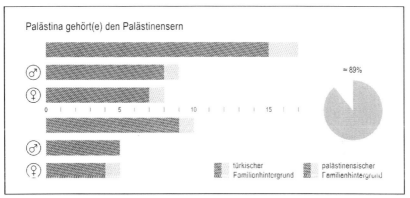

Abb. 10: Häufigkeitsverteilung der Deutungsmusterdimension „Palästina gehört(e) den Palästinensern"

Insofern die Region Palästina mal mehr mal weniger explizit als „Grund und Boden" (TM5) der Palästinenser/-innen gedeutet und damit auch die zionistische Territorialisierung in der Region problematisiert wird, stellt sich die Frage, ob damit eine Negation der Existenz(-berechtigung) des jüdischen Staates Israel einhergeht – eine Position, die in der Antisemitismusforschung als eine Erscheinungsform des Antisemitismus bestimmt wird (vgl. Heyder et al. 2005). Gegen diese Annahme spricht zunächst einmal, dass einige Befragte, durchaus im Widerspruch zum hier vorliegenden Deutungsmuster (vgl. dazu auch Kapitel 4.3.2), *beiden Seiten* ein historisch begründbares

---

[97] Der Begriff Heimat wird von insgesamt acht Jugendlichen explizit verwendet, wobei sechs der acht Jugendlichen zu jenen mit palästinensischen Migrations- bzw. Familienhintergrund zu zählen sind.
[98] Von einigen Jugendlichen wird derweil zumindest implizit davon ausgegangen, dass bereits in der Frühphase des Konflikts eine palästinensische Nation existiert habe. Dafür sprechen jedenfalls Vergleiche, die die Jugendlichen im Kontext ihrer Kritik an der wahrgenommenen Landnahme ziehen. So sagt z.B. eine Jugendliche: „Wenn irgendeiner kommen würde und sagen würde, ja wir müssen jetzt Deutschland aufteilen, dann würde ich mich auch aufregen" (TW3). Und eine weitere Jugendliche sagt: „Du kannst, ich kann ja nicht nach Deutschland kommen und sagen: So, in Neukölln wohnen überall Araber, ich will jetzt diese kleine Stadt als Libanon bezeichnen oder als Syrien oder Palästina. Kann ich ja auch nicht machen" (PW5). Es wird also angenommen, dass es im historischen Palästina eine mit Deutschland vergleichbare Staatlichkeit gegeben habe.

Recht auf Territorium in der Region zuweisen. Hinzu kommt, dass die Befragten in ihren Lösungsvorschlägen zumeist auf Aussöhnung, Verständigung und gegenseitige Toleranz sowie Kommunikation und Kompromiss setzen. Gleichwohl: Insgesamt 9 Jugendliche problematisieren die Existenz oder Existenzberechtigung Israels im historischen Palästina mehr oder minder explizit (vgl. Abb. 11). So meint eine Jugendliche, zumindest schon einmal gehört zu haben, dass die „Juden eigentlich gar nicht dahin gehören" (TW5)[99] und eine weitere Jugendliche erachtet es als konfliktentschärfend, wenn der Staat der Juden in anderen Regionen der Erde existieren würde – etwa in Deutschland oder „halt woanders, wo auch genügend Platz ist" (TW3).

Zwei Jugendliche problematisieren die Existenz Israels im historischen Palästina sehr explizit – wobei sie sich jeweils religiöser Begründungen bedienen. So verweist eine Jugendliche auf den Koran, in dem eine Befreiung Palästinas von Israel vorgesehen bzw. vorhergesagt sei. Konkret sagt sie:

„Also (...) im Koran steht, Palästina wird natürlich freikommen. Also hoffentlich, inschallah. Und ähm ich glaub daran, dass wir irgendwann wirklich Palästina zurückbekommen. Aber wie und wann das passiert, wird auch im Koran nicht beschrieben. Aber es wird gelöst." (PW5)

Und der andere Jugendliche meint, dass es keinen Frieden geben könne, „solange Israel dort existiert" (PM3). Zudem meint er, dass der Islam die Existenz Israels verbieten würde und alle Muslime/-innen, die gegen diese Existenz nicht aufbegehren würden, mit Konsequenzen zu rechnen hätten. Konkret heißt es:

„Aber (...) der Islam verbietet es, ein Land wie Israel, dass ein Land wie Israel halt überhaupt existiert. (...) Das hat was mit der Geschichte zu tun, dass die auch laut unserer, laut der islamischen Ansicht, verflucht wurden, weil sie halt ungehorsam in dem Sinne waren. Genau. Und deswegen, das hat allein schon wegen diesem Punkt, finde ich, Muslime also man sagt, dass es verboten wird und die kriegen auch eine gewisse Strafe, wenn das Land existiert. Also wenn man also man sagt, dass Gott sie fragen wird: ‚Warum habt ihr nichts dagegen getan?' Sie werden Konsequenzen davontragen." (PM3).

---

[99] Die Jugendliche drückt sich derweil sehr vorsichtig aus. Sie betont, dass sie nichts Falsches sagen möchte und spricht lediglich davon, dass sie dies von anderen gehört habe. Der Vorsichtigkeit ursächlich könnte eine Kommunikationslatenz sein oder aber eine gewisse Skepsis der Deutung selbst gegenüber.

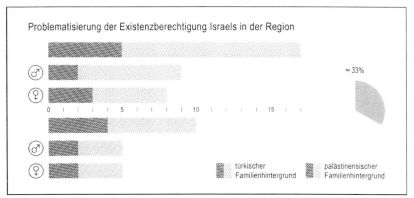

Abb. 11: Häufigkeitsverteilung der Deutungsmusterdimension „Problematisierung der Existenzberechtigung Israels in der Region"

4.2.5 Israel als Staat und Schutzraum der Juden

„*Sie brauchen ja auch ein Land.*" (TM3)

„Was mir zum Begriff Israel einfällt? Ja, das erste, was mir einfällt, ist ja Juden" (TM5). Mit diesem Zitat ist eine Wahrnehmung angedeutet, die in ihrer Kernaussage von ausnahmslos allen Jugendlichen reproduziert wird; nämlich die Wahrnehmung Israels als jüdischer Staat (vgl. Abb. 12). Konkret heißt es in diesem Zusammenhang z.B., dass Israel ein „jüdisches Land" (PM3) sei, in dem „überwiegend" (TW1) bzw. „hauptsächlich" (TM2) Juden und Jüdinnen leben würden und das von diesen regiert werde.[100] Auch derweil vergegenständlichen sich mitunter terminologische Ungenauigkeiten. So wird von und über Juden und Jüdinnen gesprochen, wenn eigentlich von Israel oder Israelis die Rede sein müsste bzw. diese auch tatsächlich gemeint sind. Als ein exemplarisches Beispiel dafür kann die folgende Ausführung eines Jugendlichen gelten:

---

[100] Ein Jugendlicher verweist mithin darauf, dass sich Israel selbst mit dem Judentum gleichsetze. Zugleich problematisiert er diese Gleichsetzung. So sagt er: „Und das find ich so ein bisschen komisch, dass die sich sozusagen damit auch legitimieren und sagen, wir sind die Juden und alle Israelis sind Juden" (TM9). Und daraus folge dann eine weltweite jüdische Solidarität mit Israel. So würden sich „Juden aus anderen Ländern (…) sich zu Israel sozusagen […] bekennen oder sich davon angezogen fühlen" (TM9).

„Ähm (...) ein Problem fällt mir noch ein. Dass die Palästinenser auch ein Land haben möchten, sie wollen ja auch ein eigenes Land haben und das akzeptieren ja auch nicht die Juden, dagegen sind sie auch." (TM3)

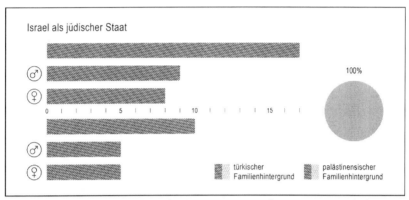

Abb. 12: Häufigkeitsverteilung der Deutungsmusterdimension „Israel als jüdischer Staat"

Die Thematisierung des Nahostkonflikts geht grundsätzlich immer auch mit einem Sprechen über Juden und Jüdinnen einher. Diese werden derweil nicht nur als Vertreter/-innen des Staates Israel oder als eine Religionsgruppe, sondern auch als eine durch den – insbesondere nationalsozialistischen – Antisemitismus betroffene Opfergruppe verhandelt.

Vor diesem Hintergrund vergegenständlicht sich im Sprechen über den Nahostkonflikt und Israel eine Deutung, wonach Juden und Jüdinnen einen eigenen Staat bräuchten und an diesem aus nachvollziehbaren Gründen festhalten würden. Illustrieren lässt sich diese Deutungsmusterdimension anhand der folgenden Ausführungen eines Befragten:

„[A]lso die Juden werden ja immer so gefoltert, sag ich mal, seit dem Mittelalter herrscht ja Antisemitismus, Judenhass. Und die wurden überall so ... diskriminiert und gehasst, auch vor ungefähr 70 Jahren oder so, also wo wir hier den Zweiten Weltkrieg hatten, da wurden sie auch mal gefoltert und mit denen wurde ja auch alles gemacht, also Menschenexperimente wurden bei den durchgeführt. Sie hatten wirklich auch keine Rechte und jetzt haben sie auch ein einziges Land und sie sind ja jetzt auch auf der Welt, wenn sie mal verbreitet sind, maximal zehn oder neun Millionen und Israel hat ja, glaube ich, eine Bevölkerungszahl von sechs Millionen und ich sag mal, sie haben jetzt auch Angst, weil sie so viel erlebt haben, dass sie jetzt ihr einziges Land

auch nicht verlieren möchten. Weil sie haben ja nur ein einziges Land, sage ich mal, (...) und sie müssen sich zusammenhalten, sonst haben sie vielleicht Angst, dass es wieder das gleiche passieren kann, wie es in der Vergangenheit passiert ist." (TM3)

Damit ist angedeutet, dass dem Staat Israel im Kontext des Antisemitismus ein Wert zugewiesen wird. Dieser Wert bestehe vor allem darin, dass Israel den Juden und Jüdinnen Schutz und Sicherheit bieten könne. Israel wird daher auch als „Zufluchtsort für die Juden" (PM3) bezeichnet. Und im Wissen um die nationalsozialistischen Verbrechen an den europäischen Juden und Jüdinnen sowie im Wissen darum, dass diesen zu dieser Zeit ein Ort fehlte, in den „sie flüchten konnten" (PW4), wird die Idee Israels als ein sicherer Zufluchtsort nachvollzogen. Schließlich hätten die Juden und Jüdinnen mit Israel nun einen Ort, an den sie gehen können, falls es „wieder (...) zu so einer Situation kommen würde" (PW4) – weshalb es diese Jugendliche auch „gar nicht so schlimm" (PW4) findet, dass den Juden und Jüdinnen in der Region Palästina eine Heimat ermöglicht wurde. Sie sagt:

„Und (...) wenn das die Lösung war, denen ein Stück Heimat auch ihnen zu ermöglichen, dann finde ich das gut. Wenn es nur das ist, was sie glücklich gemacht hatte, dann finde ich, das war ein guter Schritt eigentlich." (PW4)

Dies sieht auch eine weitere Jugendliche ganz ähnlich. So deutet auch sie vor dem Hintergrund des Antisemitismus und mit Verweis auf ein Freiheitsrecht auch für Juden und Jüdinnen Israel einen Wert zu – und weist den Israelis sogar das „größere Anrecht" (TW7) auf einen Staat zu.

Wie bereits angedeutet wird in diesem Zusammenhang auch die Verteidigung Israels als erklärlich interpretiert (PM5). So wird davon ausgegangen, dass die Angst, „wieder von den anderen Ländern (...) nicht akzeptiert [zu] werden oder hin und her getrieben [zu] werden" (TM3), ein Grund dafür sei, „warum die Israelis so massiv an der Sache bleiben" (ebd.). Das israelische Narrativ bzw. die konkrete israelische Politik beruhe so besehen immer auch auf dem Gedanken eines „Wir lassen uns nicht mehr unterdrücken!" (TM9) oder dem eines „Wir können uns wehren!" (TW1).

Die Notwendigkeit einer Schutzfunktion Israels für Juden und Jüdinnen wird aber nicht ausschließlich in den Kontext eines historischen Antisemitismus gestellt. Sie wird mitunter auch vermittels Verweise auf eine gegenwärtige

Bedrohung durch israelfeindliche arabische Nachbarstaaten zumindest implizit artikuliert. So sei das „kleine Israel" (TM1) von arabischen Ländern umgeben, in denen Judenfeindschaft und gewaltbejahender Antizionismus verbreitet seien (TW7). So verweist z.B. ein Jugendlicher darauf, dass Israel in arabischen Staaten als Feind bezeichnet werde. Er spricht sogar von einer „Mentalität des Volkes" in den arabischen Ländern, die darin bestehe, „dass jede Person, nahezu jede Person, selbst in diesen Krieg sich stürzen würde, um eben das Recht der Palästinenser wieder zu erlangen" (PM4). Und eben auch deshalb, so ein weiterer Jugendlicher, müsse Israel „ein bisschen kräftig sein" (TM3).

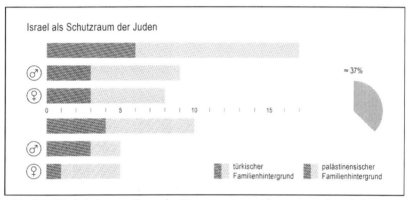

Abb. 13: Häufigkeitsverteilung der Deutungsmusterdimension „Israel als Schutzraum der Juden"

4.2.6 Israel als Verbrecherstaat

> *„Und wenn ich jetzt mit jemandem darüber rede, also aus meinem Freundeskreis, dann endet es letztendlich damit, dass wir zu der Meinung kommen, dass der Staat – also die Regierung von Israel – ziemliche Verbrecher sind." (TM7)*

Da der Nahostkonflikt gemeinhin als ein gewaltsamer und kriegerischer Konflikt gedeutet wird (vgl. Kapitel 4.2.1), ist es wenig verwunderlich, dass auch über Gewalt und menschliches Leid gesprochen wird. Die derweil kommunizierten Bilder sind mitunter sehr drastisch. So sagt etwa eine Jugendliche im Rahmen ihrer ersten Assoziationen zum Nahostkonflikt:

"Familien werden getötet, geschlachtet, was auch immer. Die liegen dann zerstückelt auf dem Boden (...). Nur dass die Bevölkerung stirbt und dass halt Kinder obdachlos werden oder Eltern verlieren." (PW3)

Nicht immer, aber doch auffallend häufig wird über Palästinenser/-innen gesprochen, wenn (Bilder von) Gräueltaten kommuniziert werden. Vor allem sie werden als Opfer von Gewalt und Grausamkeiten gedeutet und wahrgenommen. Exemplarisch dafür sei das folgende Zitat einer Jugendlichen aufgeführt:

"Also wenn ich an Palästina denke, dann sehe ich nur Krieg. Ja, dann sehe ich wirklich nur Krieg und Kinder. (...) Ähm Tränen, Trauer (...) keine glücklichen Gesichter mehr dort, ja." (PW1)

In diesem Zusammenhang vergegenständlicht sich nun ein Deutungsmuster von Israel als Verbrecherstaat. Konkret heißt es in diesem Zusammenhang, dass die israelischen politischen Eliten „ziemliche Verbrecher" (TM7) seien. Oder auch, dass sie aggressiver seien, „als man das sein sollte" (PM4). Mithin ist von „Erschießungen vieler Menschen" (TM5), von „völlig ungerechtfertigt[en]" (TM7) und hinterhältigen Bombenangriffen auf die Palästinenser/-innen (TW1) sowie von einer „Herzlosigkeit (...) gegen Wehrlose, kleine Kinder oder auch Frauen" (PM1) die Rede.

Mitunter werden sogar noch drastischere Formulierungen verwendet. So heißt es beispielsweise, dass die Palästinenser/-innen „wie Sklaven behandelt" (TM3) und „wirklich misshandelt" (PW5) würden, dass es den Israelis darum gehe, die „Palästinenser auszulöschen" (TM7), dass sich „Israel nur so austoben kann, (...) indem sie halt Menschen von der anderen Seite aus töten" (TW5), dass israelische Soldaten/-innen unschuldige Leute und Kinder terrorisieren, töten und schlachten (PM1) bzw. „einfach ohne Grund jede Sekunde die Palästinenser ‚abballern'" (PW3) oder „einfach auf die Kinder zuschlagen" (PW5) würden. Zudem wird Israel zuweilen eine rassistische

Behandlung der Palästinenser/-innen vorgeworfen (TM2).[101] Und mitunter ist gar von einer „sehr großen Apartheid" (TM2) die Rede. Zur Frage nach den Ursprüngen solcherart Vorstellungen, Wahrnehmungen und Bilder lässt sich auf einen Konsum von nahostkonfliktbezogenen Berichten und Videos aus dem Internet sowie aus türkischen und arabischen Medien verweisen. Denn knapp die Hälfte der befragten Jugendlichen berichten über diese Medienformate, in denen insbesondere das Leid unschuldiger Palästinenser/-innen gezeigt werde. So berichtet etwa eine Jugendliche in Bezug auf türkische Medien: „[A]lso da wurden vor allem die Kinder, kleineren Kinder gezeigt, wie die teils auf den Straßen leben" (TW6). Und eine andere Jugendliche berichtet über Videos aus sozialen Netzwerken: „Ja, also zum Beispiel wird dort gezeigt, wie die mit Absicht dort irgendwie Frauen verprügeln, die auf der Straße liegen (…). Und da schlägt man einfach drauf ein. Oder unschuldige Kinder werden einfach getötet (…)." (TW1).

Bezüglich all dieser kommunizierten Bilder und Vorstellungen sowie Formulierungen und Begriffe kann von einer sich vergegenständlichen Israel dämonisierenden Deutungsperspektive gesprochen werden, die in der Antisemitismusforschung als eine Erscheinungsform des Antisemitismus bestimmt wird. Dass in diesem Zusammenhang also eine antisemitismuskritische Perspektive von Nöten ist, wird insbesondere auch durch Vergleiche oder gar explizite Gleichsetzungen der israelischen Politik mit dem Nationalsozialismus offenbar. Insgesamt fünf Jugendliche äußern sich in diesem Sinne.[102] So meint z.B. eine Jugendliche, aus einer palästinensischen Wir-Perspektive heraus formuliert: „Die Juden sind jetzt in unseren Augen Hitler, die die Palästinenser umbringen. Meiner Meinung nach ist das jetzt so" (PW5). Und ein anderer Jugendlicher meint: Es „passiert jetzt genau dasselbe dort mit den Palästinensern" (PM3) wie damals „hier in Deutschland" (ebd.).

---

[101] Der Jugendliche begründet dies mit Verweis auf die Mauer und einer Trennung von Palästinensern/-innen und Israelis. Er sagt: „Naja, sehr viel direkt Rassismus, würde ich sagen, ist das, was dort passiert. Also wenn Leute, wenn da eine Mauer gebaut wird, damit die Leute da nicht rüber sollen oder einfach diese Apartheid, diese Trennung zwischen Palästinensern, ob das jetzt Muslime oder Christen sind, das ist, spielt ja keine Rolle, dass es Palästinenser sind, ist wichtig (…)" (TM2).
[102] Zu erwähnen ist, dass sich derweil mitunter auch um Differenzierungen durch gleichzeitige Verweise auf Unterschiede bemüht wird. So betont etwa eine Jugendliche im Kontext ihres Vergleichs, dass „das Ganze (…) nicht so bedacht und bearbeitet [wurde], wie Hitler das damals gemacht hat" (TW1).

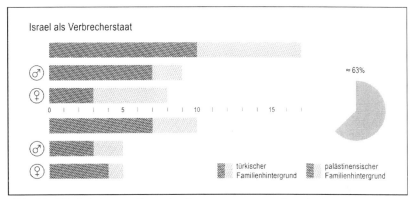

Abb. 14: Häufigkeitsverteilung des Deutungsmusters „Israel als Verbrecherstaat"

4.2.7 Palästinenser als Mitverantwortliche für Gewalt und Leid

> „Also (...) ich will nicht in Tel Aviv leben wollen (...), etwa weil ich mit dieser Angst nicht leben könnte, dass da draußen halt tatsächlich Terroristen sind, die mich bedrohen in meiner Existenz."
> (PM4)

Im problembezogenen Sprechen über den Nahostkonflikt und seine Konfliktakteure werden auch die Palästinenser/-innen als Täter/-innen gedeutet. Derweil lassen sich zwei handlungsrelevante Konstruktionen unterscheiden. Zum einen erscheinen die Palästinenser/-innen als Täter/-innen in der Figur der Unterdrückten und Verzweifelten. Ihre Gewalt wird hier dann als „Widerstand" (TM7) gedeutet; oder auch als verzweifelter Versuch, sich mit vergleichsweise wenigen und harmlosen Waffen gegen das als überlegen gedeutete israelische Militär zur Wehr zu setzen (PM1). Zum anderen erscheinen die Palästinenser/-innen in der Figur der für Aggressionen, Gewalt, Hass und Leid zu weithin gleichen Teilen Mitverantwortlichen und Mitschuldigen. Ebendiese Deutungsperspektive entspricht dem hier vorliegenden sozialen Deutungsmuster.

In diesem Sinne wird z.B. betont, dass beide Seiten „dasselbe Aggressionspotenzial" (TW2) hätten. Mithin trügen beide Seiten die Schuld und

Verantwortung für die gewalttätigen Eskalationen und Radikalisierungen im Konflikt; weshalb auch beide Seiten durch „Verluste und Schmerzen" (PW4) geprägt seien. Und so wird denn auch explizit auf eine „Schuld (...) des arabischen Volkes" (TM8) verwiesen oder aber betont, dass die Palästinenser/-innen „nicht so unschuldig sind, wie sie sich gerne mal selber darstellen" (PM4). Es gelte also immer auch zu berücksichtigen, dass „genauso viele Familien und Kinder sterben in Israel wie auch in Palästina (...) und dass nicht Israel alleine Schuld hat" (TW3).

Mithin wird in diesem Zusammenhang auf palästinensische „Terrororganisationen" (TW7) bzw. auf „extreme Gruppen" (PM5) verwiesen, die „sehr viel mit Gewalt [versuchen] durchzusetzen" (TW7). Ein Jugendlicher verweist sogar darauf, dass es diesen Organisationen und Gruppen darum gehe, die Israelis „wieder ins Meer" zu schicken (TM4). Und deshalb könne der Konflikt auch so lange nicht gelöst werden, solange „von den Palästinensern halt dieser Terror nicht aufhört" (TM7).

Zumindest ein Jugendlicher geht in diesem Zusammenhang sogar noch einen Schritt weiter. Denn er deutet die Palästinenser/-innen als Hauptverantwortliche des Konflikts. Schließlich hätten sich die Palästinenser/-innen im Gegensatz zu den Israelis von Beginn an „nicht sehr kompromissbereit gezeigt" (PM5). So hätten nur die Israelis und nicht die Palästinenser/-innen die „von der internationalen Gemeinschaft festgelegten Grenzen (...) akzeptiert" (PM5). Zugleich bezeichnet er die Palästinenser/-innen als bis in die Gegenwart hinein nur wenig lösungsorientiert. So würden sie auch in friedlichen Phasen des Konflikts „Bomben legen, in israelischen Großstädten oder so, und dann (...) geht der Konflikt halt wieder von vorne los" (PM5).[103]

---

[103] Vor diesem Hintergrund verbindet dieser Jugendliche, der selbst aus einer palästinensischstämmigen Einwandererfamilie kommt, mit den Palästinensern/-innen als Akteure im Konflikt „teilweise auch negative Gefühle" (PM5).

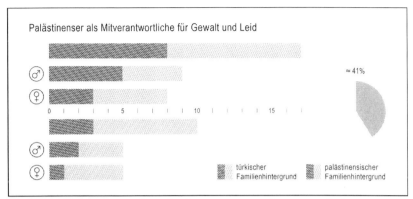

Abb. 15: Häufigkeitsverteilung der Deutungsmusterdimension „Palästinenser als Mitverantwortliche für Gewalt und Leid"

4.2.8 Der Nahostkonflikt als jüdisch-muslimischer Konflikt im Heiligen Land

> *„Es ist wirklich so, die Religionen können nicht mehr zusammen miteinander leben wegen dem Hassgefühl." (TM1)*

Der Nahostkonflikt wird auch als ein durch den Faktor Religion (mit-)geprägter Konflikt gedeutet; und zwar vor allem als ein Konflikt zwischen Juden und Jüdinnen einerseits sowie „muslimischen Gläubigen" (TM5) andererseits.

Von Relevanz ist in diesem Zusammenhang zunächst einmal die Deutung der Konfliktregion als Heiliges Land (vgl. Abb. 15). Der Faktor Religion spiele im Konflikt also vor allem deshalb „eine riesige Rolle" (PM3), weil es sich um eine für alle drei großen monolithischen Religionen „gesegnete" oder „heilige" Region handele (TM6). Und gerade auch deshalb würden sowohl Juden und Jüdinnen als auch Muslime/-innen das Land für sich beanspruchen (PM2). So sagt etwa ein Jugendlicher in Bezug auf Israel: „[V]on der israelischen Seite sieht man oft so zionistische Meinungen, (…) dass es Heiliges Land ist und dass es einfach ihnen gehören muss" (TM2).

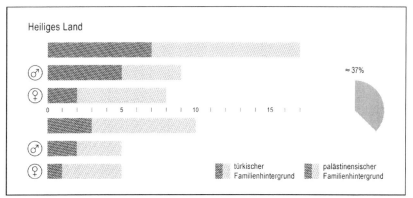

Abb. 16: Häufigkeitsverteilung der Deutungsmusterdimension „Heiliges Land"

Wenn nun mithin von einem spannungsgeladenen oder gar feindseligen und unvereinbaren Verhältnis zwischen Muslimen/-innen und Juden und Jüdinnen ausgegangen wird, dann vergegenständlicht sich auch eine Deutung des Nahostkonflikts als ein jüdisch-muslimischer Konflikt. Insgesamt 16 Befragten (≈59%) – vor allem mit türkischem Familienhintergrund – reproduzieren diese Deutungsmusterdimension (vgl. Abb. 16).

Vor diesem Hintergrund wird der Umstand, dass in Palästina „überwiegend Moslems sind und [in] Israel nicht" (TW1) als konfliktverschärfend gedeutet. Und umgekehrt könne von einer Entschärfung des Konflikts ausgegangen, wenn Israel kein jüdischer Staat wäre. Denn dann, so ein Jugendlicher, wäre es den Palästinensern/-innen „jetzt nicht so dringend wichtig, dass dieses Territorium unbedingt (…) deren Besitz bleibt, weil die halt sagen würden: Ja, es sind Araber" (PM5) – und zwar eben deshalb, weil man den Angehörigen der eigenen Religion gegenüber weitaus toleranter sei.

Damit ist angedeutet, dass von einer „riesen Spannung" (TW4) zwischen den Muslimen/-innen in Palästina und den Juden und Jüdinnen in Israel ausgegangen wird. Es ist von gegenseitiger „Abneigung" (PW1) oder gar „Hass (…) auf die andere Religion" (TM2) die Rede; weshalb der Konflikt auch als ein „Religionskonflikt" (TW6) bezeichnet wird.[104] Eine Jugendliche verweist

---

[104] Demgegenüber wenden sich zwei Jugendliche explizit gegen eine Deutung des Nahostkonflikts als einen religiösen Konflikt. So betont eine Jugendliche, dass „Religion (…) da nicht so eine große Rolle [spielt]" (PW4) und ein Jugendlicher meint, dass die Kategorien Religion oder

derweil darauf, dass im Sprechen über die Konfliktursachen und das Konfliktverhältnis auf religiöse Begrifflichkeiten zurückgegriffen werde und deutet den Konflikt damit selbst als einen religiösen Konflikt. Sie sagt:
„*Ich glaube, es geht mehr um Religion zurzeit. Weil man statt Israelis mehr die Juden benennt und statt Palästinenser mehr Moslems. Deswegen denke ich, es geht mehr halt um die Religion, dass die mehr halt beanspruchen wollen, wem was halt gehört und alles.*" (TW3)

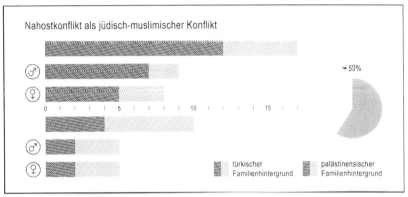

Abb. 17: *Häufigkeitsverteilung der Deutungsmusterdimension „Nahostkonflikt als jüdisch-muslimischer Konflikt"*

Auffällig ist, dass im Zusammenhang der Reproduktionen des Deutungsmusters vom Nahostkonflikt als ein jüdisch-muslimischer Konflikt auch grundsätzliche Dinge mitverhandelt werden – vor allem eine als global verbreitet gedeutete Defizitperspektive auf „den Islam" und „die Muslime/-innen". So besehen seien die Feindseligkeiten gegenüber den Palästinensern/-innen (als Muslime/-innen) ein typischer und markanter Ausdruck von Islamfeindlichkeit und gleichsam damit zu erklären.

---

auch Gläubigkeit den Konflikt nicht erklären könnten (PM4). Zudem beklagt eine weitere Jugendliche einen Missbrauch der Religion für Kriege um Land. Denn, so die Jugendliche, göttliche Prophezeiungen als Grundlage politischen Handelns seien „Unfug" (TW4).

4.2.9 (Historisch begründete) Bevorteilung Israels durch den „Westen" und die USA

> *„Jeder steht hinter Israel, weil das damals mit den Juden passiert ist."* (TW6)
>
> *„Amerika wird immer hinter Israel stehen. Und die werden die immer auf jede Art und Weise irgendwie immer beschützen."* (PM3)

Der Nahostkonflikt wird von den befragten Jugendlichen und jungen Erwachsenen als ein historisch kontextualisierter bzw. als ein mit historisch-politischen Ereignissen in Beziehung stehender lokaler Konflikt gedeutet. In diesem Zusammenhang wird vor allem dem Nationalsozialismus eine Bedeutung zugewiesen. Und diesbezüglich vergegenständlicht sich eine in allen Vergleichsgruppen präsente, wenn auch vergleichsweise eher seltener handlungsrelevant erscheinende Deutung, wonach Israel vor dem Hintergrund der nationalsozialistischen Verbrechen bevorteilt werde (vgl. Abb. 16). Kern dessen ist die Annahme, dass Juden und Jüdinnen angesichts der antisemitischen Verfolgung und Vernichtung während des Nationalsozialismus[105] nicht nur ein Land und einen Staat wollten und brauchten, sondern dass ihnen vor diesem Hintergrund auch ein Land gegeben bzw. die Gründung des Staates Israel ermöglicht wurde. So meint etwa ein Jugendlicher im Kontext der Frage nach zurückliegenden Erfahrungen und Ereignissen, die als solche den Konflikt und seine Lösung beeinflussen:

> *„Was mir einfällt (...), ist, was im Zweiten Weltkrieg passiert war mit den Juden. In Deutschland, also jetzt Hitler sozusagen, Ausrottung der Juden, dass die Juden sozusagen, also sehr viele Juden, starben, dass sie sozusagen keinen festen Wohnsitz mehr hatten (...). Und das ist ja auch eine Sache, warum die dann Israel (...) sozusagen bekommen haben. Weil die waren überall verteilt und die brauchten ja auch sozusagen ein Land, glaube ich. Und darum wurde das dann denen zugestellt (...)."* (TM5)

---

[105] Die Jugendlichen sprechen in diesem Zusammenhang unter anderem von einer für Juden und Jüdinnen „schweren Zeit" (TM1), in der „so viele (...) getötet" (PM3) und „verfolgt" (PW3) wurden.

Vor diesem Hintergrund wird die Gründung des Staates Israel z.B. auch als eine „Entschädigung" (TW7) bezeichnet. Zudem sei die historisch begründete und auf „Mitleid" (PM1) beruhende Unterstützung Israels von Dauer. Sie verschaffe Israel also bis in die Gegenwart hinein Vorteile (PW1). So sei z.b. die Überlegenheit Israels im Machtverhältnis des Konflikts ein Resultat dessen. In diesem Sinne meint etwa ein Jugendlicher im Zuge der Nachfrage, wie er es sich erkläre, dass die Israelis seiner Wahrnehmung nach mehr Macht hätten:

„Hauptsächlich mit dem Zweiten Weltkrieg, mit dem Holocaust, den Hitler geführt hat. (...) [A]lso ich denke, es war so eine Art Entschuldigung, dass die Mächte nicht vorher eingegriffen haben und es überhaupt dazu gekommen ist, dass so viele Juden getötet wurden. Und das ist halt, vielleicht auch ihr (...) Geschenk (...)." (PM3)

Die historisch begründete Bevorteilung Israels stelle zugleich auch eine Benachteiligung der Palästinenser/-innen dar, die als „ungerecht" empfunden und bezeichnet wird (PM1) – schließlich hätten die Palästinenser/-innen mit dem Nationalsozialismus „ja nichts zu tun" (TW3) gehabt.

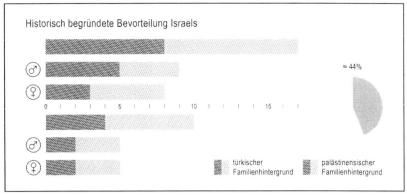

Abb. 18: Häufigkeitsverteilung der Deutungsmusterdimension „Historisch begründete Bevorteilung Israels"

Der Nahostkonflikt wird überdies als ein globalisierter bzw. überregional bedeutsamer[106] Konflikt gedeutet. So ist z.b. von einem „weltpolitischen Thema" die Rede (TW2). Und so kommen die Befragten auf eine Reihe internationaler Akteure zu sprechen; etwa auf arabische Staaten, auf die Vereinten Nationen und Russland sowie insbesondere auf als westlich markierte Großmächte.

Auch in diesem Zusammenhang wird quer durch alle Vergleichsgruppen von einer Bevorteilung Israels ausgegangen (vgl. Abb. 17). Während die Palästinenser/-innen – auch von arabischen Staaten[107] – nur „wenig Anerkennung und Unterstützung" bekämen (PW1), verfüge Israel über „die ganze Unterstützung (…) von draußen" (PM1); insbesondere durch den „Westen" bzw. „westliche Großmächte" (TW1).[108] Angesprochen ist derweil sowohl eine ideelle als auch materielle und militärische Unterstützung, von der Israel ganz konkret profitieren könne. Und dies gereiche zugleich den Palästinenser/-innen zum Nachteil, was abermalig als ungerecht problematisiert wird. So meint etwa eine Jugendliche: „Okay, Israel bekommt dies und dies und dies. Aber was, da leben doch auch Menschen, in Palästina" (TW4).

---

[106] Die Rolle und Bedeutung der internationalen Akteure wird derweil durchaus ambivalent gedeutet. So wird z.B. einerseits davon ausgegangen, dass sie den Konflikt verschärfen oder lediglich ihren eigenen (ökonomischen) Interessen folgen würden. Andererseits seien sie im Sinne der Ermöglichung einer Lösung oder Befriedung des Konflikts von Bedeutung – denn schließlich käme der internationalen Staatengemeinschaft grundsätzlich die Rolle zu, „Frieden zu stiften" (PM5).

[107] So meint etwa ein Jugendlicher in Bezug auf „die Saudis", dass diese sich „vollstopfen" und zugleich die Palästinenser/-innen „verhungern" lassen würden (TM7). Während es für einige Jugendliche unerklärlich bleibt, warum „sehr viele auch islamisch geprägte Länder (…) dort nicht eingreifen" (PM3), erklären sich dies andere Jugendliche mit der gleichsam gedeuteten Stärke und Macht Israels. So meint etwa ein Jugendlicher: „Ich weiß nicht, was mit denen abgeht, also warum kein Land denen hilft. Ich schätze mal, da sie - die anderen arabischen Staaten - wirklich langsam Angst bekommen oder schon Angst haben vor der Macht Israels" (TM7).

[108] Einige wenige Jugendliche verhandeln derweil ein Spannungsfeld zwischen Orient/Osten und Okzident/Westen. Die arabischen Staaten und „Palästina" werden in diesem Zusammenhang als islamisch und nicht-westlich markiert und gedeutet – und Israel zugleich als nicht-islamisch. Und daher meint auch ein Jugendlicher, dass der Westen gegen den Islam und somit folglich auch für Israel sei. Und ein anderer Jugendlicher spricht von Israel als einer von außen aufgebauten Bastion der Westmächte. Konkret sagt er: „[D]ie Errichtung des Staats Israel wurde verwirklicht, aber halt dass man auch eine, ich sag mal, eine Bastion dort im Nahen Osten geschafft hat, von den Westmächten halt, die nicht muslimisch ist" (TM4).

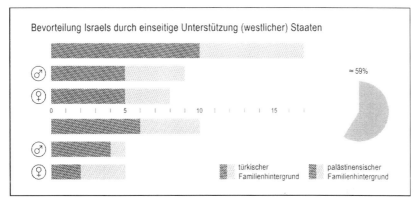

Abb. 19: Häufigkeitsverteilung der Deutungsmusterdimension „Bevorteilung Israels durch einseitige Unterstützung (westlicher) Staaten"

Als besonders bedeutend wird nun die Rolle der USA gedeutet. So kommen insgesamt 18 Befragte (≈67%) in den problembezogenen Stellungnahmen zum Nahostkonflikt auf die USA als ein Verbündeter, Unterstützer und Beschützer Israels zu sprechen (vgl. Abb. 18).[109] Konkret heißt es z.B., dass die USA „auf jeden Fall pro Israel" (PM4) seien bzw. „hinter Israel stehen"

---

[109] Die Gründe für das als eng gedeutete Beziehungsverhältnis zwischen Israel und den USA werden nicht immer näher erläutert. Wenn doch, dann wird unter anderem auf ideelle und geopolitische Interessen der USA verwiesen, in diesem Zusammenhang Israel als nichtmuslimischer Staat in einer muslimisch geprägten Region von Bedeutung für die USA sei. So gehe es den USA zum einen darum, „westliche Ideale (...) im Osten" zu verbreiten (TW2). Zum anderen diene Israel den USA als militärischer Stützpunkt, was wiederum die Einflussmöglichkeiten und Handlungsfähigkeiten in der Region erhöhen würde. Überdies thematisieren einige wenige Jugendliche auch proisraelische Gruppierungen und/oder Juden in den USA. So meint etwa eine Jugendliche, dass der Zusammenhalt zwischen Israel und den USA auch aus dem Umstand erwachse, dass „in Amerika (...) nicht gerade wenige jüdische Menschen [leben]" (TW4). Auch ein anderer Jugendlicher meint zumindest schon einmal gehört zu haben, dass in den USA „angeblich viele reiche und sehr einflussreiche Menschen (...) wohl israelische Wurzeln" (PM2) hätten.
Das Machtverhältnis zwischen Israel und den USA wird derweil – von den vergleichsweise wenigen Jugendlichen, die sich dazu äußern – ambivalent gedeutet. Während einerseits davon ausgegangen wird, dass die USA als mächtiger Akteur auch Israel beeinflussen, kontrollieren und bevormunden oder gar gegen die Palästinenser/-innen aufhetzen würde, wird andererseits davon ausgegangen, dass jüdisch-amerikanische und zugleich proisraelische Organisationen die amerikanischen Politiker/-innen beeinflussen würden. Spätestens dann, wenn – von gleichwohl nur zwei Befragten mit türkischem Familienhintergrund – zugleich postuliert wird, dass Israel die USA unter ihrer Macht habe oder dass amerikanische Präsidenten proisraelischen Organisationen beitreten müssten, ehe sie „Präsidenten" werden könnten, offenbart sich in diesem Zusammenhang auch eine antisemitische Deutungsperspektive.

würden.[110] Sie würden Israel sowohl finanziell als auch militärisch unterstützen. Und diese Unterstützung sei insofern von besonderer Relevanz, als es sich bei der USA um eine „Weltmacht" handele (TW6).[111] Denn schließlich würden sich andere Länder „fürchten", gegen Israel zu agieren (PW2). Und so versetze die US-amerikanische Unterstützung Israel in die Lage, weithin konsequenzlos das zu tun, „was es halt tut" (PM4).

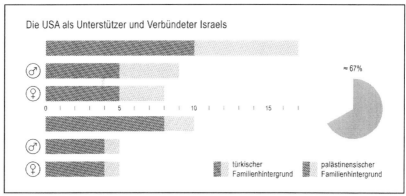

Abb. 20: Häufigkeitsverteilung der Deutungsmusterdimension „Die USA als Unterstützer und Verbündeter Israels"

4.2.10 (Historisch begründete) Bevorteilung Israels in Deutschland

> *„Deutschland fühlt sich einfach verpflichtet und fühlt sich einfach noch schuldig (...) und unterstützen sie einfach da, wo sie nur können." (TW4)*

Stellungnahmen und Begründungen zu Fragen nach der Bedeutung und Thematisierung des Nahostkonflikts in Deutschland sowie zu Fragen nach den Positionierungen gegenüber Israel und den Palästinensern/-innen in Deutschland bildeten im Rahmen der Interviews einen zweiten Schwerpunkt und wurden daher explizit evoziert.

---

[110] Einige wenige Jugendliche deuten dies anders. Zwar kommen auch sie in der Thematisierung des Nahostkonflikts auf die USA zu sprechen, deuten die USA aber als *zurückhaltend* (TM9) oder als *nicht einseitig* zugunsten Israels parteiergreifend (TW1).
[111] Insgesamt 15 Jugendliche deuten und bezeichnen die USA als politische Groß- oder Weltmacht.

In diesem Zusammenhang lässt sich zunächst einmal feststellen, dass die Befragten mehrheitlich von einer besonderen Bedeutung des Nahostkonflikts in Deutschland ausgehen.[112] In den entsprechenden Begründungen wird vor allem auf zwei Aspekte verwiesen. Zum einen käme dem Nahostkonflikt in Deutschland deshalb eine besondere Bedeutung zu, weil in Deutschland viele Menschen aus Regionen des Nahen Ostens leben und der Nahostkonflikt für diese ein wichtiges und emotional bedeutsames Thema sei.[113] So sagt z.B. eine Jugendliche:

„Ja, weil ähm es mittlerweile viele Immigranten jetzt aus anderen (...) Ländern gibt, wie zum Beispiel aus der Türkei oder (...) auch relativ viele Palästinenser, die damals hergekommen sind. (...) Deshalb würde ich schon sagen, dass es eine relativ große Bedeutung hat." (TW6)

Und ein weiterer Jugendlicher sagt im Kontext der Frage nach den Gründen für die Bedeutung des Nahostkonflikts in Deutschland unter anderem:

„[W]ahrscheinlich auch deswegen, weil in Deutschland sehr viele Ausländer leben, natürlich mit Migrationshintergrund. (...) [A]lso ich bin natürlich nicht der Einzige, den das so emotional berührt sozusagen und dass (...) dann halt eben diese Wut (...) halt auch nicht nur bei mir, sondern bei vielen Menschen ist und (...) dagegen wurde ja auch protestiert, öfters, gegen ähm diese Attacken (...). Es gab ja viele Demos auf jeden Fall." (TM8)

Im Wissen um die nationalsozialistischen Verbrechen wird dem Nahostkonflikt zum anderen auch mit Verweis auf die deutsche Geschichte eine besondere Bedeutung in Deutschland beigemessen und zugedeutet.[114] So betont etwa ein Jugendlicher: „[A]uf jeden Fall hat der Konflikt eine besondere Bedeutung halt aufgrund der Geschichte Deutschlands" (TM2). Derweil ist häufig von Schuld und Schuldgefühlen gegenüber Juden und Jüdinnen die

---

[112] In allen Interviews wurden Stellungnahmen und Begründungen zur Frage nach der Bedeutung des Nahostkonflikts direkt evoziert. Konkret wurden die Befragten gebeten, zu der Aussage, „Der Nahostkonflikt hat in Deutschland eine besondere Bedeutung!", begründet Stellung zu nehmen.

[113] Für die Bedeutung würden z.B. die zahlreichen Demonstrationen in Deutschland sprechen, die von Menschen aus Regionen des Nahen Ostens organisiert, durchführt und maßgeblich getragen würden (TW4).

[114] Mitunter wird Deutschland in diesem Kontext auch als Auslöser des Nahostkonflikts gedeutet. So spricht etwa ein Jugendlicher von Deutschland als „Knackpunkt" der Konfliktgeschichte. Er sagt: „[D]urch den Zweiten Weltkrieg, den Hitler geführt hat, durch diesen Holocaust, dass der in Deutschland auch entstanden ist, dass dadurch es überhaupt erst zu diesem Nahostkonflikt gekommen ist. Dass dadurch erst Israel entstanden ist." (PM3)

Rede.[115] Denn, so die Deutung, aus den Schuldgefühlen würden projüdische und auch proisraelische Diskurse, Haltungen und Positionierungen in der deutschen Gesellschaft und Politik erwachsen. Aufgrund der deutschen Geschichte könne man sich gegenüber Juden und Jüdinnen nicht ablehnend ins Verhältnis setzen. So sagt etwa eine Jugendliche:

„*Bei einem Deutschen könnte ich mir das nicht vorstellen, dass er sagen würde: ‚Ja, ihr Juden, ihr seid ja total blöd, oder so.' Ich könnte mir so was nicht vorstellen, weil so was würde ein Deutscher nicht machen. Also bzw. einer würde das nicht machen, der über die Geschichte der Juden Bescheid weiß."* (TW1)

Ein Jugendlicher spricht derweil von einem „Judenbonus" (TM1) und betont, wie auch weitere Befragte, dass vor diesem Hintergrund „in Deutschland (…) die Mehrheit für Israel und nicht gegen Israel [ist]" (TM1).[116] Mithin ist von einer geschichtlich bedingten Verbundenheit oder Solidarität mit Israel sowie von einer Verantwortung und Verpflichtung gegenüber Israel die Rede.

In Bezug auf deutsche Politiker/-innen wird mithin betont, dass auch diese sich weder antijüdisch noch antiisraelisch positionieren könnten; weshalb sich Deutschland auch nicht „auf die Seite der Palästinenser (…) schlagen" (TW7: 43) könne. Und so werde Israel durch Deutschland bzw. die deutsche Politik einseitig unterstützt – und zwar sowohl in wirtschaftlicher und finanzieller als auch in militärischer Hinsicht (etwa PW2; TM3).

---

[115] Insgesamt 14 Befragte verwenden die Begriffe Schuld oder Schuldgefühle explizit.
[116] Demgegenüber wird von einzelnen Jugendlichen auch darauf verwiesen, dass man in Bezug auf die Positionierungen zum Nahostkonflikt in Deutschland nichts verallgemeinern könne und dass die Positionen zum Konflikt auch in Deutschland gespalten seien. Mitunter wird gar davon ausgegangen, dass die Deutschen Israel eher negativ wahrnehmen. So meint etwa ein Jugendlicher, dass viele Menschen „skeptisch mit allen Handlungen" Israels umgehen würden (PM4). Verwiesen wird derweil auf „nationale Deutsche" (TM3), auf den Schriftsteller Günter Grass (TM4) oder auf ältere Deutsche. Sie alle würden Israel negativ wahrnehmen. So sei z.B. bei der älteren Bevölkerung in Deutschland noch dieser „Schwachsinn" in den Köpfen, wonach man „die Israelis ausrotten [muss]" (PM2). Gleichzeitig wird von einigen Jugendlichen darauf verwiesen, dass die Wahrnehmungen der Palästinenser/-innen durch Herkunftsdeutsche nicht ausschließlich negativ seien. Es wird betont, dass auch die Deutschen mit den Palästinensern mitfühlen (PW4) oder sogar auf der palästinensischen Seite sein könnten (TM5).

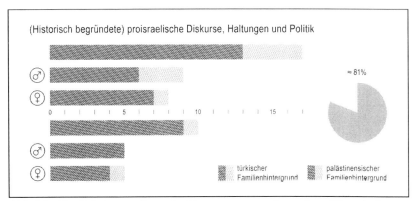

Abb. 21: Häufigkeitsverteilung der Deutungsmusterdimension „Historisch begründete) proisraelische Diskurse, Haltungen und Politik"

Die als proisraelisch gedeuteten Diskurse und Positionierungen in Deutschland werden nun vor allem auch an den deutschen (Massen-)Medien festgemacht. Mitunter fungieren die (Massen-)Medien daher auch als eine Projektionsfläche für eine grundsätzliche Kritik an proisraelischen Diskursen und Positionierungen.[117] Insgesamt 16 Befragte *(≈59%)* kommen auf eine als proisraelisch wahrgenommene Medienberichterstattung zu sprechen (vgl. Abb. 19). Konkret heißt es, dass „über Israel (...) viel mehr berichtet" (TW5) und dass Israel „ganz oft besser dargestellt" (TM9) werde. Zudem würden die Israelis als Opfer und die Palästinenser/-innen als Täter/-innen erscheinen. So meint eine Jugendliche, dass nur gezeigt und thematisiert werde, „wie schlimm es die Israelis haben und nicht, wie schlimm es auch die Palästinenser die ganze Zeit haben" (PW4). Und ein anderer Jugendlicher erläutert:

„Man berichtet halt eher, was die Palästinenser machen. Wenn die Palästinenser zehn Bomben abfeuern, dann berichtet man halt eher darüber, als wenn die Israelis hundert abfeuern." (TM2)

Vor diesem Hintergrund wird sodann auch eine neutralere, gleichberechtigtere und sachlichere Thematisierung des Nahostkonflikts eingefordert. Es geht den Befragten also mehr um einen gerechten Diskurs bzw. um eine

---

[117] In diesem Zusammenhang vergegenständlichen sich bisweilen sehr kritische Haltungen gegenüber den (Massen-)Medien. So meinen einige Jugendliche, dass man diesen *nicht vertrauen* könne (TM8), weil sie z.B. die *Wahrheit manipulieren* würden (PW4).

gerechte Berichterstattung und weniger um einen propalästinensischen Diskurs bzw. um eine propalästinensische Berichterstattung. Dem Thema solle sich grundsätzlich unvoreingenommen und neutral angenommen werden. In der Sprache des Befragten heißt es, dass man sich nicht „auf eine Seite schlagen" solle. Und demgemäß solle man auch nicht behaupten: „Palästina hat Recht oder Israel hat Recht" (TW4). Es gehe stattdessen darum, die *Geschichten beider Seiten* hören zu können (PW3), um sich auf Grundlage dessen schließlich eine *eigene Meinung* bilden und ein *eigenes Urteil* fällen zu können (TW7).

Abb. 22: Häufigkeitsverteilung der Deutungsmusterdimension „Proisraelische

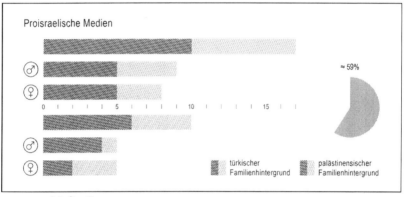

Medien"

Obgleich Deutschland von den Befragten wertschätzend als ein *freies Land* oder als „eine sehr gute Demokratie" (TM3) bezeichnet wird und daher auch betont wird, dass man seine Meinung grundsätzlich frei äußern könne, manifestiert sich dennoch eine weitere, von Befragten aus allen vier Vergleichsgruppen reproduzierte, Deutungsmusterdimension, wonach Israelkritik in Deutschland ein Problem darstelle (vgl. Abb. 20).[118] Eine

---

[118] Dies gilt indes nicht für alle Jugendliche. So verweisen einige Befragten in Referenz auf die Meinungsfreiheit in Deutschland, dass man seine Kritikprunkte auch in Bezug auf den Nahostkonflikt frei äußern könne. So sagt etwa ein Jugendlicher: „Ich find schon, dass man hier offen darüber reden kann. Also ich meine wir haben alle die Meinungsfreiheit, wir können alle drüber reden, diskutieren in den Schulen darüber, mit Freunden, mit Familien, mit sonst wem. Es ist jetzt nicht so, dass man große Angst davor haben muss" (PM4). Die Meinungsfreiheit

Jugendliche meint z.B., dass es „verpönt" sei, „sich negativ gegenüber einem jüdischen Staat zu äußern" (TW2).
Auch dies wird vor allem als historisch begründet gedeutet. So führe die nationalsozialistische Vergangenheit Deutschlands und die damit verbundene „Schuld gegenüber jüdischen Menschen" (TW2) dazu, dass man im Sprechen über den Nahostkonflikt und Israel „gehemmt" sei (TM9) und „sehr, sehr vorsichtig" (TM2) sein müsse. Mitunter wird sogar von einer Unmöglichkeit der Israelkritik ausgegangen. So meint etwa ein Jugendlicher, dass „jede Kritik an Israel (…) heutzutage verboten [ist], egal von welchem Politiker sie kommt" (TM4).[119] Und ein anderer Jugendliche meint, dass man in Deutschland aus historischen Gründen „gar nichts mehr sagen [kann]" (TM1).
Überdies wird betont, dass die Israelkritik in Deutschland nicht konsequenzlos bleibe. So würden jene, die sich (öffentlich) gegenüber Israel kritisch äußern, „schlecht angesehen" (TM1) würden. Oder aber, dass sie sich eines Nazi- und/oder Antisemitismusvorwurfs ausgesetzt sähen. So meint z.B. ein Jugendlicher, dass „wenn man als Deutscher irgendwas sagen würde von wegen (…) Israel ist böse, dann würde man gleich als Antisemit oder weitestgehend als Nazi beschimpft werden" (TM8). Und dies bedeute, so ein weiterer Jugendlicher, dass man „für den Rest seines Lebens nichts mehr sagen" (TM7) könne. Und weil man davor „Angst" (TM9) habe, werde die Kritik an Israel in Deutschland letztlich zum Problem, wenn nicht sogar gänzlich verhindert oder unmöglich.

---

zeige sich mithin auch daran, dass in Deutschland „Demonstrationen für Palästina" (TW4) zugelassen würden. Eingeschränkt würde die Meinungsfreiheit nur durch verfassungsgemäßes Recht und Gesetz. So wird z.B. darauf verwiesen, dass man niemanden *beleidigen* dürfe (TM5). Zudem dürfe man auch nicht verneinen, „was man nicht verneinen darf, wie z.B. den Holocaust" (TW7).
[119] Er belegt diese Verbotsdeutung mit Verweis auf den Umgang mit dem israelkritischen Gedicht von Günter Grass und meint zugleich, dass der Großteil der Massenmedien bei diesem Thema „völlig gleichgeschaltet" (TM4) gewesen sei – weshalb eine öffentliche Debatte über Israel und Israelkritik nicht stattfinden könne.

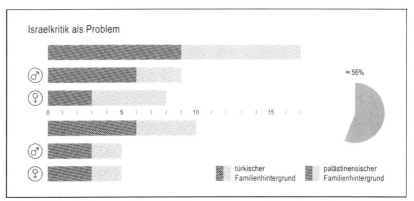

Abb. 23: Häufigkeitsverteilung der Deutungsmusterdimension "Israelkritik als Problem"

4.2.11 Muslime als Unterstützer der Palästinenser als Muslime

> *"Palästina gehört halt so ein bisschen zu den Moslems."* (PW1)

Die Palästinenser/-innen werden von den Befragten in erster Linie als Muslime/-innen wahrgenommen und gedeutet. Vor diesem Hintergrund wird im problembezogenen Sprechen über den Nahostkonflikt auch die Konstruktion einer (entgrenzten) muslimischen Solidargemeinschaft handlungsrelevant. Die Kernsemantik dieser Konstruktion bringt ein Jugendlicher auf den Punkt. Er sagt: „Aber ich sag mal, ein Moslem würde sich auch für den anderen Moslem einsetzen" (TM3).

In Bezug nun auf den Nahostkonflikt wird daher von einer Solidarisierung der Muslime/-innen mit den Palästinensern/-innen ausgegangen. Konkret wird betont, dass die arabischen Staaten genuine *Verbündete* der Palästinenser/-innen seien (TW7) und dass Muslime/-innen „Palästina halt beschützen wollen" (TM1) bzw. „dass viele Muslime für die Palästinenser Partei ergreifen" (TM4). In diesem Zusammenhang sei es weithin irrelevant, ob es sich um libanesische oder türkische Personen (in Deutschland) handele. Denn sofern diese Muslime/-innen seien, würden (und sollten) sie allesamt auf der Seite der Palästinenser/-innen stehen (PM2). Und deshalb wird schließlich auch betont, dass palästinensische und türkische Schüler/-innen bezüglich

des Nahostkonflikts „häufig (...) alle der gleichen Meinung" seien (TM3) – was also bedeute, dass sie sich „oft bedingungslos mit Palästina identifizieren" (TW2) bzw. „alle halt gegen Israel" seien (TM1).[120]
Nun stellt sich die Frage, ob die Befragten das Konzept einer muslimischen Solidargemeinschaft religiös oder anderwärtig definieren. Diesbezüglich sei grundsätzlich angemerkt, dass die Kategorie *Muslime/-innen* nicht immer als eine religiöse, sondern auch als eine kulturelle Kategorie verhandelt oder bestimmt wird. Oder aber auch als eine politische Kategorie; etwa dann, wenn über Muslime/-innen als diskriminierte und stigmatisierte gesellschaftliche Minderheiten in nicht-muslimischen Mehrheitsgesellschaften gesprochen wird. Gleichwohl lässt sich feststellen, dass die muslimische Solidargemeinschaft im Kontext der Thematisierung des Nahostkonflikts doch zumeist in einem religiösen Sinne verstanden und entsprechend konkretisiert wird. So meint etwa ein Jugendlicher:

„Also im Islam sind ja die muslimischen Menschen, egal ähm in welchem Fall, in welcher Nationalität, sind das ja unsere Brüder im übertragenen Sinne. Und so hat man sich dann auch gegenüber denen zu verhalten. Natürlich ist das dann halt, ist das auch distanziert, es ist nicht so wie mein leiblicher Bruder, aber es ist im Endeffekt jemand, der den gleichen Gedanken wie ich hat, der das Gleiche praktiziert wie ich, also findet man schon recht viele Gemeinsamkeiten." (TM8)

Und so werden denn auch die Palästinenser/-innen als Glaubensbrüder und Glaubensschwestern gedeutet und bezeichnet. So betont z.B. ein Jugendlicher: „Ich bin ja Moslem und die, die dort angegriffen werden, sind ja

---

[120] Die Konstruktion, wonach die Muslime/-innen als Muslime/-innen für die Palästinenser/-innen Partei ergreifen, wird mitunter aber auch relativiert. In diesem Zusammenhang wird darauf verwiesen, dass die Kategorien *Muslime/-innen* oder *Nicht-Muslime/-innen* nicht zwangsläufig etwas über die konkrete Positionierung und Haltung zum Konflikt und den Konfliktakteuren aussage bzw. aussagen sollte. Denn auch unter Muslimen/-innen gebe es Vielfalt und „Spaltungen" (PW2). Und so gebe es z.B. auch in Deutschland Muslime/-innen, die nicht zugleich propalästinensisch seien (PW2).
Gleichwohl aber seien die meisten arabischstämmigen Jugendlichen in Deutschland in Bezug auf den Nahostkonflikt einer Meinung. Und ebendies kritisiert eine Jugendliche. Sie sagt: „Die reden auch darüber und da sieht man ganz klar, wie sie halt nur ihr Gebiet, sozusagen beschützen. Und ich meine, als Mensch sollte man auch ein bisschen neutral bleiben und nicht nur für sein Land sozusagen sein. Also, man sollte das ein bisschen neutral betrachten und nicht so...ja. Nicht so sprechen, als wäre dein Land das beste und alles ist perfekt. Weil nichts ist perfekt, also in jedem Land gibt es irgendwelche Konflikte oder irgendwelche Situationen, wo du sagst, das haben die falsch gemacht, da bin ich nicht dafür" (TW1).

sozusagen meine Brüder, meine Religionsbrüder" (TM1). Damit ist angedeutet, dass sich die Befragten mitunter selbst ganz explizit als Teil einer solchen muslimischen Solidargemeinschaft begreifen und verorten. Und aus diesem Zusammenhang heraus wird sodann Partei ergriffen – zugunsten der als Muslime/-innen wahrgenommenen Palästinenser/-innen. So betont etwa der zuvor zitierte Jugendliche, dass er „klar auf der (...) Seite" seiner „Religionsbrüder" (TM1) sei. Und ein anderer Jugendlicher berichtet:

„Also die meisten Moslems, die ich kenne (...), sind strikt gegen Israel, gegen ihre Verbrechen. Und ich auch. Ähm, weil sie einfach, sie töten dort unsere Brüder und Schwestern sozusagen. Unsere Glaubensbrüder und -schwestern. Und das können wir nicht tolerieren. Deswegen sind die meisten Muslime so negativ, so feindselig gegenüber dem israelischen Staat." (TM7)

Zuweilen wird gar jeder Angriff auf die Palästinenser/-innen als Angriff auf einen selbst verstanden. Spätestens hier wird deutlich, dass hinsichtlich des Themas Nahostkonflikt unter sich selbst als muslimisch beschreibenden und/oder als Teil einer muslimischen Solidargemeinschaft sich verstehenden Jugendlichen und jungen Erwachsenen immer auch von einer besonderen Form (emotionaler) Betroffenheit und Involvierung auszugehen ist. Und so wird denn das Thema Nahostkonflikt auch von diesen selbst als eines gedeutet und bezeichnet, das Muslimen/-innen „wirklich sehr nahe" (TW3) gehe, das sie *emotional* anspreche (PW2). So sagt z.B. eine Jugendliche in Bezug auf muslimische Schüler/-innen:

„Naja, dass sie eben persönlich betroffen sind. Nicht persönlich, aber sich persönlich betroffen fühlen, dadurch, dass sie sich eben mit ihren Glaubensbrüdern irgendwie solidarisieren wollen und sich mit diesen im Geiste sozusagen verbünden (...)." (TW2)

Zudem wird betont, dass das Thema in der Sozialisation von Muslimen/-innen eine bedeutsame Rolle spiele. Es gehöre also zu jenen Themen, mit denen diese sich *intensiver befassen* würden (PW1) – weshalb grundsätzlich auch von einem *großen Interesse* am Thema ausgegangen wird (TM2).

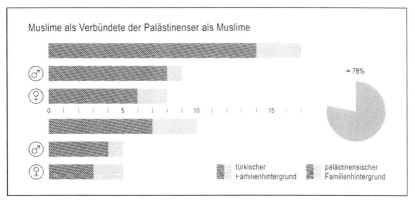

Abb. 24: Häufigkeitsverteilung der Deutungsmusterdimension „Muslime als Verbündete der Palästinenser als Muslime"

4.2.12 Islam- und muslimfeindlich begründete Positionierungen gegen die Palästinenser

> *„Und mittlerweile hat sich der Gedanke manifestiert, dass Moslems Terroristen sind. Und daraus schlussfolgert so ein Mensch ja, dass Palästinenser nicht gut sein können."* (TM7)

Im Kontext der Thematisierung des Nahostkonflikts werden auch die Phänomene Islamfeindlichkeit und antimuslimischer Rassismus zum Gegenstand gemacht. Derweil wird eine Deutungsperspektive handlungsrelevant, wonach Muslime/-innen weltweit diskriminiert und stigmatisiert sowie angefeindet und negativ dargestellt würden; eine Perspektive, die auch von persönlich erlebten Rassismus- und Diskriminierungserfahrungen im Alltag geprägt sein dürfte.[121]

---

[121] So verweist etwa eine Jugendliche auf einen „allgemeinen Rassismus", den sie auch selbst schon erlebt habe. Sie sagt: „Also ich hab's auch selber am Leibe gespürt, dass man mich hier angeguckt hat, weil ich braune Haare, braune Augen habe und sofort gesehen hat, dass die nicht deutsch ist. Und ähm natürlich wird man blöd angegafft, sogar mit der Schulter weggeschubst, einen auf: ‚Ja, was suchst du hier? Was willst du hier?' So. Und natürlich ist es so ein bisschen beängstigend, denn ich bin hier geboren, ich beherrsche die Sprache und ich weiß nicht, was mich hiervon irgendwie fernhalten sollte" (TW4). Auch eine weitere Jugendliche schildert ihre Rassismuserfahrungen sehr eindrücklich. Sie berichtet über eine Fahrt in der U-

Entscheidend sind in diesem Zusammenhang Wahrnehmungen eines (weltweiten) islamfeindlichen Diskurses; es wird über stereotype und somit ungerechtfertigte und stigmatisierende Wahrnehmungen von Muslimen/-innen berichtet.[122] Auch im Rahmen dessen wird auffallend häufig auf (deutsche) (Massen-)Medien verwiesen; sie werden zur Projektionsfläche für Wahrnehmungen von islam- und muslimfeindlichen Diskursen und Haltungen. So meint etwa ein Jugendlicher:

„Aber die Medien zeigen es ja eindeutig, dass die Moslems nicht geliebt werden oder gemocht werden, weil wir ja so radikale Terroristen sind. (...) Die Medien wollen nur die Moslems zeigen, wie schlecht die sind, wie schlecht wir alles machen. Wie schlecht unsere Religion sein soll." (TM1).

Bahn und führt aus: „Und dann waren neben uns zwei ältere Damen. Das waren auch Deutsche, religiös weiß ich jetzt nicht wie die geprägt waren. Und ähm die meinten: Ja, ihr seid doch alle hier voll die Terroristen. Habt nur böse Gedanken, wollt nur töten, Blut, Land, Macht, Geld. (...) Ich hab mich dann umgedreht und meinte: Wie bitte? Erstens was mischen sie sich hier überhaupt ein? Wir haben da nichts mit Krieg und so erwähnt. Wir haben einfach nur ganz normal darüber gesprochen, was in den Medien gerade erzählt wird. Meinte die: Ja, aber ihr seid doch alle gleich ihr Schwarzköpfe. Allein das Wort Schwarzköpfe. Da, das ist doch alles, das ist auch Rassismus." (PW4). Zugleich bezeichnet sich diese Jugendliche als Deutsche und verwehrt sich damit gegen Markierungen der Nicht-Zugehörigkeit: „[W]enn mich jemand fragt, von wo kommst du äh, was bist du eigentlich? Dann sage ich: Deutsche. Ich bin hier geboren, ich habe einen deutschen Pass, ich bin deutsche Staatsbürgerin, ich fühle mich zu Deutschland auch viel mehr hingezogen als zu meinem arabischen Land. Ich war da noch nie, ich bin immer hier gewesen" (PW4).
Gleichzeitig aber wird auch über positive soziale Erfahrungen in Deutschland berichtet. So betont etwa eine sich selbst als palästinensisch beschreibende Jugendliche, dass man als Palästinenser/-in „sehr herzlich wahrgenommen" werde, weshalb sie auch nicht glaube, dass Palästinenser/-innen „negativ wahrgenommen werden" (PW2).
[122] Zugleich aber kommen einige wenige Befragte auch auf ein als problematisch und/oder unislamisch markiertes Verhalten von Muslimen/-innen in Deutschland zu sprechen. Ein Jugendlicher spricht hier dann über *Kriminalität und Sozialbetrug* (TM5) und meint sodann, dass er verstehen könne, warum „viele Deutsche (...) die negativ wahrnehmen" (ebd.). Und ein anderer Jugendlicher meint, dass sich die meisten Muslime/-innen in Deutschland aggressiv verhalten würden. So könne man sehen, dass „die ganzen Schlägereien an Schulen oder irgendwo auf der Straße (...) hauptsächlich unter Schwarzköpfen ausgetragen [werden], welche sich als Moslems geben" (TM7).
Es wird aber auch betont, dass sich der Islam und *schlechtes Benehmen* sowie *Vorurteile* gegenüber anderen Menschen ausschließen würden (TM8). Und es wird betont, dass Gewalt und insbesondere Terrorismus nichts mit dem Islam zu tun hätten (TW4).

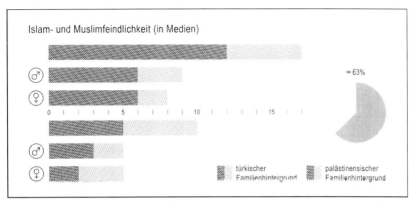

Abb. 25: Häufigkeitsverteilung der Deutungsmusterdimension „Islam- und Muslimfeindlichkeit (in Medien)"

Die islamfeindlichen und antimuslimischen Einstellungen und Diskurse würden nun auch die Haltungen und Positionierungen gegenüber den Palästinensern/-innen prägen. Die Palästinenser/-innen würden also vor allem deshalb negativ dargestellt, weil es sich bei ihnen um Muslime/-innen handele. So führt z.B. eine Jugendliche aus, dass ein Bild vom „Muslim" als „ein Terrorist (…) mit langem Bart und Turban" (TW2) prägend sei, der als solcher für viele „einfach etwas sehr Fremdes" (ebd.) darstelle – und ergänzt sodann, dass dieses Bild auch auf den Konflikt projiziert werde, was schließlich dazu führe, dass die Palästinenser/-innen (als Muslime/-innen) negativ wahrgenommen würden. Ähnlich argumentiert auch ein weiterer Jugendlicher:

„Oft wird gesagt, die Palästinenser sind doch alles Terroristen (…). Was (…) auch damit zu tun hat, dass der Islam in den letzten 10-15 Jahren sehr radikal und als sehr angriffslustig dargestellt wird und man halt auch so tut, als ob alle Palästinenser eigentlich nur Muslime wären und (…) negativ dargestellt werden." (TM2)

Und da der Islam insbesondere in den Medien „schlecht angesehen" (TM8) bzw. „sehr schlecht gemacht" (TM1) würde, sei letztlich auch die „Gleichberechtigung" in der Thematisierung des Nahostkonflikts in Deutschland „echt gleich null" (PW4).

Insgesamt thematisieren 15 Befragte *(≈59%)* negative Einstellungen, Diskurse und Berichterstattungen gegenüber Muslimen/-innen und interpretieren und deuten diese zugleich als islamfeindlich oder antimuslimisch begründet (vgl. Abb. 23).

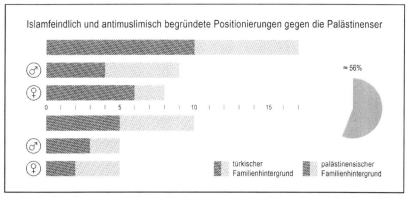

Abb. 26: *Häufigkeitsverteilung der Deutungsmusterdimension „Islamfeindlich und antimuslimisch begründete Positionierungen gegen die Palästinenser"*

4.3 Zentrale Erkenntnisse

4.3.1 Vergleichsgruppenübergreifende Deutungsmustervielfalt von verallgemeinerbarer Geltung

Im freien wie problembezogen Sprechen über den Nahostkonflikt und seine Thematisierung und Bedeutung in Deutschland werden für sich selbst als muslimisch beschreibende Jugendliche und junge Erwachsene mit türkischem oder palästinensischem Familienhintergrund vielfältige soziale Deutungsmuster und Deutungsmusterdimensionen handlungsrelevant. Derweil lässt sich kein einziges Deutungsmuster identifizieren, das nicht von Befragten aus allen vier Vergleichsgruppen zugleich reproduziert wird. So besehen scheinen die Kategorien *Geschlecht* sowie *palästinensischer* oder *türkischer Familienhintergrund* keine maßgeblichen Erklärungsfaktoren für die Reproduktion oder Nicht-Reproduktion kontextrelevanter Deutungsmuster zu sein; lediglich bei einigen Deutungsmusterdimensionen lassen sich in bestimmten Vergleichsgruppen auffälligere Abweichungen vom Mittelwert erkennen und abbilden.[123]

Vor diesem Hintergrund lässt sich die These einer gruppenübergreifenden und somit verallgemeinerbaren Geltung der rekonstruierten sozialen Deutungsmuster aufstellen. Stützen lässt sich die These auch mit Blick auf den sozialwissenschaftlichen Diskurs zum Nahostkonflikt. Denn schließlich werden die sozialen Deutungsmuster und die diesen zugewiesenen Deutungsmusterdimensionen nahezu ausnahmslos auch in fachlichen Diskursen von sozialwissenschaftlichen und politischen Akteuren/-innen aus Israel, den palästinensischen Gebieten, den USA, Deutschland oder anderen Regionen der Erde vertreten und verhandelt. Auch in diesen entgrenzten Diskurszusammenhängen werden also Deutungen (re-)produziert, wonach der Nahostkonflikt im Wesentlichen ein Territorialkonflikt sei; wonach die politischen Eliten auf beiden Seiten für die Nicht-Lösung des Konflikts verantwortlich seien; wonach vor allem Israel bzw. die israelischen politischen Eliten in der Verantwortung für den Konflikt stünden; wonach Israel ein Verbrecher- und Apartheidstaat sei; wonach die Palästinenser/-innen vor allem Opfer oder aber auch Täter/-innen in diesem Konflikt seien; wonach die Machtverhältnisse ungleich zugunsten Israels bestellt seien; wonach auch Religion eine Rolle im Konflikt spiele oder auch wonach Israel in der Welt und insbesondere durch die USA und Deutschland einseitig unterstützt und bevorteilt werde (vgl. dazu Kapitel 3.1.5 und 3.1.6).

Die Relevanz und Geltung der sozialen Deutungsmuster lässt sich folglich weder auf lebensweltliche Diskurszusammenhänge noch auf junge und sich selbst als muslimisch beschreibende Menschen mit türkischem oder palästinensischem Familienhintergrund in Deutschland beschränken; allenfalls das

---

[123] Zu erwähnen wäre beispielsweise: Dass die Deutungsmuster „Israel als Verbrecherstaat" und „Israelkritik als Problem" für weibliche Befragte mit türkischem Familienhintergrund vergleichsweise weniger handlungsrelevant erscheinen. Dass vor allem Jugendliche mit türkischem Familienhintergrund den Konflikt als einen auch religiös bedingten oder begründeten Konflikt deuten und markieren. Dass vor allem Befragte mit palästinensischem Familienhintergrund auf die USA als Unterstützer Israels zu sprechen kommen. Oder auch, dass die Zuspitzung im Rahmen einer Problematisierung der Existenzberechtigung Israels – gemeint ist hier eine explizit kommunizierte Negierung des jüdischen Staates in der Region – auf zwei Jugendliche mit palästinensischem Familienhintergrund beschränkt bleibt.

Deutungskonzept, wonach Muslime/-innen natürliche Verbündete und Unterstützer/-innen der zugleich als muslimisch gedeuteten Palästinenser/-innen seien, mag eine gruppen- und lebensweltspezifische Handlungsrelevanz aufweisen, da dieses Konzept im sozialwissenschaftlichen Problemdiskurs deutlich randständig zur Geltung kommt bzw. verhandelt wird.

4.3.2 Deuten in Widersprüchen

Im Rahmen der angesprochenen Vielfalt an problembezogen-handlungsrelevanten sozialen Deutungsmustern und Deutungsmusterdimensionen vergegenständlichen sich auch einige mehr oder minder eindeutig kontrovers oder widersprüchlich zueinanderstehende Perspektiven. So wird etwa in Bezug auf die auch in Fachdiskursen immer wieder aufgeworfene und viel diskutierte Frage „Wem gehört das Heilige Land?" (vgl. etwa Wolffsohn 1992) davon ausgegangen, dass die Region den Palästinensern/-innen gehöre und vor allem sie einen Anspruch auf das Land bzw. das Territorium hätten. Zugleich aber wird auch davon ausgegangen, dass auch die Israelis ein Recht auf Territorium in der Region hätten. Überdies werden die beiden zentralen Konfliktakteure unterschiedlich ausgedeutet. So erscheinen die Palästinenser/-innen als (unschuldige) Opfer, aber auch als (mitverantwortliche) Täter/-innen. Und Israel erscheint zum einen als (notwendiger) Schutzraum der Juden und Jüdinnen sowie zum anderen als problematischer Unterdrücker der Palästinenser/-innen und als „Verbrecherstaat" – zwei Deutungsmuster, die zwar in keinem direkten Widerspruch zueinanderstehen, aber im sozialwissenschaftlichen Diskurs mitunter gegeneinander diskutiert und ausgespielt werden (vgl. Kapitel 3.1).

Vor diesem Hintergrund wird deutlich, dass in der Thematisierung des Nahostkonflikts widerstreitende sich als solche aber auch gegenseitig ergänzende Deutungsmuster in Gleichzeitigkeit handlungsrelevant werden. Die sich in diesem Zusammenhang stellende Frage, ob auch einzelne Befragte auf widersprüchliche Deutungsmuster zurückgreifen, kann in Referenz auf das vorliegende Datenmaterial anhand von Überschneidungshäufigkeiten in

Bezug auf die zuvor erwähnten sich mehr oder minder antagonistisch zueinander verhaltenen und/oder in Nahostdiskursen gegeneinander diskutierten Deutungsmuster überprüft werden.
Das Ergebnis einer solchen Überprüfung, das in Abbildung 27 graphisch dargestellt ist, zeigt, dass auch einzelne Befragte durchaus in Widersprüchen deuten. So reproduzieren insgesamt acht Befragte das Deutungsmuster, wonach beide Seiten ein Recht auf Territorium in der Region hätten und zugleich auch jenes, wonach die Region den Palästinensern/-innen gehöre und zustehe. Setzt man diese Zahl in Beziehung zu den jeweiligen Fallhäufigkeiten der angesprochenen Deutungsmuster, dann lässt sich in Prozentzahlen[124] veranschaulicht konkretisieren, dass 80% derjenigen, die ein beiderseitiges Recht auf Territorium betonen, zugleich meinen, dass die Region den Palästinensern/-innen gehöre und zustehe. Und von denen, die das letztgenannte Deutungsmuster reproduzieren, geht zumindest ein Drittel zugleich von einem beiderseitigen Recht auf Land in der Region aus. Ein ähnliches Bild ergibt sich hinsichtlich der Wahrnehmungen und Deutungen der Palästinenser/-innen als Akteure im Konflikt. So nehmen rund 64% derjenigen, die die Palästinenser/-innen als Mitverantwortliche für Gewalt und Leid deuten, diese zugleich als unschuldige Opfer wahr. Und auch Israel wird von ein und denselben Befragten unterschiedlich wahrgenommen. 70% derjenigen Befragten, die Israel als einen Schutzraum der Juden und Jüdinnen wahrnehmen, deuten Israel zugleich als einen „Verbrecherstaat". Und unter jenen, die Israel als einen „Verbrecherstaat" deuten, sprechen mit rund 41% fast die Hälfte zugleich von Israel als Schutzraum der Juden und Jüdinnen.

---

[124] Auch hier und im Folgenden gilt, was in Bezug auf die Darstellung der sozialen Deutungsmuster und Deutungsmusterdimensionen schon erwähnt wurde: dass nämlich die Prozentzahlen für sich benommen über keinen statistischen Wert verfügen. Sie dienen lediglich der Veranschaulichung.

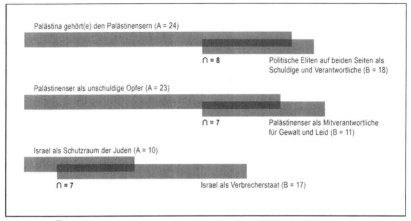

Abb. 27: Überschneidungshäufigkeiten antagonistischer Deutungsmuster

4.3.3 Israelkritische Deutungstendenz und dominierende Wahrnehmungen einer Bevorteilung Israels

Während sich in der Breite eine Vielfalt an Deutungsmustern abbilden lässt, offenbart sich gleichwohl eine Deutungstendenz, die sich als israelkritisch interpretieren und bezeichnen lässt. Deutlich wird dies zum einen mit Blick auf die Häufigkeitsverteilungen. So wird z.B. das in der Antisemitismusforschung als „israelkritische Einstellung" (vgl. Heyder et al. 2005, 152) klassifizierte Deutungsmuster, wonach die Konfliktregion den Palästinensern/-innen gehöre und zustehe bzw. Israel den Palästinensern/-innen ihr Land weggenommen habe, von bedeutend mehr Befragten reproduziert als das Deutungsmuster, wonach neben den Palästinensern/-innen auch die Israelis ein Recht auf Territorium in der Region hätten (24 gegenüber 10). Deutlich wird dies zum anderen auch mit Blick darauf, welche Deutungsmuster handlungsrelevant werden – und welche nicht. So werden die grundsätzlichen territorialen Ansprüche Israels in der Region implizit oder explizit problematisiert, nicht aber jene der Palästinenser/-innen. Oder so wird Israel als „Hauptschuldiger" gedeutet, nicht aber die Palästinenser/-innen – sie erscheinen allenfalls als Mitschuldige oder Mitverantwortliche. Zudem wird, wenn auch nicht ausschließlich, so doch aber vor allem auf

Israel verwiesen bzw. über Israelis gesprochen, wenn die Gewalt im Rahmen des Konflikts zum Gegenstand gemacht wird.
In Bezug auf die Fragen, wer im Konflikt im Vorteil sei, lassen sich sogar überhaupt keine Deutungsmuster abbilden, die in einem mehr oder minder kontroversen Verhältnis zueinanderstehen. Mit Ausnahme eines Jugendlichen gelten die Machtverhältnisse als zugunsten Israels bestellt. Israel wird daher auch als eindeutig aus einer Position der Stärke heraus agierend gedeutet. Zugleich gilt es als weithin konsensfähig, dass Israel – mit Blick auf internationale Akteure – bevorteilt sei. So werde Israel vor allem durch die „westliche Welt" und hier sodann insbesondere durch die USA einseitig unterstützt. Zudem gelten auch die Politiker/-innen sowie die öffentlichen Diskurse und Medienberichterstattungen in Deutschland als proisraelisch. Allenfalls vereinzelt wird in diesem Zusammenhang abweichend gedeutet etwa auf Grundlage von Wahrnehmungen, wonach auch Israel in Deutschland und von Deutschen negativ bewertet werden würde.

4.3.4 Reproduktionen von Deutungsmustern des israelbezogenen Antisemitismus, aber eher kein umfassendes und widerspruchsfreies antisemitisches Weltbild

Hinsichtlich der Frage nach der Handlungsrelevanz antisemitischer Deutungsmuster sei zunächst einmal hervorgehoben, dass einige der befragten Jugendlichen und jungen Erwachsenen von sich aus Differenzierungen zwischen israelischer Politik, Israel/Israelis sowie Juden und Jüdinnen vornehmen und in diesem Zusammenhang Vorurteile gegenüber Juden und Jüdinnen bzw. den Antisemitismus im Kontext Nahostkonflikt mitunter explizit kritisieren. Die Thematisierung des Nahostkonflikts geht so besehen auch mit antisemitismuskritischen Stellungnahmen und Positionierungen einher. Gleichwohl stellen sich in Bezug auf die rekonstruierten sozialen Deutungsmuster und Deutungsmusterdimensionen aus antisemitismustheoretischer wie gleichsam antisemitismuskritischer Perspektive eine Reihe von Fragen.
So kann zunächst einmal gefragt werden, ob der nahezu ausnahmslos geteilten Deutung Israels als mächtiger Akteur im Konflikt das antisemitische Denk- und Deutungsmuster jüdischer Macht zugrunde liegt. Ohne diese Frage anhand des vorliegenden Datenmaterials valide beantworten zu

können, lässt sich jedoch feststellen, dass die Konstruktion israelischer Macht in der Regel nicht als eine abstrakte und/oder allumfassende „jüdische Macht" kommuniziert wird. Sie wird stattdessen konkret als eine ökonomische, institutionelle und vor allem militärische Überlegenheit Israels gegenüber den Palästinensern/-innen wahrgenommen und entsprechend kommuniziert. So besehen dürfte es sich in diesem Zusammenhang zumeist eher nicht um ein antisemitisches Verständnis der Dinge handeln – weshalb auch die Konstruktion *Israel als Jude unter den Staaten* (Leon Poliakov) eher kein handlungsrelevantes Deutungskonzept im Kontext des freien wie problembezogenen Sprechens über Israel im Kontext des Nahostkonflikts darstellt.

Aus antisemitismustheoretischer und antisemitismuskritischer Perspektive stellt sich überdies die Frage, ob im Kontext von Verweisen auf palästinensische Kinder als Opfer israelischer Konfliktpolitik antisemitische Denk- und Deutungsmuster von Handlungsrelevanz sind; gehört doch der Kindermordvorwurf zum Arsenal tradierter antisemitischer Semantik und Stereotype. In Referenz auf die vorliegende Untersuchung kann diesbezüglich festgestellt werden, dass die Befragten vermittels solcher Verweise vor allem das tragische Leid einer als unschuldig gedeuteten palästinensischen Zivilbevölkerung in besonderer Weise unterstreichen wollen – ein Befund, der abermalig eher gegen die Annahme einer in diesem Zusammenhang maßgeblich handlungsrelevanten antisemitischen Einstellung spricht. Es kann also davon ausgegangen werden, dass die Befragten weniger historisch überlieferte antisemitische Semantiken im Sinn, denn vielmehr ganz konkrete Bilder über verletzte oder getötete palästinensische Kinder vor Augen haben, die sie aus konkreten Zusammenhängen kennen – etwa von Plakaten auf Demonstrationen, aus den sozialen Medien oder aus dem türkischen und arabischen Fernsehen, in denen diese Bilder nicht selten aus propagandistischen und mitunter auch antisemitischen Motiven heraus gezielt verwendet werden.[125]

Am offenkundigsten aber stellt sich die Frage der Relevanz bzw. Reproduktion antisemitischer Deutungsmuster in Bezug auf die beiden Deutungsmuster „Israel als Verbrecherstaat" und „Problematisierung der

---

[125] Insgesamt verweisen 13 Befragte ganz explizit darauf, dass sie solche oder ähnliche Bilder aus den Medien kennen würden.

Existenzberechtigung Israels in der Region". Denn sowohl die Dämonisierung Israels als Verbrecherstaat – etwa durch Verweise auf eine enorme Brutalität Israels oder durch Vergleiche der israelischen Politik mit dem Nationalsozialismus oder mit der Politik des Apartheidregimes in Südafrika – als auch die Delegitimierung Israels wird zumindest in weiten Teilen der Antisemitismustheorie und -forschung als Ausdruck gegenwärtiger Erscheinungsformen des Antisemitismus bestimmt.

So besehen kann zunächst einmal festgehalten werden, dass einige der Befragten im problembezogenen Sprechen über den Nahostkonflikt und Israel zwei als antisemitisch klassifizierter Deutungen reproduzieren. Damit ist indes nicht beantwortet, ob man in Bezug auf diese Jugendlichen und jungen Erwachsenen von einer zumindest weitgehend geschlossenen, konsistenten und/oder widerspruchsfreien (antizionistisch-)antisemitischen Deutungsperspektive ausgehen muss. Um sich nun einer Antwort auf diese Frage zumindest anzunähern, lassen sich die Überschneidungshäufigkeiten zwischen den beiden besagten Deutungsmustern mit weiteren Deutungsmustern überprüfen.

Eine Ermittlung und graphische Darstellung der Überschneidungshäufigkeiten verdeutlicht in Bezug auf diejenigen, die das Deutungsmuster „Israel als Verbrecherstaat" reproduzieren, ein uneindeutiges Bild (vgl. Abb. 28), das als solches eher gegen die Annahme spricht, wonach es sich bei diesen Befragten um zumeist geschlossen und konsistent Deutende und somit womöglich ideologisierte Antisemiten/-innen handelt. Zwar ist unverkennbar, dass diejenigen, die Israel als einen Verbrecherstaat deuten, zugleich in hohem Maße auch jene Deutungsmuster reproduzieren, die sich als antizionistische und israelkritische Deutungen bezeichnen lassen – allem voran die Deutungsmuster, wonach die Region den Palästinensern/-innen zustehe[126] und die israelische politische Elite als Schuldige im Konflikt gelte. Gleichzeitig aber wird auch deutlich, dass in nahezu gleichen Anteilen auch jenes Deutungsmuster reproduziert wird, wonach die politischen Eliten auf beiden Seiten als für den Konflikt verantwortlich erscheinen. Zudem wird deutlich,

---

[126] Passend dazu reproduzieren diese Jugendlichen und jungen Erwachsenen in nur geringem Maße das Deutungsmuster, wonach beide Seiten ein Recht auf Land bzw. Territorium in der Region hätten.

dass aus der Deutung Israels als Verbrecherstaat zumindest nicht zwangsläufig eine Problematisierung der Existenzberechtigung Israels folgt. Und es wird deutlich, dass gut die Hälfte dieser Jugendlichen und jungen Erwachsenen auch das als antisemitismuskritisch zu klassifizierende Deutungsmuster reproduzieren, wonach man zwischen israelischer Politik, Israel/Israelis sowie Juden und Jüdinnen notwendig unterscheiden müsse.

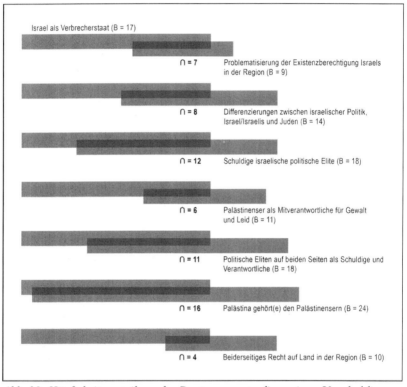

Abb. 28: *Häufigkeitsverteilung der Deutungsmusterdimension „Unschuldiges Volk auf beiden Seiten*

Bezüglich des zweiten offenkundig antisemitismusrelevanten Deutungsmusters „Problematisierung der Existenzberechtigung Israels in der Region" ist zunächst einmal festzustellen, dass dieses im problembezogenen Sprechen über den Nahostkonflikt von weitaus weniger Befragten überhaupt erst reproduziert wird. Dafür aber zeigt sich in diesem Fall ein eindeutigeres Bild. Zwar verorten auch jene, die dieses Deutungsmuster reproduzieren, die Frage nach Schuld und Verantwortlichkeit nicht eindeutig auf der Seite Israels, dennoch ist auffällig, dass sich insgesamt eine vergleichsweise israelkritische oder antizionistische Deutungsperspektive identifizieren und abbilden lässt. So deuten ausnahmslos alle der besagten Jugendlichen und jungen Erwachsenen die Region Palästina als den Palästinensern/-innen zugehörig. Und mit nur einer Ausnahme, wird Israel von all diesen Befragten als ein Verbrecherstaat gedeutet; während die als nicht-antizionistisch und antisemitismuskritischen Deutungsmuster in vergleichsweise geringem Maße reproduziert werden (vgl. Abb. 29).

Zur Frage nach Antisemitismus sei abschließend festgehalten, dass sich in der Regel keine umfassenden und weithin widerspruchsfreien antisemitischen Argumentationen und Deutungsperspektiven erkennen lassen, so man sich selbst als muslimisch beschreibende Jugendliche und junge Erwachsenen mit türkischem und palästinensischem Familienhintergrund sowohl frei als auch problembezogen über den Nahostkonflikt sprechen lässt. Zumindest in Bezug auf die Erscheinungsformen des problembezogen Deutungswissen ist das Feindbild Jude nicht ausschlaggebend handlungsrelevant. Die im Diskurs um den aktuellen Antisemitismus durchaus verbreiteten Annahmen und Positionen, wonach sich der nahost- bzw. israelbezogene Antisemitismus in Deutschland insbesondere als ein (massives) Problem unter jungen Muslimen/-innen darstelle, gilt es so besehen zumindest zu relativieren.

Gleichwohl offenbaren sich aus antisemitismuskritischer Perspektive auch Handlungsnotwendigkeiten. So gilt es in jedem Falle Konzepte zu problematisieren und zu bearbeiten, die Israel dämonisieren und/oder die Existenzberechtigung absprechen. Und auch die aufs Ganze besehen eher israelkritische Deutungstendenz ist als eine Herausforderung im Sinne der Prävention und Kritik des Antisemitismus zu benennen. Denn es kann davon ausgegangen werden, dass Antisemitismus und antisemitische Handlungen mit Bezug zum Nahostkonflikt umso wahrscheinlicher sind, je einseitig israelkritischer oder antizionistischer dieser Konflikt gedeutet, wahrgenommen und interpretiert wird.

4.3.5 Der Nahostkonflikt als Anlass für Solidarisierungen mit Muslimen als eine globale Glaubens- und stigmatisierte Schicksalsgemeinschaft

In der Thematisierung des Nahostkonflikts wird das Konzept einer muslimischen Solidargemeinschaft handlungsrelevant. In diesem Sinne gehen die Befragten davon aus, dass Muslime/-innen (und muslimisch geprägte Staaten) natürliche Verbündete und Unterstützer/-innen der Palästinenser/-innen (als Muslime/-innen) seien. Zugleich kommt es auf Grundlage von Selbstverortungen als Muslime/-innen zu eigenen Solidarisierungen mit Palästinenser/-innen. Da derweil zwar nicht ausschließlich, aber doch vor allem das Konzept einer religiös begründeten muslimischen Solidargemeinschaft eine Rolle spielt, ist zu konstatieren, dass Religiosität bzw. ein religiöses Moment in den Selbstbeschreibungen der Jugendlichen und jungen Erwachsenen eine konkrete Verbindung zum Nahostkonflikt herstellt (vgl. dazu auch Kraft/Freiheit/Spaiser 2012). Wenn die Jugendlichen und jungen Erwachsenen also über den Nahostkonflikt sprechen, dann tun sie das, zumindest in Bewältigung bestimmter Handlungsprobleme, immer auch in Referenz auf ein wie auch immer im Einzelnen konkret ausformuliertes und in Anspruch genommenes Selbstkonzept als Muslime/-innen.

Gleichzeitig sprechen die Jugendlichen über den Nahostkonflikt auch auf Grundlage von Wahrnehmungen und Deutungen eines islamfeindlichen Klimas in vor allem westlichen Gesellschaften inklusive Deutschlands. Das problembezogen-handlungsrelevante Konzept einer muslimischen Gemeinschaft wird im Rahmen dessen auch zu einem politischen Konzept. So wird das angesprochene Kollektiv eben nicht nur als eine religiöse, ethnische und/oder kulturelle Gemeinschaft mit gemeinsam geteilten Praxen konstruiert, sondern auf Grundlage von Wahrnehmungen (und konkreten Erfahrungen) gemeinsam geteilter Ausgrenzungen, Stigmatisierungen und Ungleichbehandlungen auch als eine soziale Gemeinschaft der Benachteiligten und ungerecht Behandelten; wobei die Thematisierung des Nahostkonflikts auch Anlässe für eine grundsätzliche Kritik an ebendiesen Zuständen bietet.

Solidarisierungen mit den Palästinensern/-innen als Muslime/-innen sind vor diesem Hintergrund also immer auch Solidarisierungen mit denen, die ausgegrenzt, benachteiligt und schwach sind, die nicht gleichgeachtet werden und Ungerechtigkeit erfahren; wobei die Palästinenser/-innen auch als Sinnbild der Ungerechtigkeit gegenüber Muslimen/-innen erscheinen. Die Forderung nach Gerechtigkeit für die Palästinenser/-innen ist daher häufig zugleich eine Forderung nach Gerechtigkeit für Muslime/-innen – und umgekehrt. Und so wird gerade auch in diesem Zusammenhang deutlich, dass der Nahostkonflikt Anlässe für eine grundsätzliche Kritik gesellschaftlicher Zustände bietet. Die Jugendlichen und jungen Erwachsenen treten derweil nicht als weithin sprachlos und ohnmächtig Unterworfene, sondern als politisch Aktivierte in Erscheinung (vgl. dazu auch Spielhaus 2013) – was nicht zuletzt aus Perspektive einer politischen Bildung (zum Nahostkonflikt) als Ressource in Anspruch genommen werden kann.

5 Konklusionen und Konsequenzen: Anregungen für eine politische Bildung – zum Nahostkonflikt

5.1 Grundlegende Anregungen für eine politische Bildung in der Demokratie

Die nachfolgenden Anregungen beziehen sich sowohl auf die erarbeiteten Begriffe hinsichtlich einer politischen Bildung in der Demokratie als auch auf die (empirischen) Erkenntnisse hinsichtlich des Nahostkonflikts als ein in politischen, sozialwissenschaftlichen und lebensweltlichen Diskurszusammenhängen kontrovers ausgedeuteter sowie unterschiedlich mit Bedeutung versehener und in einen Zusammenhang gebrachter politischer Problemgegenstand. Es sei der Hinweis vorangestellt, dass weder die politikdidaktische Theoriebildung im Allgemeinen noch Befunde aus der qualitativen Sozialforschung im Besonderen der konkreten Praxis (schulischer) politischer Bildung verbindliche Rezepte an die Hand zu geben vermögen. Denn: Zu unterschiedlich sind die Bedingungsfelder und Lerngruppenzusammensetzungen politischer Bildung an jeweils spezifischen Orten und zu jeweils spezifischen Zeitpunkten. Ansätze und Modelle, Begriffe und Befunde aus der Sozialwissenschaft und politikdidaktischen Theoriebildung können – nicht zuletzt in Referenz auf ein pluralistisches Verständnis der Theorie und Praxis politischer Bildung – nur als Handlungsempfehlungen oder -möglichkeiten verstanden werden. Sie bedürfen der Erprobung sowie Evaluation und stehen immer auch zur Kritik.

Bezüglich der empirisch gewonnenen Erkenntnisse über soziale Deutungsmuster sei auch an dieser Stelle noch einmal betont, dass diese nur Einsichten in *typische Erscheinungsformen* des problembezogen-handlungsrelevanten Wissens zu gewähren vermögen und zudem auf Interviews mit einer nur begrenzten Anzahl an Jugendlichen mit türkischem oder palästinensischem Familienhintergrund der Sekundarstufe 2 basieren, die an bestimmten Schulen (in Berlin) und zu bestimmten Zeitpunkten geführt wurden. Um valide (und repräsentativere) Aussagen zur Geltung und Handlungsrelevanz der sozialen Deutungsmuster unter – z.b. auch „herkunftsdeutschen" – Jugendlichen und jungen Erwachsenen treffen zu können, bedarf ergänzender Forschungen. Gleiches gilt in Bezug auf die zweifellos relevante Frage nach den individuellen Gründen und Motiven für die Reproduktion oder Nicht-Reproduktion bestimmter sozialer Deutungsmuster.

5.1.1 Politische Bildung als Position beziehende Praxis und als Kritik des Politischen

Da sich das Politische zumeist als komplex, dynamisch und widersprüchlich darstellt und darauf sowohl mit Verunsicherungen und Verkürzungen als auch mit Vorurteilen und Ressentiments reagiert werden kann, sollten politische Bildner/-innen stets in der Lage sein, Unterscheidungen zu treffen und Position zu beziehen. Nicht zuletzt deshalb bedarf es eines theoretischen Begriffsfundaments, auf dessen Grundlage sich Problematisches erkennen und kritisieren und schließlich gezielt bearbeiten lässt.

Ein solches (Begriffs-)Fundament sollte in eher normativen Demokratiekonzepten der politischen Philosophie und modernen politischen (Demokratie-)Theorie gesucht und unter einem entsprechend weiten Begriffskonzept von Demokratie gefasst werden. Konkret sei der politischen Bildung in diesem Sinne ein Konzept von Demokratie nahegelegt, wonach die Demokratie an die Idee universalistischer Menschenrechte und insbesondere an die Ideen des Friedens, der Freiheit (des Gedankens und der Rede) und der Gleichwertigkeit gebunden ist und sich zugleich als eine Mitwirkungsgesellschaft der vielfältigen Mündigen beschreiben und bestimmen lässt. Bezüglich eines damit notwendig zusammenhängenden und für die politische Bildung ebenso zentralen Begriffs des Politischen sei mithin empfohlen, das Politische (gleichsam normativ) als einen auf Freiheit und Partizipation hin ausgelegten, mitunter entgrenzten und zumeist komplexen, kontroversen und konflikthaften Aushandlungs- und Bearbeitungsprozess politischer Problemstellungen zu verstehen, in dessen Kontext die Deutungen und Urteile sowie Interessen und Beteiligungen aller Gesellschaftsmitglieder/-innen von Bedeutung sind. Vermittels eines solchen begrifflichen Fundaments sind der politischen Bildung normative Indikatoren dessen zugrunde gelegt, was in Bezug auf menschliches Zusammenleben als (universell) wahrhaft in Anspruch genommen werden kann. Die politische Bildung ist damit weder ziellos noch neutral: Sie hat für Frieden sowie für Freiheit und Gerechtigkeit sowie für die Gleichwertigkeit und Teilhabe aller Menschen dem Grundsatz nach Partei zu ergreifen. Sie ist Menschenrechtsbildung und hat zur Selbstbestimmung anzustiften. Und sie hat, nicht zuletzt im Sinne der Idee einer verwirklichten Demokratie, politische Mündigkeit und Urteilskraft zu fördern – also einen Beitrag zur Emanzipation vom blinden Nachreden, vom Vorurteil und Dogmatismus im Kontext der Auseinandersetzung mit dem Politischen zu leisten (vgl. etwa Kant 1964; Adorno 1970; Negt 2013). Und da der Mensch eben nicht als ein politisch mündiges und urteilsfähiges Wesen geboren wird, erhält die politische Bildung gerade in der Demokratie eine explizite Bedeutung; wobei ein über den mündigen Menschen sich vollziehendes Bedingungsverhältnis von Demokratie und politischer Bildung begründet in Anspruch genommen werden kann.[127]

Zugleich gilt es mitzuberücksichtigen, dass die politische Bildung immer auch in einer konkreten Gesellschaft kontextualisiert und verortet ist. Sie sollte also auch den Bezug zu den konkreten Verfassungs- und Gesetzesgrundlagen nicht aus den Augen verlieren; schließlich hängen z.B. Fragen der Legitimität bestimmter politischer Äußerungen und Handlungen immer auch von konkreten Rechtsgrundlagen ab.

Eine sowohl auf normative Ideen wie Mündigkeit, Freiheit, Gleichwertigkeit und Partizipation begründete als auch in einer konkret geregelten Gesellschaft kontextualisierte sowie auf konkrete politische Verhältnisse und Probleme (in unterschiedlichen Regionen der Erde) bezogene politische Bildung sollte immer auch auf eine Demokratisierung gesellschaftlicher und

---

[127] Obgleich aller Kontroversität hinsichtlich konkreter Fragen nach angemessenen Begriffen und Ansätzen einer kompetenzorientierten politischen Bildung (vgl. etwa Weißeno et al. 2010; Autorengruppe Fachdidaktik 2011; Goll 2011) gilt es in der politikdidaktischen Theoriebildung und Diskussion als weithin konsensfähig, dass die Demokratie und der mündige Mensch einander bedingen und beide Aspekte zugleich zentrale normative Bezugspunkte einer politischen Bildung darstellen (vgl. etwa Massing 2002b, Sander 2007, Weißeno et al. 2010, Achour 2013, Detjen 2013). Die politische Mündigkeit wird als eine „Konstante für die Stabilität von Demokratie" (Achour 2013, 85) markiert, die dementsprechend „aus gesamtgesellschaftlicher Sicht für die Erhaltung und Weiterentwicklung einer demokratischen politischen Kultur und eines demokratischen politischen Systems" (GPJE 2004, 9) von Relevanz ist. Damit ist auch deutlich, dass im Mainstream politikdidaktischer Theoriebildung von eher partizipatorischen Demokratiekonzepten ausgegangen wird, die als solche überhaupt erst die Notwendigkeit einer politischen Bildung in der Demokratie zu begründen vermögen (vgl. etwa Massing 2002b).

politischer Zustände drängen (vgl. Massing 2002b) – eben weil die als substantiell in Anspruch genommenen Ideen häufig als fortwährend zu erstreitende und einzulösende Versprechen erscheinen; weshalb auch Demokratien als unabgeschlossene Projekte zwischen Sollen und Sein verstanden werden sollten, die als solche auf kritische Impulse angewiesen sind (vgl. etwa Adorno 1977; Birsl 2014).

Der grundlegenden Anregung unbenommen, „westliche" Demokratien als politische Errungenschaften erfahrbar werden zu lassen, sollte die politische Bildung daher immer auch objektive Zwänge von Vergesellschaftung und (strukturelle) Beschränkungen von Freiheit und Teilhabe im Kontext spezifischer Macht- und Herrschaftsverhältnisse sowie ungleich verteilter Ressourcen, Befähigungen und Einflussmöglichkeiten kritisch in den Blick nehmen können. Im Rahmen von Analysen politischer Verhältnisse und Prozesse (in Demokratien) sollte z.B. mitverhandelt werden können, dass die Problemdefinitionen und Lösungsentwürfe sowie die Ideen, Wünsche und Interessen bestimmter gesellschaftlicher Akteure/-innen weder die Ebene der institutionalisierten politischen Auseinandersetzung und Entscheidungsfindung erreichen noch mitunter überhaupt zur Geltung kommen können. In diesem Zusammenhang gilt es jene machtvermittelten politischen Zustände zum Analyse- und Reflexionsgegenstand zu machen, die verhindern, dass all jene, die etwas zu sagen haben und somit gehört werden wollen, auch gehört werden können. Für einen solchen Handlungsauftrag politischer Bildung spricht auch, dass gerade in einer heterogenen Migrationsgesellschaft viele Adressaten/-innen in ihren Zugängen zum Politischen um ungleiche Durchsetzungsmöglichkeiten sowie soziale Ungleichheitsverhältnisse wissen und/oder über ganz konkrete Erfahrungen des Nicht-Gehörtwerdens oder Empfindungen der Ohnmacht und Ungerechtigkeit verfügen. Und wenn solcherart Erfahrungen und Wahrnehmungen nicht angemessen berücksichtigt werden, droht die politische Bildung den gleichsam möglichen Entfremdungen gegenüber dem Politischen und der Demokratie nur mehr weiteren Vorschub zu leisten.

Die demokratietheoretische Bedeutung politischer Bildung lässt sich somit nicht in erster Linie mit der Legitimierung eines als weithin statisch in Anspruch genommenen Systems *vor* den Menschen begründen. Der politischen Bildung sollte es in der Arbeit mit den (jungen) Menschen also nicht um deren Pflichterfüllung und Unterordnung im Herrschaftssystem oder um eine unkritische Affirmation bestehender Verhältnisse gehen, sondern vielmehr um kritisches Denken und Urteilen über gesellschaftliche und politische Zustände, Prozesse und Problemstellungen.[128] Und insofern die politische Bildung immer auch für eine Kritik gesellschaftlicher und politischer Zustände steht, insofern sollten Kritik, Widerspruch und Konflikt nicht allzu voreilig als (grenzüberschreitende) Störfaktoren diskreditiert sowie Individualität und Differenz oder auch Vielfalt und Kontroversität nicht als bedrohlich erachtet und präsentiert werden. Stattdessen gilt es, einen produktiven und wertschätzenden Zu- und Umgang mit unterschiedlichen Identitäten und Interessen, Lebenswelten und Lebensentwürfen sowie Deutungen, Überzeugungen und Positionen vorzuleben und zu ermöglichen. Und es gilt, das Prinzip der Toleranz im Sinne eines gegenseitigen Respekts auf Augenhöhe zu vertreten und zu stärken.

In diesem Zusammenhang sollte sich die politische Bildung auch gegenüber jenen Konzepten problematisierend ins Verhältnis setzen, die auf Vorstellungen einer homogenen sowie weithin harmonischen Gemeinschaft basieren und die als solche ein repressives Klima (re-)produzieren, das sich gegen Selbstbestimmung, Differenz und Kritik wendet und all jene ausschließt, die eben nicht ins Bild „einer einheitlichen Volksgemeinschaft" (Fraenkel

---

[128] Dass diese Charakterisierung in der politikdidaktischen Theoriebildung indes nicht immer in gleicher Weise geteilt wird, lässt sich anhand der folgenden Ausführungen Joachim Detjens exemplarisch belegen: „Nicht die *Qualifizierung* des jungen Menschen mit Fähigkeiten für die Bewältigung seines Lebens (…) (kann, M.N.) den Politikunterricht rechtfertigen. Nein, der Politikunterricht dient in erster Linie der *Legitimierung* der bestehenden demokratischen Ordnung vor den jungen Menschen. (…) Er soll – im wörtlichen Sinne – die jungen Menschen *einbürgern.*" (Detjen 2004, 185; *Hervorhebungen im Original*). Auf Basis einer solchen eher systemorientierten Zielbestimmung politischer Bildung vermag der vor allem von Vertreter/-innen einer (ideologie-)kritischen politischen Bildung geäußerte Vorwurf berechtigt erscheinen, wonach die politische Bildung allzu häufig als herrschaftslegitimierend, affirmativ sowie schließlich unkritisch daherkomme (vgl. dazu etwa Schmiederer 1971 und 1977). Zudem ließe sich mit Peter Massing entgegenhalten, dass eher von politischer Erziehung denn von politischer Bildung zu sprechen ist, sofern ein primär systemorientiertes Interesse an der Legitimierung und Stabilität des Systems *vor* den Menschen dem politischen Unterricht zugrunde gelegt werde (vgl. Massing 2002b). Der Vollständigkeit halber sei jedoch erwähnt, dass der zuvor zitierte Joachim Detjen an anderer Stelle auch blinde Gefolgschaft explizit kritisiert. Detjen schreibt: „Mündigkeit zeichnet sich dadurch aus, dass Bürger frei und unbefangen das Gute und Schlechte, das Rechte und Unrechte erörtern und sich danach entscheiden. Hörigkeit ist eine geistlose und subalterne Art der Treue, die alles gutheißt, was die jeweilige Regierung getan hat und tut" (Detjen 2013, 214).

1973a, 360) passen oder sich einfügen (lassen wollen). Zugleich sollte sie sich gegenüber jenen gesellschaftlichen Verhältnissen und Diskursen sowie individuellen Einstellungen problematisierend ins Verhältnis setzen, die darauf hinauslaufen, bestimmte Menschen oder Gruppen von Menschen – im Ansehen ihres Geschlechts, ihrer Herkunft, ihres Aussehens, ihrer Religion, ihrer kulturellen Zugehörigkeit, ihrer sozialen Position etc. – zu stigmatisieren, zu benachteiligen oder gar anzufeinden. Politische Bildung sollte also Ideologien der Ungleichwertigkeit – etwa Rassismus, Antisemitismus, Islamismus, Sexismus oder Homophobie – kritisieren und entgegenwirken. Schließlich sei noch erwähnt, dass eher normative Demokratie- und Politikkonzepte mit Blick in die pluralistische politische Philosophie und moderne politische (Demokratie-)Theorie zur Disposition stehen (vgl. etwa Ladwig 2009; Salzborn 2012).[129] Und daher sei auch betont, dass eine begriffliche Bestimmung von Demokratie *in der Praxis* politischer Bildung immer kontrovers strukturiert sein sollte. Es gilt also zu gewährleisten, dass die „Widersprüche und Spannungen, die mit der Frage verbunden sind, welche Formen der Regelung des gesellschaftlichen Zusammenlebens (…) in modernen Gesellschaften konkret als ‚demokratisch' gelten können, in ihrer Kontroversität aufgenommen und in Lernangeboten repräsentiert werden" (Sander 2007, 48) können.

5.1.2 Politische Bildung als Förderung politischer Urteilskraft durch Berücksichtigung von Perspektivenvielfalt und Kontroversität

Die der Idee einer wahrhaften Demokratie voraussetzende und im Kontext des Politischen bedeutende *Mündigkeit* sollte als eine ganz zentrale Kompetenzdimension politischer Bildung verstanden werden. Im Sinne nun einer

---

[129] Insofern der politischen Bildung dennoch ein Festhalten an den normativen Versprechen der Demokratie und damit auch an der Idee universeller Menschenrechte nahegelegt sei, sei zugleich empfohlen, die Ideen selbst in den Vordergrund zu stellen und eben nicht so sehr die Frage, welchem kulturellen Kontext diese entstammen. Und wenn Menschenrechte zu einem konkreten Gegenstand politischer Bildung werden und zudem die Frage nach deren Entstehungskontext im Raum steht, dann sollte betont werden, dass diese auch als Produkt eines entgrenzten und gleichsam unabgeschlossenen gesellschaftlichen (Lern-)Prozesses verstanden werden können, der sich eben nicht auf einen eindeutig identifizierbaren kulturellen Kontext oder geographischen Raum beschränken ließ und lässt (vgl. Achour 2013; Bielefeldt 2007).

begrifflichen Konkretisierung von *politischer Mündigkeit* sei der politischen Bildung nahegelegt, diese als Ausdruck einer kritisch-reflektierten politischen Urteilskraft zu bestimmen, die in ihrer Bezogenheit auf einen konkreten politischen Deutungs- und Urteilsgegenstand – neben Legitimitäts- und Effizienzaspekten (vgl. Massing 1997) – unterschiedliche problembezogene Perspektiven einer (entgrenzten) Urteilsgemeinschaft zumindest exemplarisch zu berücksichtigen und vor diesem Hintergrund einzelne und insbesondere auch eigene problembezogene Wissensbestände, Perspektiven und Positionen kritisch zu hinterfragen vermag.[130]

So besehen ist die politische Bildung in der Demokratie auch deshalb von Bedeutung, weil jeder Mensch zumindest in der Lage sein sollte, das Politische politisch mündig beurteilen zu können. Die Idee einer Demokratie als Gesellschaft der Mündigen ist also gleichsam die Idee einer Demokratie als Gesellschaft der politisch Urteilsfähigen; wobei daraus indes keine Müssens-Aussagen hinsichtlich eines (zukünftigen) politischen Verhaltens der Adressaten/-innen politischer Bildung abgeleitet werden sollten. So ist z.B. politische Abstinenz als ein legitimer Ausdruck von Selbstbestimmung zu begreifen und zu akzeptieren (vgl. Detjen 2013) – zumindest dann, wenn ebendiese Abstinenz nicht aus „Gefühlen der Ohnmacht und Orientierungslosigkeit, aus Ressentiments oder der mangelnden Fähigkeit erwächst, die eigenen Interessen und Positionen auch öffentlich zur Geltung zu bringen" (Sander 2007, 50). Der politischen Bildung hat es also in erster Linie darum zu gehen, die *kognitiven Voraussetzungen* für eine Teilhabe an politischen Diskursen oder, wenn gewollt und möglich, einer noch unmittelbareren Partizipation an politischen Prozessen zu entwickeln und/oder zu fördern.

Da diesbezüglich vor allem der kognitiven Kompetenzdimension politischer Urteilskraft eine exponierte Bedeutung zugewiesen wurde, stellt sich die Frage, was ein gutes politisches Urteil ausmacht und wie sich dieses erkennen lässt. Diesbezüglich sei eine Priorisierung zugunsten formaler Bewertungskriterien empfohlen; etwa Reflexionsniveau, Mitteilbarkeit, Begründbarkeit oder Repräsentationsfähigkeit. Denn die politische Bildung sollte ihren Adressaten/-innen nicht die Entscheidung abnehmen, was in Bezug auf ein

---

[130] Es bietet sich an, ein entsprechendes (Begriffs-)Verständnis politischer Urteilskraft sowie Kriterien eines „guten" politischen Urteils mit den Adressaten/-innen politischer Bildung zu erarbeiten. In diesem Zusammenhang sollte verdeutlicht werden, dass Multiperspektivität und Kontroversität als zentrale Voraussetzungen mündiger Urteilskraft verstanden werden können.

bestimmtes politisches Problem oder Ereignis als überzeugend in Anspruch genommen werden kann – es sei denn, dass ein politisches Deutungskonzept und -angebot als problematisch bezeichnet werden muss, weil es strafrechtlich relevant und/oder eindeutig außerhalb jenes Rahmens zu verorten ist, der durch die der Demokratie zugrunde gelegten normativen Ideen und Werte abgesteckt wurde. Statt Überwältigungen zugunsten einer bestimmten politischen Deutung und Position oder eines bestimmten politischen Urteils hat die politische Bildung also grundsätzlich die Möglichkeit einzuschließen, dass ihre Adressaten/-innen zu weithin selbstbestimmten und damit auch unterschiedlichen und abweichenden Urteilen und Positionen kommen können – wobei der Urteilende mit seinem Urteil, das Position bezieht und zwischen richtig und falsch zu unterscheiden vermag, nichts Eindeutiges oder letztgültig Wahres aussprechen, sondern immer nur um Zustimmung betteln kann (vgl. Arendt 1985).

Um nun solcherart politischer Urteile zu ermöglichen, sollte die politische Bildung bestrebt sein, ihre Adressaten/-innen in Distanz zum direkt affizierenden politischen Deutungs- und Urteilsgegenstand zu bringen. Dies kann durch eine analytische Auseinandersetzung mit dem politischen Gegenstand im Spiegel multiperspektivischer und kontroverser Deutungen und Positionen ermöglicht werden, wobei sich aktive Perspektivwechsel und Perspektivübernahmen anbieten – z.B. im Rahmen von Rollenspielen. Letztlich geht es im Sinne politischer Urteile darum, dass die Adressaten/-innen in der Auseinandersetzung mit einem konkreten Problemgegenstand und des darauf bezogenen Wissens durch wiederholte Übung zu einer erweiterten Denkungsart befähigt werden, im Rahmen derer die Dimensionen einer heterogenen Urteilsgemeinschaft einbezogen werden können. In jedem konkreten Einzelfall kommt es also auf ein Begreifen der Multilateralität der von einem politischen Problem- bzw. Deutungs- und Beurteilungsgegenstand repräsentierten Perspektiven an, um von dort aus sodann das Ganze in seiner Vielfältigkeit zumindest einigermaßen exemplarisch präsent zu haben und schließlich politisch beurteilen zu können.

In diesem Zusammenhang sollte sich die politische Bildung nicht auf Imaginationen bloß möglicher Urteile anderer verlassen, die den Urteilenden der Idee nach das gegenwärtig machen sollen, was abwesend ist (vgl. Arendt

1985). Stattdessen kann und sollte sie selbst Räume und Gelegenheiten bieten, in denen sich ihre Adressaten/-innen mit einer exemplarischen Vielfalt an tatsächlich artikulierten problembezogenen Positionen, Ausdeutungen und Interpretationen unmittelbar erfahrbar auseinandersetzen können[131] – um darüber Bekanntes neu denken und Beschränkungen des eigenen Selbst- und Weltverhältnisses reflektieren zu können (vgl. Schäuble 2012a; Niehoff 2016a). Und da politische Ereignisse, Problemstellungen und Prozesse immer auch im wahrsten Sinne des Wortes entgrenzte Phänomene darstellen können, eben weil sie sich auf das Zusammenleben in oder zwischen mehreren Gesellschaften gleichzeitig auswirken oder weil sich Menschen in unterschiedlichen Regionen der Erde von diesen Problemstellungen und Prozessen gleichzeitig angesprochen und betroffen fühlen, sind dort wo geboten immer auch die Perspektiven einer kosmopolitischen Deutungs- und Urteilsgemeinschaft zu berücksichtigen. Der sodann ermöglichte Weltbezug erhöht wiederum die formale Gütequalität politischer Urteile. Er gewährleistet politische Urteile, die, gleichwohl mit eigener Stimme gesprochen, nicht länger idiosynkratrisch und weltfremd sind, die nicht lediglich auf eigenen Standortgebundenheiten gründen, die weder Ausdruck bloßen Nachredens sind noch allzu schnell übersichtlichen Vereinseitigungen oder dem Ausschluss von Alternativen erliegen können (vgl. Arendt 1985; Negt 2010).

---

[131] Vor diesem Hintergrund ist die exponierte Bedeutung von Wissen und Analysekompetenz im Sinne und Rahmen einer auf Mündigkeit durch Urteilskraft bzw. Urteilskompetenz hin ausgerichteten politischen Bildung offenkundig.

5.1.3 Politische Bildung als Förderung von Einsichten in die Relativität von Eindeutigkeit

Eine normativ begründete wie zugleich empirisch kontextualisierte und daher im Zweifel immer auch Position beziehende und Grenzen markierende politische Bildung verfügt (gleichwohl) über einen großen Handlungsspielraum, um Differenzen, Kontroversen und Konflikte zur Geltung kommen zu lassen. Und dieser Spielraum sollte explizit genutzt und ausgefüllt werden.

In diesem Zusammenhang sei der politischen Bildung eine erkenntnistheoretische Perspektive nahegelegt, wonach die gesellschaftliche und politische Wirklichkeit ohne Rekurs auf diskursive Bedingungen und menschliche Konstruktionen nicht verstanden werden kann. Obgleich nicht in Abrede gestellt werden kann und sollte, dass sich politische Zustände, Ereignisse und Prozesse (in Vergangenheit und Gegenwart) für Menschen als objektive Phänomene darstellen und faktisch auswirken können, ist dennoch vor allem die Frage entscheidend, wie diese politischen Sachverhalte von Menschen wahrgenommen, (aus-)gedeutet, interpretiert sowie mit Bedeutung versehen und in einen Zusammenhang gebracht bzw. diskursiv und inhaltlich verknüpft werden. So mag z.B. ein kriegerischer Konflikt oder ein gescheiterter Versuch diesen zu befrieden ein Faktum darstellen. Interessant wird es aber erst dann, wenn man die darauf bezogenen menschlichen Deutungskonzepte und Handlungen analytisch in den Blick nimmt.

Wenn also im Rahmen politischer Bildung politisch analysiert und darauf basierend schließlich geurteilt werden soll, sollte eben nicht über einen als objektiv eindeutig erscheinenden und präsentierten, sondern über einen vielfältig und kontrovers ausgedeuteten Gegenstand analysiert und geurteilt werden können. Gerade auch deshalb sollte die politische Bildung ihre politischen Gegenstände und Problemstellungen vor allem im Spiegel gegenstands- bzw. problembezogener Konzepte verhandeln und thematisieren, wobei es, wie gesagt, unterschiedliche problembezogene Perspektiven und Standpunkte, Interessen und Positionen, Deutungen und Interpretationen exemplarisch abzubilden gilt.

In Bezug auf ihre Gegenstände sei der politischen Bildung also ein eher relativistischer Zugang nahegelegt. Im Kern ist damit gemeint, dass sich die Annahme von Wahrheit und Eindeutigkeit hinsichtlich eines bestimmten politischen Problems oder Ereignisses sowie hinsichtlich eines bestimmten darauf bezogenen Deutungskonzepts an der Gleichzeitigkeit kontroverser und zumindest prinzipiell normativ gleichwertiger gegenstandbezogener (Aus-)Deutungen und Bedeutungen relativiert. Und so sollte es der politischen Bildung in der Regel eben nicht um kommunikative Überwältigungen, sondern um zumindest weithin ergebnis- und urteilsoffene gegenstandsbezogene Kommunikationen, Verständigungen und Aushandlungen gehen. Dabei kann jeder Diskursstandpunkt oder jede Diskursperspektive für sich genommen nur einen Teil des Ganzen repräsentieren und sollte im Rahmen einer entsprechend multiperspektivisch strukturierten politischen Bildung auch lediglich als vertiefendes, ergänzendes, konfrontatives, irritierendes und eben gleichsam immer auch streitbares Wissen integriert und präsentiert werden (vgl. Niehoff 2014). Und das gilt grundsätzlich nicht nur in Bezug auf lebens- oder alltagsweltlich verankerte Wissenskonzepte, sondern auch in Bezug auf fachliche oder sozialwissenschaftliche Konzepte. Denn obgleich nicht in Abrede gestellt werden kann, dass Wissenschaftler/-innen und Forscher/innen bestrebt sind, sich der Wahrheit anzunähern, und dass zumindest streng geprüfte sowie methodisch transparente wissenschaftliche Aussagen tatsächlich von Irrtümern, Vorurteilen, Irrationalitäten oder Ideologien vergleichsweise bereinigt sind, sollte die politische Bildung berücksichtigen, dass im Rahmen des auf bestimmten politischen Problemgegenstand bezogenen wissenschaftlichen Diskurses in der Regel kontrovers gedeutet, diskutiert, bewertet und Position bezogen wird – geleitet von den jeweiligen politischen und moralischen Überzeugungen, theoretischen Verortungen, sozialen Erfahrungen sowie institutionellen Einbindungen der beteiligten Akteure/-innen.

5.1.4 Politische Bildung als Förderung von Ambiguitätstoleranz

Sofern die politische Bildung Einsichten in die Relativität der Eindeutigkeit politischer Sachverhalte und darauf bezogener Perspektiven und Konzepte zu fördern vermag, kann sie auch zu Einsichten in die Grenzen, Beschränkungen und Auslassungen des Welt- und Problemverstehens der Adressaten/-innen beitragen. Und ein solches Verständnis kann schließlich zu einer Toleranz und wertschätzenden Anerkennung gegenüber fremden oder abweichenden Perspektiven beitragen (vgl. auch Sander 2007).[132] Damit kann überwunden werden, was Adorno als wahres Unrecht bezeichnete (vgl. Adorno 2010, 251). Denn dieses sitzt „immer genau an der Stelle (...), an der man sich selber blind ins Rechte und das andere ins Unrechte setzt" (ebd.). Es sitzt also dort, wo im politischen Deuten und Urteilen dogmatisch und blind am Bekannten sowie (vermeintlich) Eindeutigen festgehalten wird und wo das, was anders ist, ausgeblendet oder gar negiert wird.

Im Kontext der Komplexität und Widersprüchlichkeit des Politischen sind Rückgriffe auf vereindeutigende und unterkomplexe Deutungs- und Interpretationsangebote kein seltenes Phänomen. Sie stellen für die politische Bildung daher eine durchaus zentrale Herausforderung dar; und zwar auch deshalb, weil daran auch Ungleichwertigkeitsvorstellungen leicht anschluss fähig sind. Vor diesem Hintergrund lässt sich die aus der Vorurteilsforschung stammende Idee der Ambiguitäts- bzw. Widerspruchstoleranz als eine weitere relevante Kompetenzdimension politischer Bildung betonen. In diesem Sinne sollte die politische Bildung stets bemüht sein, den Widerspruchsintoleranzen in der Auseinandersetzung mit dem Politischen entgegenzuwirken – ohne dabei aber positionierende Urteile zu verunmöglichen oder zu diskreditieren. Konkret bedeutet dies, den (Re-)Produktionen verkürzter und stereotyper (Welt-)Deutungen und Zuschreibungen sowie den Rückgriffen auf einfache Schwarz-Weiß-Schemata oder Gut-Böse-Schemata (präventiv) entgegenzuarbeiten (vgl. Goldenbogen 2013). Politisch denken und urteilen sollte durch die politische Bildung also als etwas verstanden und schließlich ermöglicht werden können, das immer auch bedeutet, in Widersprüchen zu denken und zu urteilen. Und gerade auch deshalb sollte stetig verdeutlicht werden, dass das Politische zumeist durch Kontroversen und Widersprüche geprägt ist und dass diese weder immer aufgelöst werden können noch überhaupt sollten.

---

[132] Denn: „Die Einsicht, daß wir nichts wissen, solange wir nicht wissen, daß wir nichts endgültig wissen, ist die Voraussetzung des Respekts für die von anderen Menschen erfundenen Wirklichkeiten" (Watzlawick 2002; zit. in: Sander 2007, 164).

5.1.5 Politische Bildung als rassismuskritische und nicht-kulturalisierende Praxis

Will politische Bildung gelingen, muss sie von den Adressaten/-innen angenommen werden. Daher bedarf es auf Seiten der politischen Bildner/-innen einer auf Glaubwürdigkeit und Kompetenz sowie Vertrauen und Wertschätzung beruhenden Interventionsberechtigung.

In diesem Sinne sollten politische Bildner/-innen stets in der Lage sein, eigene problembezogene Zugänge sowie eigene Verstrickungen in (kontextrelevante) politische und gesellschaftliche Diskurse zu reflektieren. Denn ganz grundsätzlich kann gelten, dass ein selbstreflexiver Zu- und Umgang mit eigenen Perspektiven und Deutungsmustern eine zwingende Voraussetzung für den Umgang mit anderen Perspektiven und Deutungsmustern ist (vgl. Arnold 1985; Messerschmidt 2006; Goldenbogen 2013a; Niehoff 2015). Insbesondere hinsichtlich einer politischen Bildung im *„globalisierten Klassenzimmer"* (Niehoff/Üstün 2011, 9) geht es mithin darum, eigene Verstrickungen in rassistische Ungleichwertigkeitsvorstellungen durch Selbstreflexionen explizit zu machen (vgl. Messerschmidt 2015; Fereidooni 2015).[133] Dass diesbezüglich noch Nachholbedarfe bestehen, belegen Erkenntnisse, wonach auch Akteure/-innen der politischen Bildungsarbeit kulturalisierende und defizitorientierte Perspektiven auf bestimmte (Gruppen von) Menschen (re-)produzieren (vgl. etwa Massing/Niehoff 2010; Niehoff 2015). Und so besteht auch in der politischen Bildung stets „die Gefahr einer (zweifellos nicht immer intendierten) Festlegung von Menschen auf bestimmte stereotype Eigenschaften sowie einer fortwährenden Reproduktion von Vorstellungen, wonach es je eine bestimmte Kultur und den Anderen per se gäbe" (Niehoff 2015, 70).

Im Sinne einer Überwindung solcherart Zuschreibungen, die zu ganz konkreten Erfahrungen der Stigmatisierung und Ungleichwertigkeit führen können und daher nicht nur zentrale Versprechen der Demokratie untergraben, sondern auch den programmatischen Gedanken der Institution Schule auf

---

[133] Rassismuskritik (durch Selbstreflexion) ist daher als ein Professionalitätsanspruch zu benennen (vgl. Niehoff 2014). Und dies zu fördern, sollte Gegenstand der Ausbildung und berufsbegleitenden Weiterbildung von Akteuren/-innen aus Schule und politischer Bildung sein (vgl. Fereidooni 2015).

Gewährleistung gleicher Bildungschancen für *alle* unterminieren (vgl. etwa Niehoff/Üstün 2011), sollte (migrationsbedingte) Heterogenität und Differenz als gesellschaftliche Normalität verstanden werden und zugleich nicht primär an Kategorien wie Herkunft, Kultur oder Religion, sondern an quer zu diesen liegenden Kategorien wie Identitäten, Lebensentwürfe und Überzeugungen sowie soziale Milieus oder auch soziale Deutungsmuster festgemacht werden (vgl. Niehoff 2015); wobei aber nicht grundsätzlich in Frage gestellt werden kann, dass sowohl Identitäten als auch Deutungsmuster spezifisch *kulturell, ethnisch* oder *religiös* geprägt sein können. Und dennoch: Die politische Bildung sollte z.B. soziale Deutungsmuster als zumeist gruppen- oder kulturübergreifende Wissensbestände verstehen (vgl. Niehoff 2014). Wenn also über eine formal gleichberechtigte Auseinandersetzung mit unterschiedlichen sozialen Deutungsmustern zu einer „Sensibilität für Fremdheit" (Schüßler 2000, 117) beigetragen werden soll, dann bezieht sich „Fremdheit" eben nicht auf fremde oder gar problematische Kulturen, sondern auf fremde und eventuell auch problematische soziale Deutungsmuster (vgl. Niehoff 2014).

5.2 Ergänzende Anregungen im Sinne einer an Deutungsmustern ansetzenden politischen Bildung zum Nahostkonflikt

5.2.1 Vorüberlegungen: Der Nahostkonflikt als bedeutsamer Gegenstand politischer Bildung

Im Rahmen einer kompetenzorientierten politischen Bildung rückt die Dimension des Inputs gegenüber der des Outputs in den Hintergrund. Konkrete thematische Gegenstände sowie die darauf bezogenen Wissensbestände, Perspektiven und Positionen verfügen in Prozessen politischer Bildung so besehen vor allem über eine instrumentelle Funktion zur Ermöglichung politischer Analyse-, Handlungs- und vor allem Urteilskompetenz (vgl. etwa Fröhlich 2011; Detjen et al. 2012). Gleichwohl sei betont, dass die politische Bildung ihre thematischen Gegenstände nicht beliebig auswählen oder setzen sollte. Sie sollte stattdessen stets bemüht sein, zumindest vergleichsweise *bedeutsame* politische Themen, Sachverhalte oder

Probleme zum Gegenstand eines kompetenzorientierten Bildungsprozesses zu machen. Bedeutsamkeit meint derweil – allgemein gesprochen – „eine vergleichsweise hohe und in gewisser Weise verobjektivierte Bedeutung eines bestimmten politischen Themas oder Problems" (Niehoff 2016, 13). Nun stellt sich die Frage, woran sich eine verobjektivierte Bedeutsamkeit eines politischen Problemgegenstands als Thema und Gegenstand politischer Bildung konkret festmachen lässt bzw. was zentrale Indikatoren von Bedeutsamkeit sind? Da sich in der politikdidaktischen Literatur dazu in komprimierter Form nur wenig finden lässt, seien im Folgenden einige als in diesem Zusammenhang zentral erachtete Indikatoren genannt:
Ein politisches Problem ist als Thema oder Gegenstand politischer Bildung umso bedeutsamer,

- je dringlicher eine Lösung dieses Problems erscheint und je größer dessen „Gewicht (…) für soziale Gruppen, für die Gesellschaft als Ganzes oder für die Menschheit insgesamt [ist]" (Ackermann et al. 1994);
- je häufiger, intensiver und kontroverser dieses Problem (weltweit) diskutiert wird und je exemplarischer sich dieses Problem für eine Aushandlung grundsätzlicher politischer Gegenwarts- und Zukunftsfragen anbietet;
- je größer das Politisierungs- und Polarisierungspotential ist, je häufiger es in diesem Zusammenhang zu gegenstandsbezogen-problematischen, weil vereinseitigenden und/oder vorurteilsbeladenen Haltungen, Deutungen und Positionen kommt und je stärker Fragen eines friedlichen und respektvollen menschlichen bzw. gesellschaftlichen Zusammenlebens berührt sind;
- je größer das problembezogene Interesse auf Seiten der Adressaten/-innen politischer Bildung ist bzw. je mehr sich die Adressaten/-innen betroffen und (emotional) angesprochen fühlen und je umfassender und vielfältiger die problembezogenen Ausgangskonzepte sind.

In Referenz dessen lässt sich in Bezug auf den Nahostkonflikt von einem durchaus bedeutsamen Gegenstand politischer Bildung sprechen. Denn seit Jahrzehnten gilt dieser Konflikt als lösungsbedürftig und seit Jahrzehnten fühlen sich eine Vielzahl lokaler, regionaler und internationaler Akteure mal mehr, mal minder direkt von diesem Konflikt betroffen und/oder angesprochen. Und so beteiligen sich weltweit unzählige Akteure/-innen aus Politik,

Wissenschaft, Medien und Gesellschaft an problembezogenen Diskursen über den Nahostkonflikt; wobei sich zugleich ein enorm hohes Maß an Kontroversität offenbart (vgl. etwa Niehoff 2016). Hinzu kommt, dass der Nahostkonflikt eine Projektionsfläche für grundsätzliche weltpolitische Konfliktlinien sowie für (kollektive und individuelle) Befindlichkeiten und Interessen darstellt. So sind die gegenstandsbezogenen Wahrnehmungen, Deutungen und Positionierungen nicht selten ganz maßgeblich durch grundsätzliche soziale Erfahrungen, individuelle wie kollektive Identitäten sowie religiöse, politische und/oder ideologisierte Überzeugungen und Weltdeutungen beeinflusst und geprägt. Derweil manifestieren und kristallisieren sich Fragen von *Krieg und Frieden, Gewalt und Leid, Opfer und Täter, Schuld und Unschuld, Gunst und Ungunst, Macht und Ohnmacht, Freiheit und Sicherheit, Orient und Okzident, Religion und Nation, Solidarität und Feindschaft, Antisemitismus und Islamfeindlichkeit*. Und es geht um Fragen des Verhältnisses von *Geschichte und Gegenwart, Politik und Religion, Juden und Nicht-Juden, Muslimen und Nicht-Muslimen*.

Lässt sich vor diesem Hintergrund von einer verallgemeinerbaren Bedeutsamkeit des Nahostkonflikts als Thema und Gegenstand politischer Bildung ausgehen, lässt sich zugleich von einer besonderen Bedeutsamkeit des Themas für Schüler/-innen mit türkischem oder palästinensischem Familienhintergrund ausgehen. Denn in Referenz auf die im Rahmen dieser Arbeit geführten Interviews lässt sich feststellen, dass viele der besagten Jugendlichen und jungen Erwachsenen zum Thema Nahostkonflikt etwas zu sagen haben – und auch sagen wollen. Der Konflikt berührt sie emotional. Und er empört sie mitunter. Derweil vermögen sich die weitaus meisten der befragten Jugendlichen bzw. jungen Erwachsenen unter Rückgriff auf eine ganze Reihe unterschiedlicher sozialer Deutungsmuster zu relevanten Problemfragen ins Verhältnis zu setzen. Von einigen Jugendlichen wird der Nahostkonflikt sogar ganz explizit als bedeutend markiert – vor allem durch Verweise auf die deutsche Geschichte und das damit verbundene besondere Verhältnis zu Israel als jüdischem Staat sowie durch Verweise auf so genannte Migranten/-innen aus der Region des Nahen Osten und der Türkei, denen der Konflikt, so die Annahme, nahegehe und die sich mit diesem vergleichsweise intensiv beschäftigen würden.

Zudem wird mitunter auch eine exemplarische Bedeutung des Themas im Sinne einer kompetenzorientierten politischen Bildung betont. So meint etwa einer der interviewten Jugendlichen in Bezug auf den Nahostkonflikt:

„Es ist nämlich nicht nur ein (...) wichtiges Thema, es ist auch ein gutes Beispielthema sozusagen für Konflikte heutzutage. Und äh, es geht ja in der Schule, wie ich das verstanden hab, auch um die Vermittlung (...) bestimmter Fähigkeiten, beispielsweise die Fähigkeit zu diskutieren und nachzudenken und etwas objektiv zu betrachten. Und ich find dazu passt der Nahostkonflikt perfekt." (PM4)

5.2.2 Politische Bildung zum Nahostkonflikt als Ermöglichung repräsentationsfähiger Urteile

Da sich in Nahostdiskursen immer auch problematische, weil z.b. unterkomplexe, vereindeutigende oder vereinseitigende sowie vom Ressentiment getragene Konzepte vergegenständlichen, ist der Nahostkonflikt nicht nur ein bedeutsamer Gegenstand politischer Bildung, sondern auch die Thematisierung des Nahostkonflikts durch die politische Bildung ist bedeutsam.

Obgleich sich solcherart problematischer Deutungskonzepte nicht auf Kategorien wie ethnische, kulturelle oder nationale Herkunft zurückführen lassen, eben weil *gleichlautende Konzepte* von alltagsweltlichen wie auch politischen oder sozialwissenschaftlichen Diskursakteuren/-innen in ganz unterschiedlichen Regionen der Erde (re-)produziert werden, ist es doch so, dass spezifische gesellschaftliche Verhältnisse und Diskurse, (kollektive und nationale) Identitäten und Befindlichkeiten sowie soziale Erfahrungen einen handlungsrelevanten Einfluss haben können. So sollte z.B. deutlich geworden sein, dass in Deutschland sowohl solidarische als auch überaus kritische Positionierungen gegenüber Israel als Konfliktakteur ohne Rekurs auf die deutsche Geschichte und die darauf bezogenen individuellen Empfindungen und kollektiven Diskurse häufig nicht zu verstehen sind.

Vor diesem Hintergrund sollte die politische Bildung zum Nahostkonflikt kritische Reflexionen der eigenen Standortgebundenheit anstreben und repräsentationsfähige politische Urteile durch Eröffnung neuer Deutungsperspektiven und somit neuer Wissensbestände ermöglichen. Es sollte also um eine Vermittlung (entgrenzter) Multiperspektivität gehen (vgl. auch Goldenbogen 2013). Und es sollte um ein Erkennen und Aushalten zentraler Kontroversen und Widersprüche sowie um die Förderung einer Einsicht in die Relativität des Wahrheit-, Eindeutigkeits- oder Alleingültigkeitsanspruchs eines einzelnen nahostkonfliktbezogenen Konzepts gehen.

In diesem Sinne sollte die politische Bildung jene problembezogenen Perspektiven und Deutungen von Akteuren/-innen einer kosmopolitischen Deutungs- und Urteilsgemeinschaft zur Geltung kommen lassen, die in Widersprüchen deuten und sich vereinseitigenden Positionierungen und Parteinahmen entziehen. Und sie sollte jene Deutungen, Positionen und Argumentationen zur Geltung kommen lassen, anhand derer zentrale Kontroversen, Polarisierungen und Widersprüche (exemplarisch) aufgezeigt werden können und die sich zur Irritation und Transformation einseitiger, dichotomer oder gar Feindbilder (re-)produzierender Denk- und Deutungsmuster eignen. In Referenz auf die im Rahmen dieser Arbeit rekonstruierten sozialen Deutungsmuster sollte derweil insbesondere deutlich werden können, dass sich die Frage nach der Legitimität territorialer Interessen sowie die Fragen nach Täter und Opfer und nach Schuld und Verantwortung eben nicht eindeutig oder einseitig – zuungunsten Israels – beantworten lassen; wobei es sich in diesem Zusammenhang anbietet, an unterschiedlichen und kontroversen Wahrnehmungen und Ausdeutungen der Kern- oder Grundproblematiken des Konflikts konzeptionell anzusetzen (vgl. dazu Kapitel 5.2.3.3).

Darüber hinaus sollte deutlich werden können, dass ganz konkrete Ereignisse im Kontext des Nahostkonflikts kontrovers gedeutet, erzählt und in einen Zusammenhang gebracht werden. Ein diesbezüglich geeignetes Material stellt das vom israelisch-palästinensischen Friedensforschungsinstitut PRIME herausgegebene und in deutscher Übersetzung vorliegende Schulbuch „Das Historische Narrativ des Anderen kennen lernen – Israelis und Palästinenser" dar.[134] Denn anhand dieses Materials lassen sich zentrale historische Ereignisse und Dokumente (z.B. die *Balfour-Deklaration*, die *Staatsgründung Israels*, der *1. Israelisch-Arabische-Krieg*, der *Sechs-Tage-*

---

[134] Das Schulbuch steht in deutscher Übersetzung unter folgendem Link kostenlos zum Download zur Verfügung: http://friedenspaedagogik.de/blog/wp-content/uploads/2010/03/primetextbuch.pdf.

Krieg, die *Intifada*) sowie Begriffe (z.B. *Zionismus*) zumindest aus Perspektive der israelischen *und* der palästinensischen (Mainstream-)Erzählungen in den Blick nehmen. Derweil kann anschaulich und exemplarisch verdeutlicht werden, dass ein und dasselbe Ereignis gleichzeitig ganz unterschiedlich erfahren, interpretiert, erinnert und mit Bedeutung versehen wird. Ohnehin sollten in politischen Bildungsprozessen zum Nahostkonflikt multiperspektivische Ausdeutungen zentraler *historischer Ereignisse* zur Geltung kommen können.[135] Denn die gegenwärtig relevanten Problemdefinitionen und Deutungsmuster zum Nahostkonflikt in Sozialwissenschaft und Lebenswelten beziehen sich immer auch in zentraler Weise auf zurückliegende Ereignisse (vgl. Niehoff 2016). So ist z.B. die für viele Palästinenser/-innen so zentrale politische Forderung nach Gerechtigkeit ohne Rekurs auf historische Ereignisse und die darauf bezogenen Narrative nicht zu verstehen. Gleiches gilt auch für das in Israel verbreitete Bedürfnis nach Schutz und Sicherheit (vor Antisemitismus).

5.2.3 Soziale Deutungsmuster als Bearbeitungs- und Reflexionsgegenstände

5.2.3.1 Vorbemerkungen: Soziale Deutungsmuster als eine relevante Arbeitskategorie politischer Bildung

Der politischen Bildung, in deren Zentrum der Mensch steht, sei ein anthropologisches Begriffsfundament empfohlen, wonach der Mensch als ein zum eigenständigen und kritischen politischen Denken und Urteilen sowie zur politischen Teilhalbe im engeren Sinne prinzipiell fähiges Wesen verstanden werden kann. Gleichzeitig aber sei auch empfohlen, den Menschen als ein in handlungsleitende und handlungsbeschränkende gesellschaftliche Verhältnisse und Diskurse eingebundenes Wesen zu verstehen. Menschliches

---

[135] Mit Blick auf den seit vielen Jahrzehnten existierenden Nahostkonflikt bieten sich in diesem Zusammenhang sicherlich eine Vielzahl an relevanten historischen Ereignissen an; weshalb es notwendiger Auswahlentscheidungen hinsichtlich besonders bedeutsamer Ereignisse bedarf. Hinweise darauf können (neben den nachfolgend gegebenen) auch der sozialwissenschaftlichen Einführungs- und Überblicksliteratur zum Nahostkonflikt entnommen werden (vgl. etwa Niehoff 2016; Böhme Sterzing 2014; Johannsen 2009).

Denken, Wahrnehmen, Urteilen und Handeln sollte so besehen nicht losgelöst von Sozialität und Intersubjektivität verstanden werden. Menschliches Sein ist damit immer auch gesellschaftliches Sein und menschliches Wissen stellt immer auch ein soziales Phänomen dar.

In diesem Zusammenhang sei die Kategorie *soziale Deutungsmuster* der politischen Bildung als eine relevante Arbeitskategorie nahegelegt. Denn soziale Deutungsmuster lassen sich als überindividuelle, also von mehreren Personen geteilte, aber gleichwohl bearbeitbare Deutungs-, Argumentations- und Interpretationsangebote verstehen, die den Individuen zur sinnhaften Bewältigung von (kognitiven) Handlungsproblemen in situativen Handlungskontexten dienen (vgl. Ullrich 1999a) – wobei unter Handlungen auch Stellungnahmen, Erklärungen und Urteile sowie die dazugehörigen Begründungen und Rechtfertigungen verstanden werden können. Und da die politische Bildung einen situativen Handlungskontext darstellt, der mit einer Reihe solcher kognitiv zu bewältigender Handlungsprobleme einhergeht, lassen sich Rückgriffe auf soziale Deutungsmuster bzw. Adaptionen oder (Re-)Produktionen von sozialen Deutungsmustern als in Prozessen politischer Bildung gegenständlich bezeichnen (vgl. Niehoff 2014).

Bedeutung erhält die Kategorie soziale Deutungsmuster für die politische Bildung auch deshalb, weil es in der Praxis den Erfahrungen, Interessen und Motivationen sowie den damit zusammenhängenden Ausgangskonzepten der Adressaten/-innen explizit Rechnung zu tragen gilt bzw. an diesen angeknüpft werden sollte. Schließlich droht die Praxis politischer Bildung andernfalls an den Lebenswelten und Lebenserfahrungen und den damit zusammenhängenden (problembezogenen) Interessen vorbei zu agieren; es droht also ein „erfahrungsleerer Unterricht, der nicht nur einer erfolgreichen Kompetenzerweiterung im Wege steht, sondern sogar dem Desinteresse an Politik und politischer Bildung Vorschub leisten kann" (Niehoff 2014, 113). Ohnehin kann grundsätzlich gelten, dass Bildungsprozesse nur mit und nicht gegen die Adressaten/-innen und ihren (Ausgangs-)Konzepten zu gelingen vermögen. Und das gilt nur umso mehr für jene Themen oder Gegenstände, die für die Adressaten/-innen eine Bedeutung haben. Und so sollten in Prozessen politischer Bildung zumindest typische soziale Deutungsmuster integriert oder aber vermittels gleichlautender Deutungskonzepte von Akteuren/-innen aus Sozialwissenschaft und Politik repräsentiert werden.

Grundsätzlich gilt es zu berücksichtigen, dass soziale Deutungsmuster immer auch durch „die ihnen immanente Komplexitätsreduktion" (Ullrich 1999a, 2) handlungsrelevant werden können und somit mit Beeinträchtigungen der Wahrnehmung und des Handlungsrepertoires einhergehen können (vgl. etwa Schüßler 2000). Eine Erweiterung und Differenzierung sowie Irritation, Konfrontation oder gar Transformation von problembezogen-handlungsrelevanten Deutungsmustern sollte somit stets Anspruch und Aufgabe politischer Bildung sein. Wie bereits an anderer Stelle betont, sollte in diesem Sinne gefragt werden, anhand welcher Perspektiven und Deutungen aus politischen und sozialwissenschaftlichen Diskursen die gegenstandsbezogene Kontroversität zumindest exemplarisch abgebildet und zugleich zu einer Veränderung „einschränkender oder gegenstandsspezifisch-problematischer Deutungen der Lernenden" (vgl. Schäuble 2012a, 427f.) beigetragen werden kann.[136]

5.2.3.2 Vielfalt sozialer Deutungsmuster als Ressource

Die politische Bildung sieht sich häufig mit einem so genannten Brückenproblem konfrontiert. Gemeint ist damit eine sich mitunter als schwierig gestaltende In-Beziehung-Setzung von lebensweltlichen Konzepten einerseits und fachlichen bzw. fachwissenschaftlichen Konzepten andererseits. In Referenz nun auf die Vielfalt der für Jugendliche und junge Erwachsene mit türkischem oder palästinensischem Familienhintergrund Im Sprechen über den Nahostkonflikt handlungsrelevanten sozialen Deutungsmuster dürfte sich das angesprochene Brückenproblem als weithin unproblematisch darstellen. Eine In-Beziehung-Setzung von problembezogenen lebensweltlichen und sozialwissenschaftlichen Deutungen scheint also – zumindest in Lerngruppenzusammensetzungen, in denen lebensweltliche Perspektiven besagter Jugendlicher präsent sind – weithin umstandslos möglich zu sein. Denn nahezu alle der rekonstruierten sozialen Deutungsmuster werden auch

---

[136] Es sei in diesem Zusammenhang jedoch auch betont, dass die politische Bildung als Möglichkeit (und Angebot) der Kritik und Transformation von problematischen Standpunkten, Haltungen und Deutungen immer auch an Grenzen kommen kann. So erweist sich manches als kritikfest und einwandsimmun. Das gilt auch für soziale Deutungsmuster. Denn obgleich diese als grundsätzlich veränderbar und bearbeitbar verstanden werden können (vgl. etwa Arnold 1985), muss dennoch berücksichtigt werden, dass auch diese sich nicht immer umstandslos transformieren lassen (vgl. Schäuble 2012a).

in sozialwissenschaftlichen und politischen Diskursen zum Nahostkonflikt (re-)produziert; und zwar von jeweils unterschiedlichen Akteuren/-innen aus Israel und den palästinensischen Gebieten oder auch aus den USA, Deutschland und anderen Regionen der Welt (vgl. Kapitel 3.1). Und so lässt sich hinsichtlich der überwiegenden Mehrzahl der erhobenen sozialen Deutungsmuster auch nicht von gruppenspezifischen (etwa „türkischen" oder „palästinensischen" oder „muslimischen") Deutungsmustern sprechen – zumindest dann nicht, wenn die Erscheinungsformen des Wissens in den Blick genommen werden.

Da die angesprochenen Jugendlichen und jungen Erwachsenen zugleich auch in Widersprüchen deuten, kann die politische Bildung mithin davon ausgehen, dass sich ihre Adressaten/-innen unter gewissen Voraussetzungen auch auf eine konfrontative und kritische Auseinandersetzung mit denen für sie handlungsrelevanten Deutungsmustern einlassen. Denn grundsätzlich kann gelten, dass die Wahrscheinlichkeit einer kritischen Auseinandersetzung umso größer ist, desto weniger konsistent und widerspruchsfrei die Adressaten/-innen deuten; während andersherum gelten kann, dass weithin widerspruchsfreie (Ausgangs-)Deutungen Ausdruck von eher kritikfesten und bearbeitungsresistenten Vorurteilen oder gar Ideologisierungen sein dürften (vgl. etwa Massing 1997).

Die Vielfalt problembezogen-handlungsrelevanter sozialer Deutungsmuster und Deutungsmusterdimensionen stellt also eine wertvolle Ressource dar. Sie ermöglicht einer politischen Bildung, die an gängigen Ausgangskonzepten erfahrbar anknüpfen und gleichzeitig ihren Bezug zu sozialwissenschaftlichen Perspektiven nicht verlieren möchte, vielfältige Anknüpfungspunkte und Möglichkeiten. So lassen sich z.B. über eine Aushandlung von Diskurspositionen sozialwissenschaftlicher Akteure/-innen zugleich auch gängige soziale (Ausgangs-)Konzepte repräsentieren und verhandeln.

5.2.3.3 Irritation von vereindeutigenden Perspektiven auf Fragen nach Schuld und Verantwortung sowie Täter und Opfer

In nahostkonfliktbezogenen politischen Diskursen geht es oft um Fragen von Schuld und Verantwortung sowie Täter und Opfer.[137] Auch Jugendliche und jungen Erwachsene thematisieren diese Fragen – und zwar gerade auch deshalb, weil sie den Nahostkonflikt mit Krieg, Gewalt und menschlichen Tragödien in Verbindung bringen und daher als lösungsbedürftig erachten; wobei Jugendliche und junge Erwachsene mit türkischem oder palästinensischem Familienhintergrund in diesem Zusammenhang vor allem politische Eliten im Allgemeinen sowie die israelische politische Elite im Besonderen als für den Konflikt und dessen Nicht-Lösung verantwortlich deuten. Daher sollten Fragen nach Schuld und Verantwortung zum (Problem-)Gegenstand einer Auseinandersetzung gemacht werden. In diesem Zusammenhang sollten die vorgenannten Ausgangskonzepte konfrontiert und erweitert werden können, ohne diesen ihre grundsätzliche Relevanz und Geltung im Kontext eines kontrovers ausgedeuteten Ganzen abzusprechen. Das bedeutet zunächst einmal, dass die politische Bildung auch jenen Konzepten ein Raum zu geben hat, wonach die politischen Eliten für den Nahostkonflikt verantwortlich gemacht werden können, weil sie Lösungsvorschläge abgelehnt haben, konkrete Friedensverhandlungen scheitern ließen und sich nicht nur gegenseitig dafür verantwortlich machen, sondern auch von sozialwissenschaftlichen Akteuren/-innen dafür verantwortlich gemacht wurden und werden (vgl. Niehoff 2016). Zugleich aber sollte auch erfahrbar werden können, dass sich die politischen Eliten auf israelischer wie palästinensischer Seite im Verlauf des Konflikts als Lösungen mitnichten immerzu unzugänglich erwiesen haben. Zudem sollten pauschalisierende und homogenisierende Konzepte der (israelischen oder palästinensischen) politischen Eliten problematisiert werden. Es sollte also verdeutlicht werden, dass auch die politischen Eliten nicht allesamt mit einer Stimme sprechen. Und es sollte verdeutlicht werden, dass auch die Nicht-Eliten auf beiden Seiten in die Verantwortung genommen werden können. In diesem Sinne kann erarbeitet werden, dass in beiden Gesellschaften in jüngerer Zeit vor allem solche

---

[137] So berichtet z.B. der langjährige ARD-Chefkorrespondent in Tel Aviv Richard C. Schneider, dass die Frage „Wer hat Schuld?" zu den häufigsten zählt, die dem Journalisten, der aus dem Nahen Osten berichtet, gestellt wird (vgl. Schneider 2007).

Bewegungen, Parteien und Personen gestärkt und unterstützt werden, die Kompromissen und Verständigungen eher weniger zugänglich sind.[138] Währenddem gilt es zu berücksichtigen, dass ein Fokus auf politische Eliten auch Ausdruck eines – aus normative Perspektive gesehen – verkürzten Politikbegriffs sein kann. Und zwar insofern, als die Bedeutung und Rolle der Bürger/-innen im Begriff des Politischen eher ausgespart bleibt. Deshalb sollte die politische Bildung grundsätzlich immer auch einen Zugang zu komplexeren Begriffe des Politischen ermöglichen – also zu jenen, in denen auch den Nicht-Eliten eine Rolle und Verantwortung im Kontext politischer Prozesse und Diskurse zugewiesen wird. Überdies sollte mitberücksichtigt werden, dass Fokussierungen auf politische Eliten mit Feindbildkonstruktionen und Ressentiments einhergehen können. So kann eine allcinig auf bestimmte politische Eliten gerichtete und somit personalisierende Kritik politischer und gesellschaftlicher Verhältnisse und Zustände im Feindbild „politische Elite" münden und/oder Ausdruck von verschwörungstheoretischen oder antisemitischen Denk- und Deutungsmustern sein – insbesondere dann, wenn die angesprochenen Eliten zugleich als übermächtig, manipulierend und unehrlich konstruiert werden. Es sei jedoch darauf hingewiesen, dass in der Arbeit mit sich diskriminiert und nicht-anerkannt fühlenden Angehörigen gesellschaftlicher Minderheiten sensibel mitberücksichtigt werden sollte, dass eine Kritik politischer Eliten in genau diesen Erfahrungen der Nicht-Anerkennung und Ungleichwertigkeit begründet sein kann. Hier gilt es, der berechtigten Klage einen Raum zu geben, ohne personalisierende und somit verkürzende Erklärungen für das unhinterfragt zu lassen, was zumeist nur in Rekurs auf komplexe Zusammenhänge angemessen verstanden und kritisiert werden kann.

Um nun differenzierte Perspektiven hinsichtlich der Fragen nach Schuld und Verantwortung sowie Täter und Opfer zu eröffnen, bietet sich auch die folgende rahmengebende und gleichsam konkrete Fragestellung an: „Was sind die Grund- bzw. Kernproblematiken des Nahostkonflikts?"

---

[138] So kann z.B. verdeutlicht werden, dass israelische Parteien aus dem rechten politischen Spektrum, die seit einigen Jahren in Regierungsverantwortung stehen, vom Volk gewählt worden sind. Ähnlich verhält es sich für die nur bedingt kompromissbereiten politischen Repräsentanten/-innen der Palästinenser/-innen – insbesondere jene der Hamas oder anderer radikal-islamistischer Bewegungen. Auch sie bedürfen der Unterstützung in der palästinensischen Bevölkerung und erfahren diese.

Diesbezüglich sei die Integration von drei grob zu unterscheidenden Deutungsperspektiven in den entsprechend problembezogenen Aushandlungsprozess empfohlen; wobei im Sinne einer Ermöglichung repräsentationsfähiger politischer Urteile unterschiedliche Perspektiven und Positionen von Akteuren/-innen aus Israel, den palästinensischen Gebieten und anderen Teilen der Erde zur Geltung kommen sollten – etwa in Form bearbeitbarer Positions- oder Rollenkarten:

(1.) Deutungen, wonach (vor allem) die zionistisch-israelische (Konflikt-) Politik das Kernproblem darstelle, weil diese Politik – aus einer Position der Stärke und Überlegenheit heraus agierend – auf Landnahme, Enteignung, Expansion und Besiedlung sowie auf Unterdrückung und eine restriktive Sicherheitspolitik setze und sich mithin durch einen mangelnden Kompromiss- und Lösungswillen auszeichne. Entsprechende Perspektiven und Positionen finden sich unter anderem in Teilen der Veröffentlichungen folgender politischer oder sozialwissenschaftlicher Akteure/-innen: Judith Butler – jüdisch-US-amerikanische Philosophin (siehe dazu: Piberger 2016); Edward Said – US-amerikanischer Literaturwissenschaftler palästinensischer Herkunft (siehe dazu: Koch 2016b); Moshe Zuckermann – israelischer Soziologe (vgl. Zuckermann 2016); Mahmoud Abbas – palästinensischer Politiker (siehe dazu: Dinkelaker 2016b).

(2.) Deutungen, wonach nicht vor allem Israel in der Verantwortung für den Konflikt und dessen Nicht-Lösung stehe, weil die (terroristische) Gewalt gegen Israel sowie der Antizionismus und Antisemitismus auf palästinensischer und arabischer Seite das Kernproblem des Konflikts darstelle und Israel in der Region so besehen kaum einen Verhandlungspartner vorfinde, der auf Versöhnung und Kompromisse setze; wobei Israels Position der Stärke und Überlegenheit zugleich insofern zu relativieren sei, als Israel weltweit und insbesondere in der arabischen Welt stetig angefeindet und delegitimiert werde. Solcherart Perspektiven und Positionen finden sich unter anderem in Teilen der Veröffentlichungen folgender politischer oder sozialwissenschaftlicher Akteure/-innen: Naftali Bennet – israelischer Politiker (siehe dazu: Nolte 2016b); Yaacov Lozowick – israelischer Historiker (siehe dazu: Niehoff 2016c); Alan Dershowitz – US-amerikanischer Jurist (siehe dazu: Koch 2016a); Stephan Grigat – deutscher Politikwissenschaftler (vgl. Grigat 2016).

(3.) Deutungen, wonach beide Seiten Kompromissen eher unzugänglich seien und wonach sowohl die israelische Besatzung und Besiedlung als auch die Bedrohung des israelischen Staates durch palästinensischen Terrorismus und (antisemitischen) Antizionismus als Kernproblematiken benannt werden und dementsprechend beide Seiten für das Scheitern einer Lösung des Konflikts verantwortlich zu machen seien. Diese Perspektiven finden sich beispielsweise in Teilen der Veröffentlichungen folgender politischer oder sozialwissenschaftlicher Akteure/-innen: Tzipi Livni – israelische Politikerin (siehe dazu: Nolte 2016c); Sari Nusseibeh – palästinensischer Philosoph (siehe dazu: Niehoff 2016b); Steffen Hagemann – deutscher Politikwissenschaftler (vgl. Hagemann 2016b).

Im Rahmen einer Auseinandersetzung mit diesen vielfältigen Perspektiven können nicht nur unterschiedliche und kontroverse Perspektiven auf die Fragen nach Täter und Opfer sowie Schuld und Verantwortung, sondern überdies auch eine ganze Reihe an weiteren grundsätzlichen politischen (Kategorien und) Gegenwartsfragen – etwa Fragen von: *Souveränität und Selbstbestimmung; Freiheit, Gerechtigkeit und Sicherheit; Macht und Ohnmacht; Recht und Unrecht*.

Ein solcher Problemfokus ist also hinreichend offen. Er trägt nicht nur den Prinzipien der Wissenschaftsorientierung und Kontroversität Rechnung, sondern auch der Idee, wonach die politische Bildung solche Fragestellungen zu behandeln hat, auf die gängige problembezogene (Ausgangs-)Konzepte und soziale Deutungsmuster der Adressaten/-innen bezogen sind. Zugleich aber ist er auch eng genug, um den enorm komplexen Gegenstand in einen präzise abgesteckten und somit bearbeitbaren Rahmen einzufassen und dem Bildungsprozess einen für alle Beteiligten jederzeit transparenten inhaltlichen Referenz- und Bezugspunkt zu geben – gerade auch mit Blick auf die darauf abgestimmten Urteilsfragen zum Ende des Bildungsprozesses.

5.2.3.4 Irritation von Wahrnehmungen einseitiger Parteinahmen für Israel

Wahrnehmungen Israels als international und vor allem durch die USA und Deutschland einseitig bevorteilter und unterstützter Konfliktakteur scheinen vergleichsweise weit verbreitet zu sein. Um diese Eindeutigkeitsannahmen zu irritieren kann die politische Bildung gezielt unterschiedliche Perspektiven und Positionen von politischen Akteuren/-innen und Sozialwissenschaftlern/-innen aus Deutschland und den USA integrieren, die als solche exemplarisch verdeutlichen, dass in Bezug auf den Nahostkonflikt hier wie dort eben nicht mit einer Stimme zugunsten Israels gesprochen wird. Ohnehin sollte die politische Bildung immerzu jenen Vorstellungen entgegenwirken, die von einem Kausalzusammenhang zwischen Sprecher/-in und Sprechort einerseits und Inhalt/Positionierung andererseits ausgehen. Zwar sollte erarbeitet und reflektiert werden können, dass gesellschaftliche Einbindungen und konkrete soziale Erfahrungen problembezogene Zugänge und Deutungen bedingen und prägen können, es sollte aber immer auch erfahrbar werden können, dass eben nicht alle Diskursakteure/-innen aus den USA und Deutschland oder auch aus Israel und den palästinensischen Gebieten ein und dieselbe Perspektive auf den Konflikt haben.

Derweil sollten auch jene Annahmen kritisch hinterfragt werden können, wonach Israelkritik in Deutschland tabuisiert sei. So sollte im Rahmen eines hier sodann notwendigen Rekurses auf die nationalsozialistische Vergangenheit Deutschlands zwar herausgearbeitet werden, dass sich die deutsch-israelischen Beziehungen aufgrund dieser Vergangenheit als zweifellos besonders darstellen und dass es in diesem Zusammenhang (vor allem auf Regierungsebene) auch zu ausdrücklichen Bekenntnissen zur Existenz und Sicherheit des jüdischen Staates kommt. Gleichzeitig aber sollte auch deutlich werden können, dass sich in den Bezugnahmen auf den Nahostkonflikt und Israel auch in Deutschland mitunter israelkritische, antizionistische oder gar ganz explizit antisemitische Haltungen und Motive offenbaren.

Überdies sollten auch jene Wahrnehmungen und Deutungen irritiert werden können, wonach (deutsche) Medien per se für Israel und gegen die Palästinenser/-innen Partei ergreifen würden. Hier bietet sich eine Auseinandersetzung mit Erkenntnissen aus der Medienforschung an, die belegen, dass den deutschen Medien in der Gesamtschau eben keine dezidierte Parteilichkeit zugunsten Israels vorgeworfen werden kann (vgl. etwa Richter 2016). Dabei kann auch erarbeitet werden, dass in Berichterstattungen über Israel *und* die Palästinenser/-innen häufig der Konflikt in den Vordergrund gestellt wird und dadurch beide Seiten in einem eher negativ konnotierten Zusammenhang thematisiert werden; wobei durchaus zu problematisieren wäre, dass das Alltägliche und Positive hinsichtlich beider Gesellschaften häufig zu kurz kommt.[139]

5.2.3.5 Soziale Deutungsmuster als Reflexionsgegenstände

> „Gebildet ist erst der, der sein eigenes Wissen
> einordnen kann" (Dietrich Schwanitz)

Für eine adressaten/-innenorientierte politische Bildung ist nicht nur die Frage relevant, „was" Jugendliche und junge Erwachsene in Bezug auf einen politischen Gegenstand oder ein politisches Problem typischer Weise sagen bzw. welche Deutungsmuster gegenstandsbezogen besonders handlungsrelevant sind, sondern auch „warum" etwas gesagt oder in bestimmter Weise gedeutet und verhandelt wird. So macht es z.B. einen Unterschied, ob eine sehr harsche Kritik an der israelischen Politik Ausdruck eines antisemitischen Weltbildes oder aber Ausdruck einer Strategie ist, um auf das als leidvoll gedeutete (oder erfahrene) Schicksal der Palästinenser/-innen mit Nachdruck öffentlich aufmerksam zu machen.

Im Rahmen politischer Bildungsprozesse sollten also immer auch mögliche Ursachen, Motive und Erklärungen für (Re-)Produktionen bestimmter gegenstands- oder problembezogener Deutungen und Positionierungen ausgelotet und diskutiert werden, um diese schließlich auch kritisierbarer zu machen. Aus Perspektive einer Position beziehenden politischen Bildung in der Demokratie gilt es derweil in jedem Falle antisemitische, rassistische und/oder antimuslimische Motive problematisierend in den Blick nehmen. So kann etwa am Beispiel des so genannten sekundären Antisemitismus aufgezeigt und erarbeitet werden, dass israelkritische Deutungen und Positionierungen in Deutschland immer auch die Funktion haben können, das eigene nationale Kollektiv vor dem Hintergrund der NS-Vergangenheit

---

[139] Da Medien gegenwärtig ohnehin als Projektionsfläche für ein Unbehagen im Kontext gesellschaftlicher und politischer Verhältnisse, Zustände und Veränderungen herhalten müssen, weil Medien also immer wieder als Feindbilder konstruiert und ihre Akteure/-innen sogar verbal oder gar tätlich angegriffen werden, gilt es, Medienkompetenz ohnehin als eine bedeutende Kompetenzdimension demokratischen Handelns zu erachten und entsprechend zu fördern – gerade auch durch die politische Bildung.

moralisch zu entlasten und schließlich aufzuwerten. Oder es kann am Beispiel von Stellungnahmen aus dem rechtspopulistischen und/oder islamfeindlichen Milieu gezeigt werden, dass Parteinahmen gegen die Palästinenser/-innen auch in islamfeindlichen Einstellungen gründen können.

Die Frage nach Motiven kann im Prozess politischer Bildung grundsätzlich gemeinsam mit den Adressaten/-innen angegangen werden. Um derweil die Wahrscheinlichkeit zu erhöhen, dass auch jene Deutungen und Positionierungen in den Blick genommen werden, die für die Adressaten/-innen selbst von Handlungsrelevanz sind, sollte die politische Bildung, sofern möglich, Erkenntnisse aus empirischen Sozialforschung (mit Jugendlichen) nutzen. Bezogen auf den Nahostkonflikt bieten sich in diesem Zusammenhang z.B. die folgenden Fragestellungen als Reflexionsanlässe an: 1.) Wie lässt sich die vergleichsweise hohe Bedeutsamkeit des Themas in Deutschland im Allgemeinen sowie für Jugendliche mit türkischem oder palästinensischem Familienhintergrund im Besonderen erklären? Welche kollektiven Identitätskonzepte spielen dabei eine Rolle und wie wirken sich diese auf die Wahrnehmungen, Interpretationen und Positionierungen des Nahostkonflikts aus? 2.) Wie lassen sich sehr kritische oder auch sehr solidarische Haltungen gegenüber Israel/Israelis oder Palästinensern erklären?

In diesem Zusammenhang können sodann unter anderem die folgenden Kategorien kritisch und selbstreflexiv in den Blick genommen werden:
- Identitäten und Zugehörigkeitskonstruktionen;
- Aufwertungsstrategien von Kollektiven;
- Strategien der Vergangenheitsbewältigung;
- politische und/oder religiöse Selbstverortungen und Überzeugungen;
- Wahrnehmungen und Erfahrungen von Stigmatisierung und Diskriminierung;
- Ideologien der gruppenbezogenen Menschenfeindlichkeit;
- direkte biografische und/oder familiäre Involvierungen;
- Emotionen und Provokationen.

Zu reflektieren sind also vor allem grundsätzliche bzw. gegenstandsunabhängige Aspekte, die in ihrer kontextbezogenen Handlungsrelevanz gleichwohl einen Einfluss auf die gegenstandsbezogenen Zugänge, Deutungen und Urteile haben können. Wie angedeutet, sollte dabei kritisch diskutiert und reflektiert werden, inwiefern solcherart Aspekte einem sachgerechten politischen Urteil gegenüberstehen können – wobei die Adressaten/-innen Kriterien eines „guten" politischen Urteils (z.B. Repräsentationsfähigkeit, Reflexionsniveau) bereits kennen sollten.

5.2.4 Politische Bildung zum Nahostkonflikt als Kritik sozialer Deutungsmuster

5.2.4.1 Politische Bildung zum Nahostkonflikt als Antisemitismuskritik

Eine auf den Ideen der Individualität und Selbstbestimmung sowie Freiheit und Gleichwertigkeit aller Menschen normativ gründende und auf Mündigkeit durch Urteilskraft und (Selbst-)Kritik hin ausgerichtete politische Bildung in der Demokratie ist automatisch immer auch Antisemitismuskritik. Denn der Antisemitismus stellt nicht nur ein verkürztes Deutungs- und Interpretationsangebot zur Erklärung von Welt, Gesellschaft und Politik dar, sondern ist als eine „durch und durch antiaufklärerische Macht" (Adorno 1973, 366) explizit gegen Mündigkeit ausgerichtet (vgl. Niehoff 2016a) und bedroht damit die Demokratie (vgl. etwa Rensmann 2016). Der Antisemitismus negiert die Ideen der Gleichheit und Gleichwertigkeit und er hebt „jede Form von Selbstreflexion und damit Kritikfähigkeit, die sich zu allererst dadurch auszeichnet, auch das Potenzial zur Selbstkritik zu umfassen, grundsätzlich auf" (Salzborn 2014, 105).
Da nun Erkenntnisse aus der Antisemitismusforschung sowie Erfahrungen aus der Praxis antisemitismuskritischer Bildungsarbeit belegen, dass der Nahostkonflikt gegenwärtig als eine zentrale Projektionsfläche oder Ursache sowie als ein zentraler Katalysator antisemitischer Deutungsmuster (und Handlungen) gelten kann, kommt einer antisemitismuskritischen politischen Bildung insbesondere auch im Kontext des Nahostkonflikts eine Bedeutung zu – und zwar unabhängig von der ethnischen oder kulturellen Herkunft, Nationalität oder Religiosität der Adressaten/-innen; schließlich lassen sich Erscheinungsformen des nahostkonflikt- oder israelbezogenen Antisemitismus nicht auf bestimmte gesellschaftliche Gruppen beschränken (vgl. etwa Adorno 1971; Holz 2005; Heyder et al. 2005).

Auch für Jugendliche und junge Erwachsene können antisemitische Denk- und Deutungsmuster im Kontext des Nahostkonflikts Funktionen bereithalten. So kann etwa der israelbezogene Antisemitismus sowohl zur Erklärung des Konflikts als auch zur Aufwertung, Stabilisierung und Differenzmarkierung kollektiver Identitätsformationen herangezogen werden.[140] In Referenz auf Erkenntnisse aus Jugendstudien (vgl. etwa Schäuble 2012a) sowie auf die im Rahmen dieser Arbeit vorgenommene Deutungsmusteranalyse dürfte sich die politische Bildung aber eher selten mit manifesten und widerspruchsfreien antizionistischen oder gar antisemitischen Weltbildern konfrontiert sehen. Gleichwohl aber dürfte sie es – in Lerngruppen, in denen Jugendliche und junge Erwachsene mit türkischem oder palästinensischem Familienhintergrund präsent sind – neben vielfältigen und widersprüchlichen Deutungskonzepten auch mit vereindeutigenden und vereinseitigenden Wahrnehmungen und Deutungen des Konflikts zuungunsten Israels sowie mit antizionistischen und antisemitischen Deutungs*fragmenten* zu tun haben. So z.B. mit Deutungen, wonach die Verantwortung für den Konflikt und die damit einhergehende Gewalt einseitig auf Seiten Israels verortet wird, wonach vor allem die Palästinenser/-innen als Opfer des Konflikts erscheinen, wonach die Zionisten/-innen den Palästinenser/-innen „ihr" Land weggenommen hätten, wonach sich Israel zahlreicher Verbrechen schuldig machen würde und wonach die Existenzberechtigung Israels kritisch gesehen werden könne.

Eine politische Bildung, die im Sinne einer Kritik und Prävention des Antisemitismus solcherart israelkritischer, antizionistischer und/oder antisemitismusrelevanter Deutungsperspektiven zu bearbeiten hat, muss grundsätzlich eine Gratwanderung vollziehen. Denn sowohl im Sinne des auf sozialwissenschaftliche Problemdiskurse bezogenen Kontroversitätsgebots als auch im Sinne einer an gängigen Ausgangskonzepten der Adressaten/-innen ansetzenden Praxis gilt es, den als israelkritisch oder gar antizionistisch zu interpretierenden Perspektiven und Positionen einen Raum zu geben – werden diese doch in lebensweltlichen *und* sozialwissenschaftlichen Diskurszusammenhängen (re-)produziert. Gleichwohl aber sollten insbesondere diese Deutungsperspektiven mit Gegenargumenten und Gegenperspektiven

---

[140] Hinzu kommt, dass antisemitische Äußerungen auch als Mittel der Provokation und zur Erreichung von Aufmerksamkeit dienen können.

konfrontiert und somit gezielt erweitert, irritiert und relativiert werden können. Es sollte also z.b. verdeutlicht werden, dass Konzepte, wonach die Region allein den Palästinensern/-innen zustehe, insofern zu relativieren sind, als legale Landkäufe gab und die Region ohnehin durch eine äußerst wechselvolle Geschichte geprägt ist. Ein in diesem Sinne geeignetes Material stellt z.B. ein von Mitarbeiter/-innen der KIgA erarbeiteter didaktischer Ansatz dar, in dessen Kontext unter anderem anhand von Kartenmaterial (grob) verdeutlicht werden kann, dass die Region durch wechselnde Herrschaftsverhältnisse geprägt war, dass sich die Bevölkerungszusammensetzung durch die Geschichte immer wieder veränderte, dass also unterschiedliche Kulturen und Religionen in der Region beheimatet waren, „dass es einen eigenständigen palästinensischen Staat als möglichen Bezugspunkt für Besitzansprüche bislang noch nie gegeben hat, und (…) dass (auch historisch hergeleitete) kollektive Identitätskonstruktionen im Grundsatz ebenso kritisch zu hinterfragen sind wie viele daraus abgeleitete Forderungen" (KIgA 2013, 71). Ohnehin sollten – gerade auch im Sinne einer antisemitismuskritischen politischen Bildung – die „historischen Voraussetzungen und Grundkonstellationen der Staatsgründungszeit" (ebd.) vertieft behandelt werden; und zwar deshalb, weil sich im Rahmen eines vergleichsweise häufig handlungsrelevant erscheinenden antisemitismusrelevanten Deutungsmusters, wonach die Palästinenser/-innen „ihres" Landes unrechtmäßig beraubt seien, vor allem auf die frühe zionistische Besiedelung der Region sowie s auf die Gründung des jüdischen Staates Israel bezogen wird (vgl. Kapitel 4.2.4). Ein in diesem Sinne geeignetes, weil auf die Vermittlung von israelischen und palästinensischen Perspektiven sowie überhaupt auf Einsichten in die Komplexität und Widersprüchlichkeit der damaligen politischen Problemlagen, Ereignisse und Veränderungen hin ausgelegtes Konzept, ist die Methode „Jenseits von Schwarz-Weiß. Ein Zeitstrahl zu Geschichte und Geschichtsbildern des Nahostkonflikts bis 1949" (ebd., 71ff.).[141]

Als eine weitere Möglichkeit bietet es sich an, die von *gegenwärtig relevanten* Akteuren/-innen aus Sozialwissenschaft und Politik vertretenden

---

[141] Genauere Informationen zu dieser Methode befinden sich in einem von der Kreuzberger Initiative gegen Antisemitismus herausgegebenen Theorie-Praxis-Handbuch (vgl. KIgA 2013). Dieses ist im Internet abrufbar unter: www.kiga-berlin.org/uploads/KIgA_Widerspruchstoleranz_2013.pdf.

Lösungsansätze zum Nahostkonflikt in den Blick nehmen. Denn darüber kann verdeutlicht werden, dass die (wirklich gewordene) zionistische Idee einer sicheren Heimat für Jüdinnen und Juden in der Region Palästina zumindest dem Grundsatz nach auf eher selten in Frage gestellt wird. Denn statt einer Kein-Staat-Israel-Lösung wird vor allem das Konzept einer Zwei-Staaten-Lösung vertreten (vgl. dazu Niehoff 2016). Hinzu kommen solche Lösungsansätze, wonach es bis auf Weiteres auf ein geschicktes und möglichst gewaltloses Management des Status quo ankommt (vgl. etwa Grigat 2016) oder solche, die eine binationale Ein-Staaten-Lösung favorisieren (vgl. etwa Butler 2013) – wobei derweil der jüdische Charakter Israels nicht immer in Frage gestellt oder als bedroht erachtet wird (vgl. Nusseibeh 2012; Glick 2014).[142]

Überdies sollten im Sinne einer antisemitismuskritischen politischen Bildung zum Nahostkonflikt auch die problembezogen-handlungsrelevanten Bilder über israelische „Verbrechen" bearbeitet und kritisch hinterfragt werden können – ohne dabei den Eindruck zu erwecken oder zu vermitteln, dass sich das israelische Militär nicht auch gewalttätig verhalte oder dass es keine Leid- und Gewalterfahrungen auf Seiten der Palästinenser/-innen gebe. In diesem Sinne sollte an einer ohnehin bedeutsamen kritischen Medienkompetenz gearbeitet werden, weil z.B. Jugendliche und junge Erwachsene mit türkischem oder palästinensischem Familienhintergrund, die solcherart Vorstellungen und Bilder reproduzieren, zugleich auf Videos und Berichterstattungen aus sozialen Netzwerken und aus türkischen und arabischen Fernsehsendern verweisen, für die nicht selten gelten dürfte, dass sie – mitunter aus explizit propagandistischen Motiven heraus – auf emotionale Empörungen abzielen und die Dinge vereinseitigen und überspitzen. Und ebendies gilt es kritisch herauszuarbeiten.

---

[142] Selbst einigen öffentlichen Reden politischer Führer der radikal-islamischen Hamas kann man entnehmen, dass unter bestimmten Voraussetzungen auch ein Staat Israel in der Region akzeptiert werden würde; wenngleich in anderen Veröffentlichungen von einer Befreiung der (als islamisch gedeuteten) gesamten Region Palästina die Rede ist (vgl. Dinkelaker 2016a). Vor diesem Hintergrund ist offenkundig, dass es grundsätzlich immer auch zu berücksichtigen gilt, dass im Rahmen der der „westlichen" Weltöffentlichkeit zugänglichen bzw. explizit an diese gerichteten Reden und Dokumente zumeist eher moderate Töne angeschlagen werden.

5.2.4.2 Politische Bildung zum Nahostkonflikt als Kritik des antimuslimischen Rassismus und als Irritation homogenisierender Konstruktionen

Die politische Bildung in der Demokratie hat nicht nur antisemitische Deutungsmuster, sondern auch rassistische Ungleichwertigkeitskonzepte aus ihrem Selbstverständnis heraus zu problematisieren. Und so gilt es denn auch den Einstellungen und Deutungsmustern des antimuslimischen Rassismus entgegenzuarbeiten – etwa Deutungsmustern der Inkompatibilität zwischen Demokratie und Islam bzw. Muslimen/-innen (vgl. Achour 2013). Zugleich gilt es, den Erfahrungen und Wahrnehmungen von Benachteiligung und Stigmatisierung sowie der damit verbundenen Kritik unter Adressaten/-innen, die sich selbst als Muslime/-innen bzw. als Teil einer muslimischen Gemeinschaft verstehen, einen Raum zu geben.

Hinsichtlich einer politischen Bildung zum Nahostkonflikt in Lerngruppen, die durch sich selbst als muslimisch beschreibende Jugendliche und junge Erwachsene (mit)geprägt werden, sei daher angeregt, auch die Wahrnehmungen und Deutungen islamfeindlicher und antimuslimischer Diskurse aufzugreifen – eben weil diese Jugendlichen und jungen Erwachsenen auch darüber sprechen, wenn der Nahostkonflikt zum Thema gemacht wird. Die damit einhergehende Kritik gesellschaftlicher und politischer Diskurse sowie die Forderungen nach Anerkennung und Gerechtigkeit für die von Diskriminierung betroffenen und als benachteiligt gedeuteten Muslime/-innen im Allgemeinen und Palästinenser/-innen im Besonderen, sollten als Politisierung gewürdigt und als ein Anknüpfungspunkt zum Gegenstand gemacht werden. Zugleich aber sollten auch die damit einhergehenden Kollektivierungsprozesse und homogenisierenden Konstruktionen irritiert und bearbeitet werden; etwa die Konstruktion der Palästinenser/-innen als Muslime/-innen. Es sollte also deutlich gemacht werden, dass nicht alle Palästinenser/-innen Muslime/-innen sind bzw. sich als Muslime/-innen im religiösen Sinne verstehen und dass sie ohnehin kein homogenes (Deutungs- und Handlungs-)Kollektiv darstellen. Und auf dieser Grundlage sollte dann diskutiert und reflektiert werden, ob und inwiefern es überzeugend ist, sich über die Konstruktion einer (z.B. religiös begründeten) muslimischen Gemeinschaft mit den Palästinensern/-innen solidarisch zu erklären. Überdies sollten auch Gleichsetzungen von Israel mit Jüdinnen und Juden irritiert und problematisiert werden. Es gilt zu verdeutlichen, dass es sich beim jüdischen Staat Israel um eine pluralistische und heterogene Gesellschaft handelt, in der neben religiösen wie nicht-religiösen Jüdinnen und Juden z.b. auch Palästinenser/-innen, Muslime/-innen oder Christen/-innen leben. Anknüpfen lässt sich in diesem Zusammenhang an jenes auch für Jugendliche und junge Erwachsene mit türkischem oder palästinensischem Familienhintergrund kontextbezogen-handlungsrelevantes Deutungsmuster, wonach zwischen israelischer Politik, Israelis sowie Jüdinnen und Juden unterschieden und differenziert werden sollte, weil andernfalls Menschen zu Unrecht in Verantwortung gezogen werden können.

Da nun aber diese Unterscheidungen (gedanklich und/oder sprachlich) eben nicht immer vollzogen werden, da also z.B. von *Juden* die Rede ist, wenn eigentlich von der israelischen Politik oder dem israelischen Militär die Rede sein müsste, und da es mithin konkrete Fälle gibt, in denen Jüdinnen und Juden weltweit in Verantwortung für die israelische Politik gezogen und schließlich angefeindet oder gar angegriffen werden, sollte die politische Bildung stets bedacht sein, entsprechend notwendige Unterscheidungen zu stärken und zu fördern. Auch in diesem Zusammenhang bietet sich z.B. eine gezielte Integration von unterschiedlichen Stimmen und Positionen aus Israel sowie von Jüdinnen und Juden an. Ohnehin sollte deutlich geworden sein, dass die politische Bildung grundsätzlich all jene Annahmen und Konzepte zu irritieren hat, wonach ausgehend von der (zugeschriebenen) nationalen, religiösen, ethnischen oder sonstigen Zugehörigkeit einer bestimmten Person zwangsläufig auf den Inhalt des Gesprochenen und Gedeuteten und eine damit verbundene Positionierungen geschlossen werden könne.

Bleibt nicht zuletzt vor diesem Hintergrund in Bezug auf eine politische Bildung zum Nahostkonflikt festzuhalten: Das, was vielfältig ist, sollte als Vielfalt erfahren und schließlich anerkannt und wertgeschätzt werden. Und das, was nicht eindeutig ist und kontrovers diskutiert wird, sollte als nicht eindeutig und kontrovers erscheinen und ausgehalten werden können. Die damit zweifellos verbundenen Anstrengungen hinsichtlich der Vorbereitung einer politischen Bildung zum Nahostkonflikt, gilt es angesichts der spezifischen Bedeutsamkeit des Nahostkonflikts als politisches Problem im Allgemeinen und als Gegenstand politischer Bildung im Besonderen als lohnenswert zu erachten und mutig anzugehen.

6 Nachworte

6.1 Ein Plädoyer für die politische Bildung

Am Beispiel des *politischen* Problemgegenstands Nahostkonflikt konnte im Rahmen dieser Arbeit gezeigt werden, dass von entpolitisierten Lebenswelten oder politischem Desinteresse unter Jugendlichen und jungen Erwachsenen zumindest dem Grundsatz nach nicht die Rede sein kann. So wurde im Rahmen von Interviews mit Jugendlichen und jungen Erwachsenen mit türkischem oder palästinensischem Familienhintergrund deutlich, dass der Nahostkonflikt mit Emotionen und Politisierungen einhergeht und zu Positionierungen sowie zu einer Kritik des Politischen drängt. Mit Blick auf die typischen problembezogen-handlungsrelevanten Deutungsmuster und die damit einhergehenden diskursiven Verknüpfungen offenbart sich zugleich eine Bedeutung grundsätzlicher politischer Problemstellungen und Gegenwartsfragen. Dazu gehören Fragen von *Gut und Böse, Wahrheit und Lüge, Krieg und Frieden, Gerechtigkeit und Anerkennung, Macht und Ohnmacht, Wohlstand und Sicherheit, Diskriminierung und Stigmatisierung, (kollektiver) Identität und Zugehörigkeit, Teilhabe und Teilhabemöglichkeiten, Rassismus und Terrorismus.* All diese Fragen sind an die Interessenhorizonte Jugendlicher und junger Erwachsener durchaus anschlussfähig.

Die schulische politische Bildung ist der ideale Ort, um all jene zweifellos politisch relevanten Frage- und Problemstellungen zu thematisieren und gleichsam den darauf bezogenen Interessen und Perspektiven einen Raum zu geben. Denn wie kein zweites Unterrichtsfach vermag die politische Bildung ein Ort zu sein, „um sich mit politischen Prozessen und Veränderungen sowie mit kontroversen politikbezogenen Einstellungen, Positionen und Urteilen kritisch, aber vernünftig und reflektiert auseinanderzusetzen" (Niehoff 2015, 66). Und dass eine solche Auseinandersetzung wichtig ist, zeigt sich auch daran, dass sich in den Zugängen zum Politischen immer auch problematische Perspektiven und Positionen vergegenständlichen können, die sowohl der Dynamik und Komplexität des Politischen nicht gerecht werden als auch den normativen Versprechen der Demokratie sowie den Ideen der Mündigkeit und politischen Urteilskraft gegenüberstehen. Beispiele hierfür sind unangemessene Ausblendungen, Vereindeutigungen und Verkürzungen sowie (Re-)Produktionen von Ressentiments und Ungleichwertigkeitsvorstellungen.

Vor diesem Hintergrund fußt die Bedeutung politischer Bildung auch gegenwärtig auf jener Idee, die sie nach 1945 in Deutschland mitbegründete: nämlich der Idee, den Ideologien der Ungleichwertigkeit und der damit einhergehenden Erosion des gegenseitig wertschätzenden und friedlichen Miteinanders in oder zwischen Gesellschaften etwas entgegenzusetzen. So besehen ist die politische Bildung also deshalb wichtig, „weil sie (...) dazu befähigen [kann], gegen Tendenzen einzutreten, die aus Menschengruppen eine Frage und ein Problem machen und das Prinzip der Gleichheit aufgeben" (*Prof. Astrid Messerschmidt; Professorin der Erziehungswissenschaft*)[143], „weil sie hilft, Menschen gegen das Gift von Antisemitismus und Rassismus zu immunisieren" (*Thomas Oppermann; Vorsitzender der SPD-Bundestagsfraktion*), „weil sie gegenseitige Akzeptanz und Respekt füreinander schafft und dadurch friedliches Zusammenleben fördert" (*Özcan Mutlu; Sprecher für Bildungspolitik der Bundestagsfraktion Bündnis 90/Die Grünen*), „weil sie (...) das zentrale Instrument ist, um (...) Radikalisierungstendenzen in einer Gesellschaft zu begrenzen und zurückzudrängen" (*Lamya Kaddor; Islamwissenschaftlerin, Theologin und Autorin*) und „weil sie ein wirksames Mittel gegen (...) Populismus ist" (*Prof. Dr. Tanja Börzel; Professorin für Europäische Integration an der FU Berlin*).

Darüber hinaus ist politische Bildung wichtig, „weil kein Mensch als politisches Lebewesen geboren wird" (*Prof. Dr. Oskar Negt, Sozialphilosoph*) und „weil sie (...) die Hoffnung auf die Emanzipation zum aufgeklärten Subjekt stärkt" (*Prof. Dr. Samuel Salzborn; Professor für Politikwissenschaft an der Universität Göttingen*). Und sie wichtig, weil „so mehr Verständnis für die Komplexität politischer Entscheidungen in der globalisierten Welt möglich wird" (*Volker Kauder, Vorsitzender der CDU/CSU-Bundestagsfraktion*),

---

[143] Alle nachfolgend aufgeführten Zitate wurden vom Autor dieser Arbeit im April 2016 von den benannten Persönlichkeiten aus Politik und Wissenschaft direkt eingeholt. Hintergrund war die Idee einer Kampagne zur Stärkung politischer Bildung, die aus Anlass der Verabschiedung von Prof. Dr. Peter Massing angegangen wurde. Erwähnt sei, dass es sich bei den hier verwendeten Zitaten zumeist nur um einen Ausschnitt aus den zugegangenen Kurzstatements handelt.

weil sie also „hilft, unser gesellschaftliches Umfeld besser zu verstehen" (*Prof. Dr. Dr. Wichard Woyke; Professor für Politikwissenschaft an der Universität Münster*) und weil in einer sich stetig wandelnden Gesellschaft „demokratische Werte, aktive Bürgerschaft und politische Urteilsfähigkeit (…) fortwährend neu gelehrt und gelernt werden müssen" (*Prof. Dr. Naika Foroutan, Professorin für Integrationsforschung und Gesellschaftspolitik*) So besehen ist politische Bildung gerade auch in der Demokratie von Bedeutung, eben weil die Demokratie „von Engagement und Durchblick lebt" (*Petra Pau; Vizepräsidentin des Deutschen Bundestags*) und weil sie „von allen Bürgerinnen und Bürgern (…) ein gutes Verständnis für politische Zusammenhänge verlangt, um sich selbst einzubringen" (*Prof. Dr. Dr. Gesine Schwan, Präsidentin der Humboldt-Viadrina Governance Plattform*) oder auch um Gesellschaft „zu verändern" (*Prof. Dr. Barbara Schäuble, Professorin für diversitätsbewußte Theorie und Praxis Sozialer Arbeit*).
All diesen Argumenten für eine politische Bildung, steht die Marginalisierung politischer Bildung vor allem in der Institution Schule gegenüber. Die Lücke zwischen Anspruch und Wirklichkeit lässt sich so exemplarisch wie eindrücklich am Beispiel der Situation in Berlin belegen. Denn *einerseits* ist gleich im ersten Paragraphen des Berliner Schulgesetzes ein Auftrag an die Institution Schule formuliert, der die Relevanz und Bedeutung vor allem politischer Bildung mehr als nur nahelegt. So heißt es:

„Ziel muss die Heranbildung von Persönlichkeiten sein, welche fähig sind, der Ideologie des Nationalsozialismus und allen anderen zur Gewaltherrschaft strebenden politischen Lehren entschieden entgegenzutreten sowie das staatliche und gesellschaftliche Leben auf der Grundlage der Demokratie, des Friedens, der Freiheit, der Menschenwürde, der Gleichstellung der Geschlechter und im Einklang mit Natur und Umwelt zu gestalten. Diese Persönlichkeiten müssen sich der Verantwortung gegenüber der Allgemeinheit bewusst sein, und ihre Haltung muss bestimmt werden von der Anerkennung der Gleichberechtigung aller Menschen, von der Achtung vor jeder ehrlichen Überzeugung und von der Anerkennung der Notwendigkeit einer fortschrittlichen Gestaltung der gesellschaftlichen Verhältnisse sowie einer friedlichen Verständigung der Völker."[144] (*Schulgesetz für das Land Berlin*)

---

[144] Im Internet unter: www.gesetze.berlin.de; eingesehen am 20.04.2016.

Andererseits aber steht der politischen Bildung in Berlin, wenn überhaupt, nur eine Schulstunde pro Woche zur Verfügung. Und als separat ausgewiesenes Fach soll die politische Bildung in der Sekundarstufe 1 an Berliner Schulen gar nicht mehr erscheinen; wobei die Situation auch in anderen Bundesländern nicht wesentlich günstiger ist.

Es sollte deutlich geworden sein, dass für eine Verbesserung dieses Zustands vielerlei gute Gründe sprechen. Sie lassen sich auf ein Postulat zuspitzen, das immer wieder bemüht wurde und an dieser Stelle im Sinne eines Plädoyers für die politische Bildung nachdrücklich in Erinnerung gerufen sei: *Die Demokratie braucht politische Bildung!*

6.2 Ausblick im Sinne einer bedeutsamen und erfahrungsorientierten politischen Bildung

Selbst wenn die schulische politische Bildung in näherer Zukunft gestärkt werden würde, bliebe ihr verfügbares Stundenkontingent mutmaßlich noch immer vergleichsweise überschaubar. So oder so stellt sich also notwendig die Frage, wie die nur begrenzt zur Verfügung stehenden Kapazitäten sinnvoll genutzt werden können.

In diesem Zusammenhang sei der politischen Bildung nahegelegt, sich auf eher wenige, dafür aber *besonders bedeutsame* politische Problemstellungen und Herausforderungen zu fokussieren und diese Gegenstände sodann intensiv und umfassend zu bearbeiten. Dafür spricht zunächst einmal die These, dass sich die Gütequalität politischer Bildung nicht in erster Linie an der Behandlung eines quantitativ umfangreichen Themen- oder Stoffkatalogs, sondern vor allem an der Vermittlung von Kompetenzen am Beispiel konkreter politischer Problemgegenstände bemisst. Und die Förderung von relevanten Kompetenzdimensionen – z.B. politische Analyse-, Handlungs- und Urteilskompetenz, aber auch Kritikfähigkeit, Selbstreflexion, Widerspruchstoleranz und Medienkompetenz – an konkreten politischen Problemgegenständen ist bearbeitungs- und zeitintensiv. Denn die in Politik, Sozialwissenschaft, Lebenswelten und Medien verhandelten politischen Problemgegenstände stellen sich häufig als komplexe Phänomene dar, die sinnvoll nur umfassend, also unter einer zumindest exemplarischen Berücksichtigung der (entgrenzten) problembezogenen Perspektivvielfalt und den damit einhergehenden Kontroversen und Widersprüche sowie unterschiedlichen Bedeutungszuweisungen und diskursiven Verknüpfungen bearbeitet werden können – bei einem zugleich besonderen Augenmerk auf den Bildungsanspruch, etwaige problematische und verkürzte Zugänge, Perspektiven und Positionen reflektieren und kritisieren sowie irritieren, erweitern und ggf. transformieren zu können.

Dennoch sollten die Gegenstände politischer Bildung nicht willkürlich gewählt werden. Und sie müssen es auch nicht. Schließlich sei die These zur Diskussion gestellt, dass sich *vergleichsweise besonders bedeutsame* politische Problemstellungen, Herausforderungen und Zukunftsfragen als Gegenstände politischer Bildung benennen lassen; einer Idee, der sich z.B. bereits Wolfgang Klafki im Zuge seiner Benennung von Schlüsselproblemen angenommen hat (vgl. Klafki 1985). Da aber Antworten auf die Frage nach besonders bedeutsamen politischen Problemstellungen und Herausforderungen angesichts stetiger gesellschaftlicher Veränderungen, angesichts der Dynamik des Politischen und angesichts des technologischen Fortschritts von keiner überzeitlichen Geltung sind, gilt es die diesbezüglich vorliegenden Ideen und Überlegungen zu überprüfen und/oder neue besonders bedeutsame Problemstellungen und Herausforderungen zu identifizieren.

Dazu bietet es sich zunächst einmal an, allgemeine Kriterien von Bedeutsamkeit zusammenzutragen. Hier ließe sich an die im Rahmen dieser Arbeit genannten Indikatoren anschließen – also z.B.: *Lösungsbedarf und Zukunftsbedeutung*; *Maß an öffentlicher Beredung und sozialwissenschaftlicher Kontroversität*; *Politisierungs- und Polarisierungspotential*; *Relevanz problematischer Perspektiven und Positionen*; *Interesse der Adressaten/-innen politischer Bildung*. In Referenz dessen mögen sich erste Ideen hinsichtlich aktuell bedeutsamer politischer Fragestellungen benennen lassen – etwa Fragen von Krieg und Frieden; von Armut und Wohlstand; von Ressourcen und Sicherheit; von Flucht und Migrationen; von gesellschaftlicher und politischer Inklusion, von Religion und Politik; von Gerechtigkeit und Partizipation; von Terrorismus und Ungleichwertigkeitsideologien.

Eine validere und begründbarere Bestimmung besonders bedeutsamer politischer Problemstellungen und Herausforderungen aber kann und sollte das Erkenntnisziel von (qualitativen) Forschungsvorhaben sein. So ließe sich der gestellten Frage z.B. auf Grundlage von Experten/-inneninterviews mit Akteuren/-innen aus Politik, Sozialwissenschaft und Medien, aus Schule und außerschulischer Bildungsarbeit sowie aus Zivilgesellschaft und religiösen Gemeinden nachgehen – wobei insbesondere auch Angehörige gesellschaftlicher Minderheiten befragt werden sollten, eben weil sich Demokratie und Schule immer auch daran bemessen lassen sollten, welchen Stellenwert sie den Perspektiven gesellschaftlicher Minderheiten zukommen lassen. Zudem kann und sollte gefragt werden, anhand welcher ganz konkreten politischen Sachverhalte die als besonders bedeutsam rekonstruierten politischen Problemstellungen exemplarisch – im Sinne einer kompetenzorientierten politischen Bildung – bearbeitet werden können.

Zu denen sodann vorliegenden Problemgegenständen gilt es durch die politikdidaktische Theoriebildung unterschiedliche, zumal auch kontroverse problembezogene Deutungskonzepte von Akteuren/-innen aus Sozialwissenschaft, Politik und ggf. auch Medien zusammenzutragen. Parallel sollten die für Adressaten/-innen politischer Bildung jeweils problembezogen-handlungsrelevanten Deutungskonzepte analysiert werden. Und all diese Erkenntnisse gilt es schließlich in Praxisempfehlungen zu übersetzen – ganz im Sinne der Ermöglichung einer sodann bedeutsamen wie zugleich auch erfahrungsorientierten und somit interessanten politischen Bildung.

Der im Rahmen dieser Arbeit dargelegte Begriff sozialer Deutungsmuster und die dazu passende Erhebungsmethodik sowie die dargelegte Idee einer politischen Bildung, die als normativ verortete Praxis in der Auseinandersetzung mit bedeutsamen politischen Problemgegenständen immer auch Position zu beziehen hat, grundsätzlich aber unterschiedliche und kontroverse Deutungskonzepte aus Sozialwissenschaft, Politik und Lebenswelt in offene Aushandlungsprozesse bringen sollte, um darüber Ausgangskonzepte erweitern und reflektieren sowie problematische und verkürzte Konzepte irritieren und kritisieren und schließlich politische Urteilskraft ermöglichen zu können, mag in diesem Zusammenhang eine hilfreiche Orientierung sein.

6.3 Danksagung

Ich danke Silke und meiner Familie. Ich danke Prof. Dr. Peter Massing für die Betreuung und Unterstützung dieser Arbeit. Ich danke allen weiteren Kollegen/-innen an der Arbeitsstelle Politische Bildung an der Freien Universität Berlin; insbesondere Prof. Dr. Sabine Achour. Zudem danke ich meinen Kollegen/-innen in der KIgA (Kreuzberger Initiative gegen Antisemitismus). Ohne den gemeinsamen Austausch und ohne das gemeinsame pädagogische Wirken in den letzten Jahren wäre die Idee zu dieser Arbeit nicht geboren.

Für wertvolle Gespräche und Erkenntnisse möchte ich mich zudem vor allem bei den folgenden Personen ganz herzlich bedanken: Patricia Piberger, Martin Hoffmann, Anne Goldenbogen, Aycan Demirel, Jirko Piberger, Dennis Wingerter, Andreas Koch, Amina Nolte, Rosa Fava und Gabi Elverich.

7 Abkürzungsverzeichnis

ADL	Anti-Defamation League
AKP	Adalet ve Kalkınma Partisi *(türkische Regierungspartei)*
BAMF	Bundesamt für Migration und Flüchtlinge
BDS	Boykott, Divestment and Sanctions
BMI	Bundesministerium des Innern
EU	Europäische Union
EUMC	European Monitoring Centre on Racism and Xenophobia
GPJE	Gesellschaft für Politikdidaktik und politische Jugend- und Erwachsenenbildung
KIgA	Kreuzberger Initiative gegen Antisemitismus
PRIME	Peace Research Institute in the Middle East
SOR-SMC	Schule ohne Rassismus – Schule mit Courage
SPME	Scholars for Peace in Middle East
UN	United Nations
USA	United States of America

8 Literaturverzeichnis

Abbas, Mahmoud (2007): Speech at United Nations General Assembly (Full Transcript – Haaretz Online). Im Internet unter: http://www.haaretz.com/israel-news/full-transcript-of-abbas-speech-at-un-general-assembly-1.386385; aufgerufen am 23.11.2015.

Achour, Sabine (2013): Bürger muslimischen Glaubens. Politische Bildung im Kontext von Migration, Integration und Islam. Schwalbach/Ts.

Achour, Sabine (2014): Politische Integration und der Topos der Unvereinbarkeit von Islam und Demokratie in der politischen Bildung. In: Massing, Peter/ Niehoff, Mirko (Hrsg.): Politische Bildung in der Migrationsgesellschaft. Sozialwissenschaftliche Grundlagen – Politikdidaktische Ansätze. Schwalbach/Ts., S. 138-152.

Achour, Sabine (2015): Heterogenität im Politikunterricht. In: Achour, Sabine (Hrsg.): Heterogenität, Wochenschau Sonderheft. Schwalbach/Ts., S. 4-6.

Ackermann, Paul u.a. (1994): Politikdidaktik kurzgefasst. Planungsfragen für den Politikunterricht. Bonn.

ADL (Anti-Defamation-League) (2007): Attitudes Toward Jews and the Middle East in Five European Countries. New York.

Adorno, Theodor W. (1966): Negative Dialektik. Frankfurt am Main.

Adorno, Theodor W. (1971): Erziehung zur Mündigkeit. Frankfurt am Main.

Adorno, Theodor W. (1973): Zur Bekämpfung des Antisemitismus heute. In: Adorno, Theodor W.: Gesammelte Schriften: 20.1. Darmstadt, S. 360-383.

Adorno, Theodor W. (1977): Kulturkritik und Gesellschaft II. Frankfurt am Main.

Adorno, Theodor W. (1980a): Minima Moralia. Gesammelte Schriften 4. Frankfurt am Main.

Adorno, Theodor W. (1980b): Soziologische Schriften I. Gesammelte Schriften 8. Frankfurt am Main.

Adorno, Theodor W. (2010): Probleme der Moralphilosophie. Frankfurt am Main.

Amar-Dahl, Tamar (2016): Die altansässigen Araber Palästinas als Leidtragende des zionistischen Israels. In: Niehoff, Mirko (Hrsg.): Nahostkonflikt kontrovers. Perspektiven für die politische Bildung. Schwalbach Ts., S. 291-301.

Améry, Jean (2005) [1976]: Werke Band 7. Aufsätze zur Politik und Zeitgeschichte. Stuttgart, S. 159-167.

Arendt, Hannah (1985): Das Urteilen. Texte zu Kants Politischer Philosophie. München.

Arendt, Hannah (1993): Was ist Politik? Fragmente aus dem Nachlaß. München.

Arendt, Hannah (1994): Zwischen Vergangenheit und Zukunft. Übungen im politischen Denken I. München.

Arnold, Rolf (1985): Deutungsmuster und pädagogisches Handeln in der Erwachsenenbildung. Regensburg.

Asseburg, Muriel (2014): Nahost-Verhandlungen vor dem Aus. SWP-Aktuell 28. Berlin.

Asseburg, Muriel (2015): 50 Jahre deutsch-israelische diplomatische Beziehungen. SWP-Aktuell 40. Berlin.

Asseburg, Muriel/ Busse, Jan (2011): Deutschlands Politik gegenüber Israel. In: Jäger, Thomas/ Höse, Alexander/ Oppermann, Kai (Hrsg.): Deutsche Außenpolitik, Sicherheit, Wohlfahrt, Institutionen, Normen. Wiesbaden, S. 693-716.

Asseburg, Muriel/ Perthes, Volker (2008): Geschichte des Nahost-Konflikts. In: Bundeszentrale für politische Bildung (Hrsg.): Israel. Informationen zur politischen Bildung 278. Bonn, S. 60-68.

Autorengruppe Fachdidaktik (2011): Sozialwissenschaftliche Basiskonzepte als Leitideen der politischen Bildung – Perspektiven für Wissenschaft und Praxis. In: Dies. (Hrsg.): Konzepte der politischen Bildung. Eine Streitschrift. Bonn, S. 163-171.

Autorengruppe Fachdidaktik (2016): Was ist gute politische Bildung? Leitfaden für den sozialwissenschaftlichen Unterricht. Schwalbach/Ts.

Bajohr, Hannes (2011): Dimensionen der Öffentlichkeit. Politik und Erkenntnis bei Hannah Arendt. Berlin.

Bard, Mitchell G. (2002); Behauptungen und Tatsachen. Der israelisch-arabische Konflikt im Überblick. Holzgerlingen.

Bartov, Omer (2001): Alte Befürchtungen, alte Hoffnungen. In: Gremliza, Hermann L. (Hrsg.): Hat Israel noch eine Chance? Palästina in der neuen Weltordnung. Hamburg, S. 156-158.

Baumgarten, Helga (2001): „Schluß mit der Besatzung! Freiheit für Palästina! In: Edlinger, Fritz (Hrsg.): Befreiungskampf in Palästina. Von der Madrid-Konferenz zur Al Aqsa-Intifada. Wien, S. 55-75.

BDS-Kampagne (2005): Der Aufruf der palästinensischen Zivilgesellschaft zu BDS. Im Internet unter: http://bds-kampagne.de/aufruf/aufruf-der-palstinensischen-zivilgesellschaft; aufgerufen am 30.01.2016.

Beck, Ulrich (2004): Entgrenzung der Intifada oder: Das Linienbus-Ticket in Haifa. In: Rabinovici, Doron/ Speck, Ulrich/ Sznaider, Natan (Hrsg.): Neuer Antisemitismus? Eine globale Debatte. Frankfurt am Main, S. 133-142.

Beiner, Ronald (1985): Hannah Arendt über das Urteilen. In: Arendt, Hannah: Das Urteilen. Texte zu Kants Politischer Philosophie. München, S. 115-197.

Benhabib, Seyla (1995): Selbst im Kontext. Kommunikative Ethik im Spannungsfeld von Feminismus, Kommunitarismus und Postmoderne. Frankfurt am Main.

Benhabib, Seyla (1998): Hannah Arendt. Die melancholische Denkerin der Moderne. Hamburg.

Ben-Simhon, Coby (2012): Benny Morris on Why He's Written His Last Word on the Israel-Arab Conflict (veröffentlicht am 20.09.2012 auf Haaretz Online. Im Internet unter: http://www.haaretz.com/israel-news/benny-morris-on-why-he-s-written-his-last-word-on-the-israel-arab-conflict-1.465869; aufgerufen am 24.11.2015.

Bernstein, Richard J. (1986): Philosophical Profiles. Essays in a Pragmatic Mode. Oxford.

Berger, Peter L./ Luckmann, Thomas (1971): Die gesellschaftliche Konstruktion der Wirklichkeit. Eine Theorie der Wissenssoziologie. Frankfurt am Main.

Bergmann, Werner/ Erb, Rainer (1991): Antisemitismus in der Bundesrepublik Deutschland. Ergebnisse der empirischen Forschung von 1946.1989. Opladen.

Bielefeldt, Heiner (2007): Menschenrechte in der Einwanderungsgesellschaft. Plädoyer für einen aufgeklärten Multikulturalismus. Bielefeld.

Birnbacher, Dieter (2009): Was kann die Anthropologie zur Politik und ihrer theoretischen Fundierung beitragen? In: Jörke, Dirk/ Ladwig, Bernd (Hrsg.): Politische Anthropologie. Baden-Baden, S. 179-194.

Birsl, Ursula (2014): Demokratie in der Migrationsgesellschaft. In: Massing, Peter/ Niehoff, Mirko (Hrsg.): Politische Bildung in der Migrationsgesellschaft. Sozialwissenschaftliche Grundlagen – Politikdidaktische Ansätze. Schwalbach/Ts., S. 46-59.

Blum, Sonja/ Schubert, Klaus (2011): Politikfeldanalyse. 2., aktualisierte Auflage. Wiesbaden.

BAMF (Bundesamt für Migration und Flüchtlinge) (2009): Muslimisches Leben in Deutschland. Nürnberg.

BMFSFJ (Bundesministerium für Familien, Senioren, Frauen und Jugend) (2015): Demokratie leben! Aktiv gegen Rechtsextremismus, Gewalt und Menschenfeindlichkeit. Berlin.

BMI (Bundesministerium des Innern) (2011a): Lebenswelten junger Muslime in Deutschland. Berlin.

BMI (Bundesministerium des Innern) (2011b): Antisemitismus in Deutschland. Erscheinungsformen, Bedingungen, Präventionsansätze. Bericht des unabhängigen Expertenkreis Antisemitismus. Berlin.

Böhme, Jörn/ Sterzing, Christian (2014): Kleine Geschichte des israelisch-palästinensischen Konflikts. Schwalbach/Ts.

Bohnsack, Ralf/ Nentwig-Gesemann, Iris/ Nohl, Arnd-Michael (2007): Die dokumentarische Methode und ihre Forschungspraxis. Wiesbaden.

Bourdieu, Pierre (1979): Entwurf einer Theorie der Praxis auf der ethnologischen Grundlage der kabylischen Gesellschaft. Frankfurt am Main.

Breit, Gotthard (2000): Werte im Politikunterricht. In: Breit, Gotthard/ Schiele, Siegfried (Hrsg.): Werte in der politischen Bildung. Schwalbach/Ts., S. 218-248.

Brettfeld, Karin/Wetzels, Peter (2007): Muslime in Deutschland. Integration, Integrationsbarrieren, Religion und Einstellungen zu Demokratie, Rechtsstaat und politisch-religiös motivierter Gewalt. Ergebnisse von Befragungen im Rahmen einer multizentrischen Studie in städtischen Lebensräumen. Berlin.

Broden, Anne (2012): Anmerkungen zur Aktualität der Ungleichheit. In: Aus Politik und Zeitgeschichte: Ungleichheit, Ungleichwertigkeit, 16-17. Bonn, S. 7-10.

Brumlik, Micha (2013): Vorwort. In: Ullrich, Peter: Deutsche, Linke und der Nahostkonflikt. Politik im Antisemitismus- und Erinnerungsdiskurs. Göttingen, S. 7-11.

Buchstein, Hubertus (1996): Die Zumutungen der Demokratie. Von der normativen Theorie des Bürgers zur institutionell vermittelten Präferenzkompetenz. In: von Beyme, Klaus/ Offe, Claus (Hrsg.): Politische Theorien in der Ära der Transformation. Opladen, S. 295-324.

Buchstein, Hubertus (1998): Ernst Fraenkel als Klassiker? In: Leviathan. Zeitschrift für Sozialwissenschaft. Heft 4. Opladen, S. 458-481.

Buchstein, Hubertus/ Jörke, Dirk (2003): Das Unbehagen an der Demokratietheorie. In: Leviathan 31 (4). Köln, S. 470-495.

Bunzl, John (2008): Spiegelbilder – Wahrnehmung und Interesse im Israel-Palästina-Konflikt. In: Bunzl, John/ Senfft, Alexandra (Hrsg.): Zwischen Antisemitismus und Islamophobie. Vorurteile und Projektionen in Europa und Nahost. Hamburg, S. 127-144.

Butler, Judith (2004): Der Antisemitismus-Vorwurf. Juden, Israel und die Risiken öffentlicher Kritik. In: Rabinovici, Doron/ Speck, Ulrich/ Sznaider, Natan (Hrsg.): Neuer Antisemitismus? Eine globale Debatte. Frankfurt am Main, S. 60-92.

Butler, Judith (2013): Am Scheideweg. Judentum und die Kritik am Zionismus. Köln.

Büttner, Friedemann (2003): The Dilemmas of a „Policy of Even-Handedness". In: Goren, Haim (Hrsg.): Germany and the Middle East. Jerusalem, S. 115-159.

Carmon, Yigal (2006): Was ist arabischer Antisemitismus? In: Faber, Klaus/ Schoeps, Julius H./ Stawski, Sacha (Hrsg.): Neu-alter Judenhass. Antisemitismus, arabisch-israelischer Konflikt und europäische Politik. Berlin, S. 203-210.

Chomsky, Noam (2004): Keine Chance für Frieden. Warum mit Israel und den USA kein Palästinenserstaat zu machen ist. Hamburg.

Claussen, Detlev (2005): Grenzen der Aufklärung. Frankfurt am Main.

Claußen, Bernhard (1981): Kritische Politikdidaktik. Zu einer pädagogischen Theorie der Politik für die schulische und die außerschulische politische Bildung. Opladen.

Crouch, Colin (2008): Postdemokratie. Bonn.

Dahl, Robert A. (1971): Polyarchy. Participation and Opposition. New Haven/London.

Dantschke, Claudia (2010): Feindbild Juden. Zur Funktionalität der antisemitischen Gemeinschaftsideologie in muslimisch geprägten Milieus. In: Stender, Wolfram/ Follert, Guido/ Özdogan, Mihri (Hrsg.): Konstellationen des Antisemitismus. Antisemitismusforschung und sozialpädagogische Praxis. Wiesbaden, S. 139-146.

Dershowitz, Alan (2005): Plädoyer für Israel. Leipzig.

Detjen, Joachim (2004): „So möchte ich meine Aufgabe in der eines Wächters des Politikunterrichts vor pädagogischen ‚Verflüssigungen' sehen". In: Pohl, Kerstin (Hrsg.): Positionen der politischen Bildung 1. Schwalbach/Ts., S.176-195.

Detjen, Joachim (2013): Politische Bildung. Geschichte und Gegenwart in Deutschland. München.

Detjen, Joachim/ Massing, Peter/ Richter, Dagmar/ Weißeno, Georg (2012a): Politikkompetenz – ein Modell. Wiesbaden.

Detjen, Joachim/ Massing, Peter/ Richter, Dagmar/ Weißeno, Georg (2012b): Unterricht – Wissen – Fehlkonzepte. Eine Replik auf Wolfgang Sanders Replik zu den Konzepten der Politik. In: Politische Bildung. Heft 2. Schwalbach/Ts., S. 152-159.

Dewey, John (1993): Demokratie und Erziehung. Eine Einleitung in die philosophische Pädagogik. Weinheim/Basel.

Diner, Dan (2004): Der Sarkophag zeigt Risse. Über Israel, Palästina und die Frage eines „neuen Antisemitismus". In: Rabinovici, Doron/ Speck, Ulrich/ Sznaider, Natan (Hrsg.): Neuer Antisemitismus? Eine globale Debatte. Frankfurt am Main, S. 310-329.

Dinkelaker, Christoph (2016a): Ismail Haniyeh: National-religiöser Anspruch auf das Gebiet zwischen Mittelmeer und Jordan. In: Niehoff, Mirko (Hrsg.): Nahostkonflikt kontrovers. Perspektiven für die politische Bildung. Schwalbach Ts., S. 232-238.

Dinkelaker, Christoph (2016b): Mahmud Abbas: Mit diplomatischen Mitteln zur Zweistaatenlösung. In: Niehoff, Mirko (Hrsg.): Nahostkonflikt kontrovers. Perspektiven für die politische Bildung. Schwalbach Ts., S. 224-231.

Dinkelaker, Christoph (2016c): Mustafa Barghouthi: Gewaltfreier Widerstand zur Überwindung israelischer Besatzung. In: Niehoff, Mirko (Hrsg.): Nahostkonflikt kontrovers. Perspektiven für die politische Bildung. Schwalbach Ts., S. 198-202.

Dreßler, Rudolf (2005): Gesicherte Existenz Israels – Teil der deutschen Staatsräson. In: Aus Politik und Zeitgeschichte: Deutschland und Israel, 15. Bonn, S. 3-8.

Edelstein, Wolfgang/ Fauser, Peter (2001): Demokratie lernen und leben. Bonn.

Ensinger, Tami (2011): Impulse für eine Pädagogik in der Migrationsgesellschaft – Möglichkeiten einer subjektorientierten Praxis. In: Niehoff, Mirko/Üstün, Emine (Hrsg.): Das globalisierte Klassenzimmer. Theorie und Praxis zeitgemäßer Bildungsarbeit. Kassel, S. 32-51.

Estrada Saavedra, Marco (2002): Die deliberative Rationalität des Politischen. Eine Interpretation der Urteilslehre Hannah Arendts. Würzburg.

EUMC (European Monitoring Center on Racism and Xenophobia) (2004): Manifestations of Antisemitism in the EU 2002-2003. Based on information by the National Focal Points of the RAXEN Information Network. Wien.

European Forum on Antisemitism (2012): Arbeitsdefinition Antisemitismus. Im Internet unter: www.european-forum-on-antisemitism.org/working-definition-of-antisemitism/ deutsch-german/; aufgerufen am 01.07.2015.

Faber, Klaus (2006): Einleitung. In: Faber, Klaus/ Schoeps, Julius H./ Stawski, Sacha (Hrsg.): Neu-alter Judenhass. Antisemitismus, arabisch-israelischer Konflikt und europäische Politik. Berlin, S. 167-170.

Farhat-Naser, Sumaya (2001): Politik, Religion und Gesellschaft in Palästina. In: Wittstock, Alfred (Hrsg.): Israel in Nahost – Deutschland in Europa: Nahstellen. Wiesbaden, S. 139-148.

Farsakh, Leila (2005): Palestinian Labour Migration to Israel. Labour, land, and occupation. New York.

Fechler, Bernd (2006): Antisemitismus im globalisierten Klassenzimmer. Identitätspolitik, Opferkonkurrenzen und das Dilemma pädagogischer Intervention. In: Fritz Bauer Institut/ Jugendbegegnungsstätte Anne Frank (Hrsg.): Neue Judenfeindschaft? Perspektiven für den pädagogischen Umgang mit dem globalisierten Antisemitismus. Frankfurt/New York, S. 187-209.

Fereidooni, Karim (2015): Rassismuskritik: (K)ein Thema für die Ausbildung von Lehrerinnen und Lehrer? In: Deutsche Vereinigung für Politische Bildung (Hrsg.): Polis 2. Schwerpunkt: Rassismuskritische Bildung. Schwalbach/Ts., S. 11-13.

Foucault, Michel (1978): Dispositiv der Macht. Über Sexualität, Wissen und Wahrheit. Berlin.

Foucault, Michel (1994): Das Subjekt und die Macht. In: Dreyfus, Hubert L./ Rabinow, Paul (Hrsg.): Michel Foucault. Jenseits von Strukturalismus und Hermeneutik. Weinheim, S. 241-261.

Foxman, Abraham H. (2006): Muslimischer Antisemitismus zwischen Europa und dem Nahen Osten. In: Faber, Klaus/ Schoeps, Julius H./ Stawski, Sacha (Hrsg.): Neu-alter Judenhass. Antisemitismus, arabisch-israelischer Konflikt und europäische Politik. Berlin, S. 171-177.

Fraenkel, Ernst (1973): Reformismus und Pluralismus. Hamburg.

Fraenkel, Ernst (1979): Deutschland und die westlichen Demokratien. Siebte Auflage, Stuttgart.

Fraenkel, Ernst (1990): Deutschland und die westlichen Demokratien. Erweiterte Ausgabe. Frankfurt am Main.

Frangi, Abdallah (1982): PLO und Palästina. Vergangenheit und Gegenwart. Frankfurt am Main.

Frindte, Wolfgang/ Boehnke, Klaus/ Kreikenbom, Henry/ Wagner, Wolfgang (2011): Lebenswelten junger Muslime in Deutschland. Ein sozial- und medienwissenschaftliches System zur Analyse, Bewertung islamistischer Radikalisierungsprozesse junger Menschen in Deutschland. Bundesministerium des Innern.

Gagel, Walter (1979): Politik- Didaktik – Unterricht. Eine Einführung in didaktische Konzeptionen des politischen Unterrichts. Stuttgart.

Gagel, Walter (1994): Geschichte der politischen Bildung in der Bundesrepublik Deutschland 1945-1989. Opladen.

Gessler, Philipp (2011 [2006]): Sekundärer Antisemitismus. In: Bundeszentrale für politische Bildung (Hrsg.): Dossier Antisemitismus. Bonn, S. 31-34.

Giesecke, Hermann (1973): Didaktik der politischen Bildung. München.

Gilbert, Leila (2007): Still fighting apartheid. A minister who confronted the racist system in South Africa takes on those who label Israel ‚apartheid'. Im Internet unter: http://www.jpost.com/Features/Still-fighting-apartheid; aufgerufen am 25.11.2015.

Glaser, Michaele (2012): Einleitung: Ethonzentrismus und Antisemitismus in der Einwanderungsgesellschaft. In: Greuel, Frank/ Glaser, Michaela (Hrsg.): Ethonzentrismus und Antisemitismus bei Jugendlichen mit Migrationshintergrund. Halle, S. 4-9.

Glick, Caroline B. (2014): The Israel Solution. A One-State Plan for Peace in the Middle East. New York.

Goldenbogen, Anne (2013a): Zwischen Diversität und Stigmatisierung. Antisemitismus und Bildungsarbeit in der Migrationsgesellschaft. In: Kreuzberger Initiative gegen Antisemitismus (Hrsg.): Widerspruchstoleranz. Ein Theorie-Praxis-Handbuch zur Antisemitismuskritik und Bildungsarbeit. Berlin, S. 19-22.

Goldenbogen, Anne (2013b): Antisemitismus und Nahostkonflikt. Der gordische Knoten: In: Kreuzberger Initiative gegen Antisemitismus – KIgA e.V.(Hrsg.): Widerspruchstoleranz. Ein Theorie-Praxis-Handbuch zur Antisemitismuskritik und Bildungsarbeit. Berlin, S. 33-40.

Goll, Thomas (2011): Politikdidaktische Basis- und Fachkonzepte. Schwalbach Ts.

GPJE (2004): Nationale Bildungsstandards für den Fachunterricht in der Politischen Bildung an Schulen. Schwalbach/Ts.

Grammes, Tilmann (2011): Konzeptionen der politischen Bildung – bildungstheoretische Lesarten aus ihrer Geschichte. In: Autorengruppe Fachdidaktik (Hrsg.): Konzepte der politischen Bildung. Eine Streitschrift. Bonn, S. 27- 50.

Grammes, Tilmann (2014): Kontroversität. In: Sander, Wolfgang (Hrsg.): Handbuch politische Bildung. 4., völlig überarbeitete Auflage. Bonn, S. 266-274.

Grass, Günter (2012): Was gesagt werden muss. In: Süddeutsche Zeitung vom 10.04.2012.

Gremliza, Hermann L. (2001): Hat Israel noch eine Chance? Palästina in der neuen Weltordnung. Hamburg.

Greuel, Frank (2012): Pädagogische Prävention von Ethnozentrismus und Antisemitismus bei Jugendlichen mit Migrationshintergrund. Ergebnisse der DJI-Erhebung. In: Greuel, Frank/ Glaser, Michaela (Hrsg.): Ethnozentrismus und Antisemitismus bei Jugendlichen mit Migrationshintergrund. Halle, S. 90-143.

Greven, Michael Th. (1996): Die politische Gesellschaft braucht politische Bildung. In: Weidinger, Dorothea (Hrsg. im Auftrag der DVPB): Politische Bildung in der Bundesrepublik. Zum 30jährigen Bestehen der Deutschen Vereinigung für Politische Bildung. Opladen, S. 112-117.

Greven, Michael Th. (1997): Politisierung ohne Citoyens. Über die Kluft zwischen politischer Gesellschaft und gesellschaftlicher Individualisierung. In: Klein, Ansgar/ Schmalz-Bruns, Rainer (Hrsg.): Politische Beteiligung und Bürgerengagement in Deutschland. Bonn, S. 231-251.

Greven, Michael Th. (2000): Kontingenz und Dezision. Beiträge zur Analyse der politischen Gesellschaft. Opladen.

Grigat, Stephan (2009): „Projektionen" – „Überidentifikation" – Philosemitismus". In: Diekmann, Irene A./ Kotowski, Elke-Vera (Hrsg.): Geliebter Feind – Gehasster Freund. Antisemitismus und Philosemitismus in Geschichte und Gegenwart. Festschrift zum 65. Geburtstag von Julius H. Schoeps. Berlin, S. 467-485.

Grigat, Stephan (2016): Antisemitismus als ein Kernproblem des Nahostkonfliktes. In: Niehoff, Mirko (Hrsg.): Nahostkonflikt kontrovers. Perspektiven für die politische Bildung. Schwalbach Ts., S. 265-277.

Groß, Eva/ Zick, Andreas/ Krause, Daniela (2012): Von der Ungleichwertigkeit zur Ungleichheit: Gruppenbezogene Menschenfeindlichkeit. In: Aus Politik und Zeitgeschichte: Ungleichheit, Ungleichwertigkeit, 16-17. Bonn, S. 10-18.

Grossmann, David (2003): Diesen Krieg kann keiner gewinnen. Chronik eines angekündigten Friedens. Wien.

Guttstadt, Corry (2008): Die Türkei, die Juden und der Holocaust. Berlin.

Habermas, Jürgen (1979): Hannah Arendts Begriff der Macht. In: Reif, Adelbert (Hrsg.): Hannah Arendt. Materialien zu ihrem Werk. Wien/München, S. 287-306.

Habermas, Jürgen (1984): Alfred Schütz. In: Habermas, Jürgen (Hrsg.): Philosophisch-politische Profile. Frankfurt am Main, S. 402-410.

Habermas, Jürgen (1991): Philosophisch-politische Profile. Frankfurt am Main.

Habermas, Jürgen (1996): Die Einbeziehung des Anderen. 2. Auflage. Frankfurt am Main.

Hafez, Kai (2002): Die politische Dimension der Auslandsberichterstattung. Band 2: Das Nahost- und Islambild der deutschen überregionalen Presse. Baden-Baden.

Hagemann, Steffen (2013): Israel. Schwalbach/Ts.

Hagemann, Steffen (2016a): Der Nahostkonflikt im Spiegel der Einstellungsforschung. In: Niehoff, Mirko (Hrsg.): Nahostkonflikt kontrovers. Perspektiven für die politische Bildung. Schwalbach Ts., S. 27-40.

Hagemann, Steffen (2016b): Territorium, Legitimität, Identität – Dimensionen und Dynamiken des israelisch-palästinensischen Konflikts. In: Niehoff, Mirko (Hrsg.): Nahostkonflikt kontrovers. Perspektiven für die politische Bildung. Schwalbach Ts., S. 278-290.

Hagemann, Steffen/ Nathanson, Roby (2015): Deutschland und Israel heute. Verbindende Vergangenheit, trennende Gegenwart? Gütersloh.

Hamid, Tawfik (2004): Why I love Israel Based on the Quran. Im Internet unter: https://mukto-mona.com/Articles/raihan/eid_gift3.pdf; aufgerufen am 23.11.2015.

Hass, Amira (2004): Bericht aus Ramallah. Eine israelische Journalistin im Palästinensergebiet. München.

Hass, Amira (2013): The inner Sythax of Palestinian stone throwing. Im Internet unter: http://www.haaretz.com/opinion/the-inner-syntax-of-palestinian-stone-throwing.premium-1.513131; aufgerufen am 26.11.2015.

Haury, Thomas (1992): Zur Logik des bundesdeutschen Antizionismus. In: Poliakov, Léon (Hrsg.): Vom Antizionismus zum Antisemitismus. Freiburg, S. 125-159.

Haury, Thomas (2011 [2006]): Antisemitismus in der DDR. In: Bundeszentrale für politische Bildung (Hrsg.): Dossier Antisemitismus. Bonn, S. 23-26.

Hawel, Marcus/ Blanke, Moritz (2010): Einleitung: Der Nahostkonflikt in der deutschen Linken – Konkretionen versus Befindlichkeiten. In: Dies. (Hrsg.): Der Nahostkonflikt. Befindlichkeiten der deutschen Linken. Berlin, S. 7-13.

Hermenau, Frank (1999): Urteilskraft als politisches Vermögen. Zu Hannah Arendts Theorie der Urteilskraft. Lüneburg.

Heuer, Wolfgang (1992): Citizen. Persönliche Integrität und politisches Handeln. Eine Rekonstruktion des politischen Humanismus Hannah Arendts. Berlin.

Heyder, Aribert/ Iser, Julia/ Schmidt, Peter (2005): Israelkritik oder Antisemitismus? Meinungsbildung zwischen Öffentlichkeit, Medien und Tabus. In: Heitmeyer, Wilhelm (Hrsg.): Deutsche Zustände. Folge 3. Frankfurt am Main, S. 144-165.

Himmelmann, Gerhard (2001): Demokratie-Lernen als Lebens-, Gesellschafts- und Herrschaftsform. Schwalbach/Ts.

Holz, Klaus (2005): Die Gegenwart des Antisemitismus. Islamistische, demokratische und antizionistische Judenfeindschaft. Hamburg.

Holz, Klaus/ Kiefer, Michael (2010): Islamistischer Antisemitismus. Phänomen und Forschungsstand. In: Stender, Wolfram/ Follert, Guido/ Özdogan, Mihri (Hrsg.): Konstellationen des Antisemitismus. Antisemitismusforschung und sozialpädagogische Praxis. Wiesbaden, S. 109-137.

Horkheimer, Max (1988): Gesammelte Schriften Band 14: Nachgelassene Schriften 1949-1972 (herausgegeben von Gunzelin Schmid Noerr). Frankfurt am Main.

Jäger, Margarete/ Jäger, Siegfried (2007): Deutungskämpfe. Theorie und Praxis Kritischer Diskursanalyse. Wiesbaden.

Jaeger, Kinan/ Tophoven, Rolf (2011): Der Nahost-Konflikt. Dokumente. Kommentare. Meinungen. Bonn.

Johannsen, Margret (2009): Der Nahostkonflikt. Wiesbaden.

Johannsen, Margret (2012): Der Nahostkonflikt. In: Staack, Michael (Hrsg.): Einführung in die Internationale Politik. 5. Auflage. München, S. 606-641.

Johannsen, Margret (2016): Frieden schließt man mit seinem Feind. In: Niehoff, Mirko (Hrsg.): Nahostkonflikt kontrovers. Perspektiven für die politische Bildung. Schwalbach Ts., S. 241-253.

Jörke, Dirk (2003): Demokratie als Erfahrung. John Dewey und die politische Philosophie der Gegenwart. Wiesbaden.

Jörke, Dirk (2005): Auf dem Weg zur Postdemokratie. In: Leviathan 4/2005. Baden-Baden, S. 482-491.

Jörke, Dirk (2011): Bürgerbeteiligung in der Postdemokratie. In: Aus Politik und Zeitgeschichte: Postdemokratie? 1-2. Bonn, S. 13-18.

Juchler, Ingo (2005): Demokratie und politische Urteilskraft. Überlegungen zu einer normativen Grundlegung der Politikdidaktik. Schwalbach/Ts.

Juchler, Ingo (2010): Die Bedeutung von Basis- und Fachkonzepten für die kompetenzorientierte politische Bildung. In: Ders. (Hrsg.): Kompetenzen in der politischen Bildung. Schwalbach/Ts., S. 233-242,

Juchler, Ingo (2012): Politisches Urteilen. In: Zeitschrift für Didaktik der Gesellschaftswissenschaften. Heft 2, Schwalbach/Ts., S. 10-27.

Juchler, Ingo (2014): Wissenschaftsorientierung. In: Sander, Wolfgang (Hrsg.): Handbuch politische Bildung. 4., völlig überarbeitete Auflage. Bonn, S. 284-292.

Judt, Tony (2004): Zur Unterscheidung zwischen Antisemitismus und Antizionismus. In: Rabinovici, Doron/ Speck, Ulrich/ Sznaider, Natan (Hrsg.): Neuer Antisemitismus? Eine globale Debatte. Frankfurt am Main, S. 44-51.

Kahane, Anetta (2008): Antisemitismus, Einwanderung und muslimisch sozialisierte Gruppen. In: Amadeu Antonio Stiftung (Hrsg.): „Die Juden sind schuld. Antisemitismus in der Einwanderungsgesellschaft am Beispiel muslimisch sozialisierter Milieus. Berlin, S. 6-8.

Kaim, Markus (2016): Deutschland, Israel und der Nahostkonflikt. Anmerkungen zu einem besonderen Verhältnis. In: Niehoff, Mirko (Hrsg.): Nahostkonflikt kontrovers. Perspektiven für die politische Bildung. Schwalbach Ts., S. 19-26.

Kaletsch, Christa/ Rech, Stefan (2015): Heterogenität im Klassenzimmer. Schwalbach/Ts.

Kant, Immanuel (1923): Reflexionen zur Anthropologie. In: Königlich Preußische Akademie der Wissenschaften (Hrsg.): Kant's gesammelte Schriften. Band XV. Berlin /Leipzig.
Kant, Immanuel (1958): Schriften zur Metaphysik und Logik. Band 3 (herausgegeben von Wilhelm Weischedel). Wiesbaden.
Kant, Immanuel (1964): Schriften zur Anthropologie, Geschichtsphilosophie, Politik und Pädagogik. Band 6 (herausgegeben von Wilhelm Weischedel). Frankfurt am Main.
Kant, Immanuel (1974): Kritik der Urteilskraft. Wiesbaden.
Kaplan, Edward H./Small, Charles A. (2006): Anti-Israel Sentiment Predicts Anti-Semitism in Europe. In: Journal of Conflict Resolution, 50/4, S. 548-561.
Kassner, Karsten (2003): Soziale Deutungsmuster – über aktuelle Ansätze zur Erforschung kollektiver Sinnzusammenhänge. In: Geideck, Susan/Liebert, Wolf-Andreas (Hrsg.): Sinnformeln. Linguistische und soziologische Analysen von Leitbildern, Metaphern und anderen kollektiven Orientierungsmustern. Berlin/New York, S. 37-57.
Kelle, Udo/ Kluge, Susann (2010): Vom Einzelfall zum Typus. Wiesbaden.
Kiefer, Michael (2007): Islamischer oder islamisierter Antisemitismus? In: Benz, Wolfgang/ Wetzel, Juliane (Hrsg.): Antisemitismus und radikaler Islamismus. Essen, S. 71-84.
Kiefer, Michael (2008): Was wissen wir über antisemitische Einstellungen bei muslimischen Jugendliche? In: Amadeu Antonio Stiftung (Hrsg.): „Die Juden sind schuld. Antisemitismus in der Einwanderungsgesellschaft am Beispiel muslimisch sozialisierter Milieus. Berlin, S. 20-23.
Klafki, Wolfgang (1985): Neue Studien zur Bildungstheorie und Didaktik. Weinheim.
Kloke, Martin (1995): Der israelisch-palästinensische Friedensprozeß. Frankfurt am Main.
Kloke, Martin (2010): Israelkritik und Antizionismus in der deutschen Linken: ehrbarer Antisemitismus? In: Schwarz-Friesel, Monika/ Friesel, Evyatar/ Reinharz, Jehuda (Hrsg.): Aktueller Antisemitismus – ein Phänomen der Mitte. Berlin, New York, S.73-91.
Kloke, Martin (2015): Deutsch-israelische Beziehungen. Info aktuell (Informationen zur politischen Bildung). 27/2015. Bonn.

Knoblauch, Hubert (2005): Wissenssoziologie. Konstanz.

Knoepfel, Peter (2011): Politikanalyse. Opladen.

Koch, Andreas (2016a): Alan Dershowitz: Ressentiments gegen Israel als Bedrohung für den jüdischen Staat. In: Niehoff, Mirko (Hrsg.): Nahostkonflikt kontrovers. Perspektiven für die politische Bildung. Schwalbach Ts., S. 118-124.

Koch, Andreas (2016b): Edward Said: Zionismus als rassistische Ideologie. In: Niehoff, Mirko (Hrsg.): Nahostkonflikt kontrovers. Perspektiven für die politische Bildung. Schwalbach Ts., S. 111-117.

Königseder, Angelika (2009): Feindbild Islam. In: Benz, Wolfgang (Hrsg.): Islamfeindschaft und ihr Kontext. Berlin, S. 21-33.

Kößler, Gottfried (2006): Antisemitismus als Thema im schulischen Kontext. In: Fritz Bauer Institut/ Jugendbegegnungsstätte Anne Frank (Hrsg.): Neue Judenfeindschaft? Perspektiven für den pädagogischen Umgang mit dem globalisierten Antisemitismus. Frankfurt/New York, S. 172-186.

Kraft, Kristina/ Freiheit, Manuela/ Spaiser, Viktoria (2012): Junge Muslime in Deutschland und der Nahost-Konflikt. In: Botsch, Gideon/ Glöckner, Olaf/ Kopke, Christoph/ Spieker, Michael (Hrsg.): Islamophobie und Antisemitismus – Ein umstrittener Vergleich. Berlin/Boston, S. 227-254.

Krell, Gert (2004): Die USA, Israel und der Nahost-Konflikt. Studie über demokratische Außenpolitik im 20. Jahrhundert. Frankfurt am Main.

Krell, Gert (2008): Schatten der Vergangenheit: Nazi-Deutschland, Holocaust und Nahost-Konflikt. Frankfurt am Main.

KIgA (Kreuzberger Initiative gegen Antisemitismus) (2013): Widerspruchstoleranz. Ein Theorie-Praxis-Handbuch zur Antisemitismuskritik und Bildungsarbeit. Berlin.

Kuhn, Hans Werner/ Massing, Peter/Skuhr, Werner (1993): Politische Bildung in Deutschland. Entwicklung –Stand –Perspektiven. 2. Auflage. Opladen.

Küntzel, Matthias (2004): Von Zeesen bis Beirut. Nationalsozialismus und Antisemitismus in der arabischen Welt. In: Rabinovici, Doron/ Speck, Ulrich/ Sznaider, Natan (Hrsg.): Neuer Antisemitismus? Eine globale Debatte. Frankfurt am Main, S. 271-293.

Küntzel, Matthias (2006): Sind islamischer und europäischer Antisemitismus „strukturell identisch"? Im Internet unter: http://www.matthiaskuentzel.de/contents/sind-islamischer-und-europaeischer-antisemitismus-strukturell-identisch; aufgerufen am 12.08.2015.

Küntzel, Matthias (2007a): Islamischer Antisemitismus und Nahostkonflikt. In: Aufklärung und Kritik. Sonderheft 13. Nürnberg, S. 232 -243.

Küntzel, Matthias (2007b): Islamischer Antisemitismus und deutsche Politik. „Heimliches Einverständnis?". Berlin.

Kurz, Robert (2003): Die antideutsche Ideologie. Münster.

Laclau, Ernesto/ Mouffe, Chantal (2000): Hegemonie und radikale Demokratie. Zur Dekonstruktion des Marxismus. Wien.

Ladwig, Bernd (2009): Moderne politische Theorie. Fünfzehn Vorlesungen zur Einführung. Schwalbach/Ts.

Ladwig, Bernd (2011a): Freiheit. In: Göhler, Gerhard/ Iser, Mattias/ Kerner, Ina (Hrsg.): Politische Theorie. 25 umkämpfte Begriffe zur Einführung. 2. Auflage. Heidelberg, S. 79-93.

Ladwig, Bernd (2011b): Gerechtigkeit. In: Göhler, Gerhard/ Iser, Mattias/ Kerner, Ina (Hrsg.): Politische Theorie. 25 umkämpfte Begriffe zur Einführung. 2. Auflage. Heidelberg, S. 109-125.

Lamnek, Siegfried (1988): Qualitative Sozialforschung. Band 1 Methodologie. München, Weinheim.

Lange, Dirk (2011): Bürgerbewusstsein empirisch - Gegenstand und Methoden fachdidaktischer Forschung zur Politischen Bildung. In: Dirk Lange/Sebastian Fischer (Hrsg.): Politik und Wirtschaft im Bürgerbewusstsein. Untersuchungen zu den fachlichen Konzepten von Schülerinnen und Schülern in der Politischen Bildung, Schwalbach/Ts., S. 12-21.

Lehmann, Pedi (2001): Israels Suche nach Sicherheit. Israel und der Friedensprozeß in Nahost. Opladen.

Leiprecht, Rudolf (2011): Pluralismus unausweichlich? Zur Verbindung von Interkulturalität und Rassismuskritik in der Jugendarbeit. In: Scharathow, Wiebke & Rudolf Leiprecht (Hrsg.): Rassismuskritik, Band 2: Rassismuskritische Bildungsarbeit, Schwalbach Ts., S. 244-266.

Lerman, Antony (2004): Antisemitismus in Europa. In: Rabinovici, Doron/ Speck, Ulrich/ Sznaider, Natan (Hrsg.): Neuer Antisemitismus? Eine globale Debatte. Frankfurt am Main, S. 101-118.
Lewis, Bernard (1987): „Treibt sie ins Meer!" Die Geschichte des Antisemitismus. Frankfurt am Main/Berlin.
Loidolt, Sophie (2011): Sich ein Bild machen. Das ästhetische Urteilen als politisches Urteilen in der Kant-Lektüre von Hannah Arendt. In: Lehmann, Sandra/ Loidolt, Sophie (Hrsg.): Urteil und Fehlurteil. Wien, S. 231-246.
Lozowick, Yaacov (2003): Right to Exist. A Moral Defense of Israel's Wars. New York.
Lozowick, Yaacov (2006): Israels Existenzkampf. Eine moralische Verteidigung seiner Kriege. Bonn.
Lüders, Michael (2015): Wer den Wind sät. Was westliche Politik im Orient anrichtet. München.
Luhman, Niklas (2011): Politische Theorie im Wohlfahrtsstaat. Neuauflage. München.
Maier, Robert E. (1980): Mündigkeit. Zur Theorie eines Erziehungszieles. Bad Heilbrunn.
Mansel, Jürgen/Spaiser, Viktoria (2012): Forschungsprojekt. Soziale Beziehungen, Konfliktpotentiale und Vorurteile im Kontext von Erfahrungen verweigerter Teilhabe und Anerkennung bei Jugendlichen mit und ohne Migrationshintergrund. Abschlussbericht. Bielefeld.
Mansel, Jürgen/Spaiser, Viktoria (2013): Ausgrenzungsdynamiken. In welchen Lebenslagen Jugendliche Fremdgruppen abwerten. Weinheim/Basel.
Marcuse, Herbert (2004): Israel ist stark genug für Zugeständnisse. In: Ders.: Nachgelassene Schriften, Band 4. Die Studentenbewegung und ihre Folgen. Lüneburg, S. 146-151.
Markovits, Andrei S. (2004): Antiamerikanismus und Antisemitismus in Europa. In: Rabinovici, Doron/ Speck, Ulrich/ Sznaider, Natan (Hrsg.): Neuer Antisemitismus? Eine globale Debatte. Frankfurt am Main, S. 211-233.

Massing, Peter (1979): Interesse und Konsensus. Zur Rekonstruktion und Begründung normativ-kritischer Elemente neopluralistischer Demokratietheorie. Opladen.

Massing, Peter (1995): Wege zum Politischen. In: Massing, Peter & Weißeno, Georg (Hrsg.): Politik als Kern der politischen Bildung. Wege zur Überwindung unpolitischen Politikunterrichts. Opladen, S. 61-98.

Massing, Peter (1996): Demokratietheorie und politische Bildung – eine vergessene Tradition? In: Politische Bildung. Heft 2. Ideengeschichtliche Grundlagen der Demokratie. Schwalbach Ts., S. 154-160.

Massing, Peter (1999): Sachanalyse und Bedingungsanalyse. In: Mickel, Wolfgang W. (Hrsg.): Handbuch zur politischen Bildung. Bonn, S. 200-205.

Massing, Peter (2001): Joseph Schumpeter. In: Massing, Peter/ Breit, Gotthard (Hrsg.): Demokratietheorien. Von der Antike bis zur Gegenwart. Schwalbach/Ts.; S. 180-192.

Massing, Peter (2002a): Demokratie-Lernen oder Politik-Lernen? In: Breit, Gotthard/ Schiele, Siegfried (Hrsg.): Demokratie-Lernen als Aufgabe der politischen Bildung. Schwalbach/Ts., S. 160-187.

Massing, Peter (2002b) Theoretische und normative Grundlagen politischer Bildung. In: Breit, Gotthard/Massing, Peter (Hrsg.): Die Rückkehr des Bürgers in die politische Bildung. Schwalbach/Ts., S. 79-133.

Massing, Peter (2004a): Der Kern der politischen Bildung? In: Breit, Gotthard/ Schiele, Siegfried (Hrsg.): Demokratie braucht politische Bildung. Schwalbach/Ts., S. 81-98.

Massing, Peter (2004b): „Ich beharre auf einem komplexen Demokratiebegriff und behaupte starrsinnig, dass Demokratielernen nur als Politiklernen möglich ist". In: Pohl, Kerstin (Hrsg.): Positionen der politischen Bildung 1. Schwalbach/Ts., S. 156-175.

Massing, Peter (2004c): „Demokratie-Lernen" und „Politik-Lernen" – ein Gegensatz? Eine Antwort auf Gerhard Himmelmann. In: Politische Bildung. Heft 1. Schwalbach/Ts., S. 130-135.

Massing, Peter (2005a): Demokratiemodelle in der politischen Bildung. In: Massing, Peter/ Roy, Klaus-Bernhard (Hrsg.): Politik. Politische Bildung. Demokratie. Schwalbach/Ts., S. 288-299.

Massing, Peter (2005b): Normativ-kritische Dimensionen politischer Bildung. In: Weißeno, Georg (Hrsg.): Politik besser verstehen. Neue Wege der politischen Bildung. Wiesbaden, S. 19-42.

Massing, Peter (2011a): Basis- und Fachkonzepte zwischen „Fachlichkeit und Interdisziplinarität". In: Goll, Thomas (Hrsg.).: Politikdidaktische Basis- und Fachkonzepte. Schwalbach/Ts, S. 56-70.

Massing, Peter (2011b): Parteien- und Politikverdrossenheit – Mode oder Signum der Zeit? In: Frech, Siegfried/ Juchler, Ingo (Hrsg.): Bürger auf Abwegen? Politikdistanz und politische Bildung. Schwalbach/Ts., S. 131-147.

Massing, Peter (2012): Die vier Dimensionen der Politikkompetenz. In: Aus Politik und Zeitgeschichte: Politische Bildung, 46-47. Bonn, S. 23-28.

Massing, Peter (2013): Was ist Politik? Definition und Zusammenhänge. In: Hufer, Klaus-Peter/ Länge, Theo W./ Menke, Barbara/ Overwien, Bernd/ Schudoma/ Laura (Hrsg.): Wissen und Können. Wege zum professionellen Handeln in der politischen Bildung. Schwalbach/Ts., S. 100-102.

Massing, Peter/ Richter, Dagmar/ Detjen, Joachim/ Weißeno, Georg/ Juchler, Ingo (2011): „Konzepte der Politik" – Eine Antwort auf die Kritikergruppe. In: Politische Bildung 3/2011, S. 134-143.

Massing, Peter/ Niehoff, Mirko (2010): Einstellungen und Reaktionen von Lehrer/-innen im Politikunterricht in Klassen mit Migrationshintergrund. In: Weißeno, Georg (Hrsg.): Bürgerrolle heute. Migrationshintergrund und politisches Lernen. Bonn, S. 82-95.

Massing, Peter/ Niehoff, Mirko (2014): Den Blickwinkel ändern – Migration als Bedingungsfeld der politischen Bildung. In: Dies. (Hrsg.): Politische Bildung in der Migrationsgesellschaft. Sozialwissenschaftliche Grundlagen – Politikdidaktische Ansätze Schwalbach/Ts., S. 7-20.

Meints, Waltraud (2011): Partei ergreifen im Interesse der Welt. Eine Studie zur politischen Urteilskraft im Denken Hannah Arendts. Wetzlar.

Merkel, Angela (2008): Verantwortung – Vertrauen – Solidarität. Rede am 18.03.2008 vor der Knesset in Jerusalem (Publikation der Bundesregierung). Berlin.

Merkel, Wolfgang/ Petring, Alexander (2012): Politische Partizipation und demokratische Inklusion. In: Mörschel, Tobias/ Krell, Christian (Hrsg.): Demokratie in Deutschland. Wiesbaden, S. 93-119.

Messerschmidt, Astrid (2006): Verstrickungen. Postkoloniale Perspektiven in der Bildungsarbeit zum Antisemitismus. In: Fritz Bauer Institut/ Jugendbegegnungsstätte Anne Frank (Hrsg.): Neue Judenfeindschaft? Perspektiven für den pädagogischen Umgang mit dem globalisierten Antisemitismus. Frankfurt/New York, S. 150-171.

Messerschmidt, Astrid (2009): Weltbilder und Selbstbilder. Bildungsprozesse im Umgang mit Globalisierung, Migration und Zeitgeschichte. Frankfurt am Main.

Messerschmidt, Astrid (2015): Rassismuskritik als Perspektive für die politische Bildung. In: Deutsche Vereinigung für Politische Bildung (Hrsg.): Polis 2. Schwerpunkt: Rassismuskritische Bildung. Schwalbach/Ts., S. 7-10.

Meyer, Christian (2013): Zum Wissensverständnis in der Politischen Bildung – Anmerkungen zu einer aktuellen Kontroverse. In: Besan, Anja (Hrsg.): Lehrer- und Schülerforschung in der politischen Bildung. Schwalbach/ Ts., S. 153-172.

Morris, Benny (2004): Survival of the Fittest? An Interview with Benny Morris (veröffentlicht am 09.01.2004, Ha'aretz Friday Magazine).

Morris, Benny (2009): One State, Two States. Resolving the Israel/Palestine Conflict. New Haven/London.

Mouffe, Chantal (2011): „Postdemokratie" und die zunehmende Entpolitisierung. In: Aus Politik und Zeitgeschichte: Postdemokratie? 1-2. Bonn, S. 3-5.

Müller, Jochen (2007): Auf den Spuren von Nasser. Nationalismus und Antisemitismus im radikalen Islamismus. In: Benz, Wolfgang/ Wetzel, Juliane (Hrsg.): Antisemitismus und radikaler Islamismus. Essen, S. 85-101.

Müller, Jochen (2008): „Warum ist alles so ungerecht?" – Antisemitismus und Israelhass bei Jugendlichen: Die Rolle des Nahostkonflikts und Optionen der pädagogischen Intervention. In: Amadeu Antonio Stiftung (Hrsg.): „Die Juden sind schuld. Antisemitismus in der Einwanderungsgesellschaft am Beispiel muslimisch sozialisierter Milieus. Berlin, S. 30-36.

Müller, Jochen (2012): Zwischen Berlin und Beirut. Antisemitismus und die Rezeption des Nahostkonflikts durch Jugendliche arabischer und türkischer Herkunft. In: In: Gebhardt, Richard/ Klein, Anne/ Meier, Marcus (Hrsg.): Antisemitismus in der Einwanderungsgesellschaft. Beiträge zur kritischen Bildungsarbeit. Weinheim/Basel, S. 57-69.

Müller, Mathias (2011): Sozialpolitische Innovationen. Zum Konflikt von Strukturen und Deutungsmustern. Wiesbaden.

Münkler, Herfried (1997): Der kompetente Bürger. In: Klein, Ansgar/ Schmalz-Bruns, Rainer (Hrsg.): Politische Beteiligung und Bürgerengagement in Deutschland. Möglichkeiten und Grenzen. Bonn, S. 153-172.

Münkler, Herfried (2010): Bürgerleitbilder – auch für Mitbürger/-innen mit Migrationshintergrund. In: Weißeno, Georg (Hrsg.): Bürgerrolle heute. Migrationshintergrund und politisches Lernen. Bonn, S. 82-95.

Murphy, Gregory L. (2004): The Big Book of Concepts. Cambridge/London.

Negt, Oskar (2010): Der politische Mensch. Demokratie als Lebensform. Göttingen.

Negt, Oskar (2013): Emanzipation ist der Ausgangspunkt von allem: Zu einem Schlüsselbegriff politischer Bildung. In: Hufer, Klaus-Peter et al. (Hrsg.): Wissen und Können. Wege zum professionellen Handeln in der politischen Bildung. Schwalbach/Ts., S. 35-37.

Neyer, Jürgen (2013): Globale Demokratie. Eine zeitgemäße Einführung in die Internationalen Beziehungen. Baden-Baden.

Niehoff, Mirko (2010): Handlungsbedingungen einer Pädagogik gegen Antisemitismus im globalisierten Klassenzimmer. In: Stender, Wolfram/ Follert, Guido/ Özdogan, Mihri (Hrsg.): Konstellationen des Antisemitismus. Antisemitismusforschung und sozialpädagogische Praxis. Wiesbaden, S. 243-264.

Niehoff, Mirko (2011): Der aktuelle Antisemitismus als pädagogische Herausforderung: Bedingungen und Möglichkeiten einer zeitgemäßen Anti-Antisemitismusarbeit in der Schule. In: Scharathow, Wiebke/ Leiprecht, Rudolf (Hrsg.): Rassismuskritik. Band 2: Rassismuskritische Bildungsarbeit. Schwalbach/Ts., S. 300-316.

Niehoff, Mirko (2014): Soziale Deutungsmuster als relevante Kategorie im Kontext einer politischen Bildung in der Migrationsgesellschaft. In: Massing, Peter/ Niehoff, Mirko (Hrsg.): Politische Bildung in der Migrationsgesellschaft. Sozialwissenschaftliche Grundlagen – Politikdidaktische Ansätze – Praxisberichte. Schwalbach/Ts., S. 111-137.

Niehoff, Mirko (2015): Migrationsgeprägte Heterogenität im Klassenzimmer. Überlegungen zur politischen Bildung. In: Achour, Sabine (Hrsg.): Heterogenität, Wochenschau Sonderheft. Schwalbach/Ts., S. 66-73.

Niehoff, Mirko (2016): Nahostkonflikt kontrovers. Perspektiven für die politische Bildung. Schwalbach/Ts.

Niehoff, Mirko (2016a): Einleitung: Nahostkonflikt kontrovers – Perspektiven für die politische Bildung. In: Niehoff, Mirko (Hrsg.): Nahostkonflikt kontrovers. Perspektiven für die politische Bildung. Schwalbach Ts., S. 9-16.

Niehoff, Mirko (2016b): Sari Nusseibeh: Einstaatenlösung im Interesse der Palästinenser und Israels als jüdischer Staat. In: Niehoff, Mirko (Hrsg.): Nahostkonflikt kontrovers. Perspektiven für die politische Bildung. Schwalbach Ts., S. 203-212.

Niehoff, Mirko (2016c): Yaacov Lozowick: Antizionismus als zentrales Lösungshindernis. In: Niehoff, Mirko (Hrsg.): Nahostkonflikt kontrovers. Perspektiven für die politische Bildung. Schwalbach Ts., S. 149-156.

Niehoff, Mirko/ Üstün, Emine (2011): Das globalisierte Klassenzimmer. Theorie und Praxis zeitgemäßer Bildungsarbeit. Kassel.

Nolte, Amina (2016a): Ahmad Tibi: Anerkennung und Selbstbestimmung der Palästinenser/-innen als Voraussetzung für Versöhnung. In: Niehoff, Mirko (Hrsg.): Nahostkonflikt kontrovers. Perspektiven für die politische Bildung. Schwalbach Ts., S. 188-197.

Nolte, Amina (2016b): Naftali Bennet: Konfliktmanagement anstelle von Konfliktlösung. In: Niehoff, Mirko (Hrsg.): Nahostkonflikt kontrovers. Perspektiven für die politische Bildung. Schwalbach Ts., S. 179-187.

Nolte, Amina (2016c): Tzipi Livni: Mit moderaten Kräften zu einer Lösung des Konflikts. In: Niehoff, Mirko (Hrsg.): Nahostkonflikt kontrovers. Perspektiven für die politische Bildung. Schwalbach Ts., S. 169-178.

Nordbruch, Götz (2004): Antisemitismus als Gegenstand islamwissenschaftlicher und Nahost-bezogener Sozialforschung. In: Benz, Wolfgang/ Körte, Mona (Hrsg.): Antisemitismusforschung in den Wissenschaften. Berlin, S. 241-269.

Nordbruch, Götz (2007): Begegnungen mit dem Nationalsozialismus in Syrien und Libanon. Berlin.

Nordbruch, Götz (2009): Dreaming of a „free Palestine": Muslim Youth in Germany and the Israel-Palestine Conflict (herausgegeben von: Center for Mellemøststudier). Odense.

Nordbruch, Götz (2014): „Pro Palestine" – Palästina als Metapher unter Jugendlichen. In: Bundeszentrale für politische Bildung (Hrsg.): Neukölln unlimited. Im Internet unter: http://www.bpb.de/-gesellschaft/migration/neukoelln-unlimited; aufgerufen am 04.03.2016.

Nordbruch, Götz (2016): Nahostpolitik ist Geschichts- und Erinnerungspolitik. In: Niehoff, Mirko (Hrsg.): Nahostkonflikt kontrovers. Perspektiven für die politische Bildung. Schwalbach Ts., S. 302-311.

Nusseibeh, Sari (2012): Ein Staat für Palästina? Plädoyer für eine Zivilgesellschaft in Nahost. München.

Oberhaus, Salvador (2010): Zur Frühgeschichte des Palästinakonflikts bis zur Gründung des Staates Israel. In: Hawel, Marcus/ Blanke, Moritz (Hrsg.): Der Nahostkonflikt. Befindlichkeiten der deutschen Linken. Berlin, S. 15-23.

Oevermann, Ulrich/ Allert, Tilman/ Konau, Elisabeth/ Krmabeck, Jürgen (1979): Die Methodologie einer „objektiven Hermeneutik" und ihre allgemeine forschungslogische Bedeutung für die Sozialwissenschaften. In: Soeffner, Hans-Georg (Hrsg.): Interpretative Verfahren in den Sozial- und Textwissenschaften. Stuttgart, S. 352-434.

Oevermann, Ulrich (2001a): Zur Analyse der Struktur sozialer Deutungsmuster. In: Sozialer Sinn 2 (1). Stuttgart, S. 3-33.

Oevermann, Ulrich (2001b): Die Struktur sozialer Deutungsmuster – Versuch einer Aktualisierung. In: Sozialer Sinn 2 (1). Stuttgart, S. 35-81.

Oevermann, Ulrich (2003): Strukturprobleme supervisorischer Praxis: eine objektiv hermeneutische Sequenzanalyse zur Überprüfung der Professionalisierungstheorie. Frankfurt am Main.

Özdemir, Cem (2006): Muslimische Migranten und Antisemitismus. In: Faber, Klaus/ Schoeps, Julius H./ Stawski, Sacha (Hrsg.): Neu-alter Judenhass. Antisemitismus, arabisch-israelischer Konflikt und europäische Politik. Berlin, S. 219-223.

Opstaele, Dag Javier (1999): Politik, Geist und Kritik. Eine hermeneutische Rekonstruktion von Hannah Arendts Philosophiebegriff. Würzburg.

Petrik, Andreas (2011): Das Politische als soziokulturelles Phänomen. In: Autorengruppe Fachdidaktik (Hrsg.): Konzepte der politischen Bildung. Eine Streitschrift. Bonn. S. 69-93.

Petrik, Andreas (2014): Adressatenorientierung. In: Sander, Wolfgang (Hrsg.): Handbuch politische Bildung. 4., völlig überarbeitete Auflage. Bonn, S. 241-248.

Pfahl-Traughber, Armin (2011): Antisemitismus im Islamismus. Ideengeschichtliche Bedingungsfaktoren und agitatorische Erscheinungsformen. In: Bundeszentrale für politische Bildung (Hrsg.): Islamismus. Dossier. Im Internet unter: http://www.bpb.de/politik/extremismus/islamismus/36356/antisemitismus-im-islamismus?p=all; aufgerufen am 14.04.2016.

Piberger, Patricia (2016): Judith Butler: Visionen eines binationalen Israels. In: Niehoff, Mirko (Hrsg.): Nahostkonflikt kontrovers. Perspektiven für die politische Bildung. Schwalbach Ts., S. 96- 110.

Plaß, Christine/ Schetsche, Michael (2001): Grundzüge einer wissenssoziologischen Theorie sozialer Deutungsmuster. In: Sozialer Sinn 3. Stuttgart, S. 511-536.

Pohl, Kerstin (2001): Konstruktivismus und Politikdidaktik. Ein Chat-Interview mit Joachim Detjen und Wolfgang Sander. In: Andersen, Uwe/ Breit, Gotthard/ Massing, Peter/ Woyke, Wichard (Hrsg.) Politische Bildung. Jugend und Politik. Heft 2, Jahrgang 34. Schwalbach/Ts., S. 128-138.

Pohl, Kerstin (2004a): Positionen der politischen Bildung 1. Ein Interviewbuch zur Politikdidaktik. Schwalbach/Ts.

Pohl, Kerstin (2004b): Demokratie-Lernen als Aufgabe des Politikunterrichts? Die Rezeption von Deweys Demokratiebegriffs und die Parallelisierungsfalle. In: Breit, Gotthard/ Schiele, Siegfried (Hrsg.): Demokratie braucht politische Bildung. Schwalbach/Ts., S. 166-180.

Pohl, Kerstin/ Buchstein, Hubertus (1996): Moderne Demokratietheorien. In: Politische Bildung. Heft 2. Ideengeschichtliche Grundlagen der Demokratie. Schwalbach Ts., S. 70-92.

Pollak, Alexander (2008): Antisemitismus. Probleme der Definition und Operationalisierung eines Begriffs. In: Bunzl, John/ Senfft, Alexandra (Hrsg.): Zwischen Antisemitismus und Islamophobie. Vorurteile und Projektionen in Europa und Nahost. Hamburg, S. 17-32.

Postone, Moishe (2005): Antisemitismus und Nationalsozialismus. In: Postone, Moishe: Deutschland, die Linke und der Holocaust. Freiburg.

PRIME – Peace Research Institut in the Middle East (2009): Das Historische Narrativ des Andern kennen lernen. Palästinenser und Israelis. Im Internet unter: http://friedenspaedagogik.de/blog/wp-content/uploads/2010/03/-primetextbuch.pdf; aufgerufen am 20.11.2015.

Primor, Avi (2002): Keine Lösung durch Gewalt. In: Aus Politik und Zeitgeschichte: Gewalt und Gegengewalt im „Heiligen Land", 35-36. Bonn, S. 9-15.

Rabinovici, Doron/ Speck, Ulrich/ Sznaider, Natan (Hrsg.): Neuer Antisemitismus? Eine globale Debatte. Frankfurt am Main.

Rensmann, Jörg (2016): Einleitung. In: SPME (Hrsg.): Pädagogik des Ressentiments. Das Israelbild in deutschen Schulbüchern. Im Internet unter: http://www.digberlin.de/das-israelbild-in-deutschen-schulbuechern/; aufgerufen am 11.07.2016.

Rensmann, Lars (2004): Demokratie und Judenbild. Antisemitismus in der politischen Kultur der Bundesrepublik Deutschland. Wiesbaden.

Rensmann, Lars/ Schoeps, Julius H. (2008): Antisemitismus in der Europäischen Union: Einführung in ein neues Forschungsfeld. In: Rensmann, Lars/ Schoeps, Julius H. (Hrsg.): Feindbild Judentum. Antisemitismus in Europa. Berlin, 9-40.

Richter, Dagmar (1989): Bedingungen emanzipatorischer politischer Lernprozesse. Über den Zusammenhang von lebensweltlicher Erfahrung mit kognitiver Entwicklung. Frankfurt am Main.

Richter, Dagmar (1996): Politikunterricht im Spannungsfeld von Lebenswelt und Politik. Didaktisch-methodische Reflexionen zum Aufklären von Wahrnehmungsschemata. In: Politische Bildung. Heft 1: Lebenswelt und Politik. Schwalbach/Ts., S. 17- 29.

Robert, Rüdiger (2007): Nahostkonflikt. In: Woyke, Wichard (Hrsg.): Handwörterbuch Internationale Politik. Stuttgart, S. 387-399.

Rommelspacher, Birgit (1995): Schuldlos – schuldig? Wie sich junge Frauen mit Antisemitismus auseinandersetzen. Hamburg.

Rosa, Lisa (2008): Unterricht über Holocaust und Nahostkonflikt: Problematische Schüler oder problematische Schule? In: In: Amadeu Antonio Stiftung (Hrsg.): „Die Juden sind schuld". Antisemitismus in der Einwanderungsgesellschaft am Beispiel muslimisch sozialisierter Milieus. Berlin, S. 47-50.

Roth, Klaus (2011): Genealogie des Staates: Prämissen des neuzeitlichen Politikdenkens. Berlin.

Roth, Roland (1997): Die Kommune als Ort der Bürgerbeteiligung. In: Klein, Ansgar/ Schmalz-Bruns, Rainer (Hrsg.): Politische Beteiligung und Bürgerengagement in Deutschland. Bonn, S. 404-447.

Saar, Martin (2004): Subjekt. In: Göhler, Gerhard/ Iser, Mattias/ Kerner, Ina (Hrsg.): Politische Theorie. 22 umkämpfte Begriffe zur Einführung. Wiesbaden, S. 332-349.

Sachweh, Patrick (2010): Deutungsmuster sozialer Ungleichheit. Wahrnehmung und Legitimation gesellschaftlicher Privilegierung und Benachteiligung. Frankfurt am Main.

Said, Edward (1980): The Question of Palestine. New York.

Said, Edward (1981): Zionismus und palästinensische Selbstbestimmung. Stuttgart.

Said, Edward (2001): Power, Politics, and Culture. New York.

Said, Edward (2002): Das Ende des Friedensprozesses. Berlin.

Salzborn, Samuel (2012): Demokratie. Baden-Baden.

Salzborn, Samuel (2014): Antisemitismus. Geschichte, Theorie, Empirie. Baden-Baden.

Salzborn, Samuel (2015): Kampf der Ideen. Baden-Baden.

Sander, Wolfgang (1999): Warum und wozu politische Bildung? Ihre Geschichte seit 1945. In: Mickel, Wolfgang W. (Hrsg.): Handbuch zur politischen Bildung. Bonn, S. 14-19.

Sander, Wolfgang (2005): Theorie der politischen Bildung: Geschichte – didaktische Konzeptionen – aktuelle Tendenzen und Probleme. In: Ders. (Hrsg.): Handbuch politische Bildung. Schwalbach/Ts., S. 13-47.

Sander, Wolfgang (2007): Politik entdecken – Freiheit leben. Didaktische Grundlagen politischer Bildung. Schwalbach/Ts.

Sander, Wolfgang (2010a): Wissen im kompetenzorientierten Unterricht – Konzepte, Basiskonzepte, Kontroversen in den gesellschaftswissenschaftlichen Fächern. In: Zeitschrift für Didaktik der Gesellschaftswissenschaften: Wissen. Heft 1. Schwalbach/Ts., S. 42-66.

Sander, Wolfgang (2010b): Basiskonzepte. Grundlagen und Konsequenzen für Politikunterricht. In: Massing, Peter (Hrsg.): Kompetenzen im Politikunterricht. (Wochenschauheft Sek. I + II.). Schwalbach/Ts., S. 34-43.

Sander, Wolfgang (2011): Konzepte und Kategorien in der politischen Bildung. In: Goll, Thomas (Hrsg.): Politikdidaktische Basis- und Fachkonzepte. Schwalbach/Ts, S. 32-43.

Sartre, Jean-Paul (1994): Überlegungen zur Judenfrage. Hamburg.

Schäfer, Isabel (2004): Die Europäische Union und der Nahost-Konflikt. In: Aus Politik und Zeitgeschichte: Nahost, B20. Bonn, S. 46-54.

Schäuble, Barbara (2008): „Wer spricht wovon?". In: Amadeu Antonio Stiftung (Hrsg.): „Die Juden sind schuld". Antisemitismus in der Einwanderungsgesellschaft am Beispiel muslimisch sozialisierter Milieus. Berlin, S. 37-41.

Schäuble, Barbara (2012a): „Anders als wir". Differenzkonstruktionen und Alltagsantisemitismus unter Jugendlichen. Anregungen für die politische Bildung. Berlin.

Schäuble, Barbara (2012b): „Über", „aus", „gegen" oder „wegen" Antisemitismus lernen? Begründungen, Themen und Formen politischer Bildungsarbeit in der Auseinandersetzung mit Antisemitismus. In: Gebhardt, Richard/ Klein, Anne/ Meier, Marcus (Hrsg.): Antisemitismus in der Einwanderungsgesellschaft. Beiträge zur kritischen Bildungsarbeit. Weinheim/Basel, S. 174-191.

Schäuble, Barbara (2013): Was haben wir damit zu tun? Zum pädagogischen Umgang mit Antisemitismus. In: Kreuzberger Initiative gegen Antisemitismus (Hrsg.): Widerspruchstoleranz. Ein Theorie-Praxis-Handbuch zur Antisemitismuskritik und Bildungsarbeit. Berlin, S. 10-14.

Schäuble, Barbara/ Scherr, Albert (2006): „Ich habe nichts gegen Juden, aber..." Ausgangsbedingungen und Ansatzpunkte gesellschaftlicher Bildungsarbeit zur Auseinandersetzung mit Antisemitismen. Berlin.

Scheit, Gerhard (2004): Suicide attack: Zur Kritik der politischen Gewalt. Freiburg.

Schelle, Carla (2005): Adressatenorientierung. In: Sander, Wolfgang (Hrsg.): Handbuch politische Bildung. Schwalbach/Ts., S. 79-92.

Schiele, Siegfried (2004): Demokratie braucht politische Bildung. In: Breit, Gotthard/ Schiele, Siegfried (Hrsg.): Demokratie braucht politische Bildung. Schwalbach/Ts., S. 1-10.

Schiele, Siegfried/ Schneider, Herbert (1996): Reicht der Beutelsbacher Konsens? Schwalbach/Ts.

Schlegel, Christian (2014): Israelis gegen Palästinenser. Spieltheorie als Lösungsansatz für den Nahostkonflikt. Marburg.

Schmiederer, Rolf (1971): Zur Kritik der Politischen Bildung. Ein Beitrag zur Soziologie und Didaktik des Politischen Unterrichts. Frankfurt am Main.

Schmiederer, Rolf (1977): Politische Bildung im Interesse der Schüler. Frankfurt am Main.

Schörken, Rolf (1978): Die öffentliche Auseinandersetzung um neue Lehrpläne der politischen Bildung und das Konsensusproblem. In: Fischer, Kurt-Gerhard (Hrsg.): Zum aktuellen Stand der politischen Bildung. Stuttgart, S. 5-19.

Schüßler, Ingeborg (2000): Deutungslernen. Erwachsenenbildung im Modus der Deutung – Eine explorative Studie zum Deutungslernen in der Erwachsenenbildung. Baltmannsweiler.

Schütz, Alfred (1972): Die soziale Welt und die Theorie der sozialen Handlung. In: Brodersen, Arvid (Hrsg.): Gesammelte Aufsätze 2. Studien zur soziologischen Theorie. Den Haag, S. 3-21.

Schu, Anke (2012): Biografie und Antisemitismus. In: In: Greuel, Frank/ Glaser, Michaela (Hrsg.): Ethonzentrismus und Antisemitismus bei Jugendlichen mit Migrationshintergrund. Halle, S. 26-53.
Schneider, Richard C. (2005): Der jüdische Staat sieht sich weiterhin im Abwehrkampf – im Innern und nach außen. In: Das Parlament vom 08.08.2005, S. 7.
Schneider, Richard C. (2007): Wer hat Schuld? Wer hat Recht? Was man über den Nahostkonflikt wissen muss. Berlin.
Schreiber, Friedrich/ Wolffsohn, Michael (1996): Nahost. Geschichte und Struktur des Konflikts. Opladen.
Schumpeter, Joseph A. (1950): Kapitalismus, Sozialismus und Demokratie. Zweite, erweiterte Auflage. München.
Schwarz-Friesel, Monika (2010): „Ich habe ja nichts gegen Juden!" Der „legitime" Antisemitismus der Mitte. In: Schwarz-Friesel, Monika/ Friesel, Evyatar/ Reinharz, Jehuda (Hrsg.): Aktueller Antisemitismus – ein Phänomen der Mitte. Berlin, New York, S. 27-50.
Seitz, Jakob Stefan (2002): Hannah Arendts Kritik der politisch-philosophischen Tradition – unter Einbeziehung der französischen Literatur zu Hannah Arendt. München.
Sen, Amartya (2010): Die Idee der Gerechtigkeit. München.
Seo, Myoung-Le (2015): Soziale Ungleichheit. Wir wird sie im Politikunterricht sichtbar? In: Achour, Sabine (Hrsg.): Heterogenität, Wochenschau Sonderheft. Schwalbach/Ts., S. 60-65.
Shooman, Yasemin (2009): Islamfeindschaft im World Wide Web. In: Benz, Wolfgang (Hrsg.): Islamfeindschaft und ihr Kontext. Berlin, S. 71-84.
Smith, Adam (1985): Theorie der ethischen Gefühle. Hamburg.
Sontheimer, Kurt (1962): Politische Bildung zwischen Utopie und Verfassungswirklichkeit. In: Schneider, Heinrich (Hrsg.): Politische Bildung in der Schule. Band 1. Darmstadt, S. 202-221.
SOR-SMC (Schule ohne Rassismus - Schule mit Courage) (2014): Islam und Schule. Berlin.
Spennemann, Felix/ Stempka, Slawomir (2010): Die Typologische Analyse nach Udo Kuckartz. In: Schöneck-Voß, Nadine/ Voß, Werner (Hrsg.): Methodenintegrative Forschung. Bochum, S. 31-41.
Spiegel, Irina (2010): Die Urteilskraft bei Hannah Arendt. Berlin.

Spielhaus, Riem (2013): Muslimische Identitätskonzepte und der Wandel im Integrations- und Migrationsdiskurs. In: Demirel, Aycan/ Niehoff, Mirko: ZusammenDenken. Reflexionen, Thesen und Konzepte zu politischer Bildung im Kontext von Demokratie, Islam, Rassismus und Islamismus. Berlin, S. 10-20.

SPME (2016): Pädagogik des Ressentiments. Das Israelbild in deutschen Schulbüchern. Im Internet unter: www.digberlin.de/das-israelbild-in-deutschen-schulbuechern/; aufgerufen am 11.07.2016.

Statistisches Bundesamt (2016): Personen mit Migrationshintergrund. Im Internet unter: www.destatis.de/DE/ZahlenFakten/GesellschaftStaat/ Bevoelkerung/MigrationIntegration/Migrationshintergrund/Aktuell.html; aufgerufen am 25.01.2016.

Steen, Klaus (2008): Der Nahost-Konflikt. Ursachen, Grundprobleme und Lösungsversuche. Oldenburg.

Stein, Shimon/ Lewy, Mordechay (2015): Von Einzigartigkeit über Normalität zu Staatsräson: 50 Jahre diplomatische Beziehungen. In: Aus Politik und Zeitgeschichte: Israel und Deutschland, 6. Bonn, S. 3-8.

Steinberg, Gerald M. (2008): Asymmetrie, Verwundbarkeit und die Suche nach Sicherheit. In: Aus Politik und Zeitgeschichte: 60 Jahre Israel, 17. Bonn, S. 12-19.

Steininger, Rolf (2012): Der Nahostkonflikt. Frankfurt am Main.

Stender, Wolfram (2010): Konstellationen des Antisemitismus. Zur Einleitung. In: Stender, Wolfram/ Follert, Guido/ Özdogan, Mihri (Hrsg.): Konstellationen des Antisemitismus. Antisemitismusforschung und sozialpädagogische Praxis. Wiesbaden, S. 7-38.

Sutor, Bernhard (1973): Didaktik des politischen Unterrichts. Eine Theorie der politischen Bildung. Paderborn.

Sutor, Bernhard (1997): Kategorien politischer Urteilsbildung. In: Bundeszentrale für politische Bildung (Hrsg.): Politische Urteilsbildung. Aufgaben und Wege für den Politikunterricht. Bonn, S. 95-108

Sutor, Bernhard (2004): „Meine Didaktik des politischen Unterrichts basiert auf der Tradition der Praktischen Philosophie". In: Pohl, Kerstin (Hrsg.): Positionen der politischen Bildung 1. Schwalbach/Ts., S. 48-61.

Taguieff, Pierre-André (2004): Angesichts einer neuen Judeophobie: Eine Herausforderung für Frankreich. In: Braun, Christina von/ Ziege, Eva Maria (Hrsg.):
Das bewegliche Vorurteil. Aspekte des internationalen Antisemitismus. Würzburg, S. 193-200.

Taylor, Charles (2002): Wieviel Gemeinschaft braucht die Demokratie? Aufsätze zur politischen Philosophie. Frankfurt am Main.

Tibi, Bassam (2007): Der djihadistische Islamismus – nicht der Islam – ist die zentrale Quelle des neuen Antisemitismus. In: Benz, Wolfgang/ Wetzel, Juliane (Hrsg.): Antisemitismus und radikaler Islamismus. Essen, S. 43-69.

Tophoven, Rolf (1999): Der israelisch-arabische Konflikt. Bonn.

Ullrich, Carsten G. (1999a): Deutungsmusteranalyse und diskursives Interview. Leitfadenkonstruktion, Interviewführung und Typenbildung. (Arbeitspapiere – MZES; Nr. 3). Mannheim.

Ullrich, Carsten G. (1999b): Deutungsmusteranalyse und diskursives Interview. In: Zeitschrift für Soziologie (28). Heft 6. Stuttgart, S. 429-447.

Ullrich, Peter (2008): Die Linke, Israel und Palästina. Nahostdiskurse in Großbritannien und Deutschland. Berlin.

Ullrich, Peter (2010): Der Nahostkonflikt – Spielfeld für einen neuen Antisemitismus von links? Ein internationaler Diskursvergleich. In: Hawel, Marcus/ Blanke, Moritz (Hrsg.): Der Nahostkonflikt. Befindlichkeiten der deutschen Linken. Berlin, S. 67-80.

Ullrich, Peter (2013): Deutsche, Linke und der Nahostkonflikt. Politik im Antisemitismus- und Erinnerungsdiskurs. Göttingen.

Ulrich, Peter (1997): Integrative Wirtschaftsethik. Grundlagen einer lebensdienlichen Ökonomie. Bern, Stuttgart, Wien.

Vick, Karl (2013): An hour with Naftali Bennet: Is the Right-Wing Newcomer the New Face of Israel? TIME. Im Internet unter: http://world.time.com/2013/01/18/an-hour-with-naftali-bennett-is-the-right-wing-newcomer-the-new-face-of-israel/; aufgerufen am 01.08.2015.

Vieweger, Dieter (2011): Streit um das Heilige Land. 3. Auflage. Gütersloh.

Wagenknecht, Peter (2006): Der Nahostkonflikt ermöglicht einen politischen Diskurs. Erfahrungen aus dem Projekt „BildungsBausteine gegen Antisemitismus". In: Fritz Bauer Institut/ Jugendbegegnungsstätte Anne Frank (Hrsg.): Neue Judenfeindschaft? Perspektiven für den pädagogischen Umgang mit dem globalisierten Antisemitismus. Frankfurt/New York, S. 273-285.

Walzer, Michael (2004): Über linke Israelkritik. Ein Gespräch. In: Rabinovici, Doron/ Speck, Ulrich/ Sznaider, Natan (Hrsg.): Neuer Antisemitismus? Eine globale Debatte. Frankfurt am Main, S. 52-59.

Weber, Max (2005): Wirtschaft und Gesellschaft. Frankfurt am Main.

Weißeno, Georg (2002): Wo steht die Politikdidaktik als Wissenschaft? In: GPJE (Hrsg.): Politische Bildung als Wissenschaft. Schwalbach/Ts., S. 20-32.

Weingardt, Markus A. (2002): Deutsche Israel- und Nahostpolitik. Frankfurt/New York.

Weingardt, Markus A. (2005): Deutsche Israelpolitik: Etappen und Kontinuitäten. In: Aus Politik und Zeitgeschichte: Deutschland und Israel, 15. Bonn, S. 22-31.

Weißeno, Georg (2010): Migrationshintergrund und politisches Lernen. In: Ders. (Hrsg.): Bürgerrolle heute. Migrationshintergrund und politisches Lernen. Bonn, S. 9-17.

Weißeno, Georg, Detjen, Joachim, Juchler, Inga, Massing, Peter & Richter, Dagmar (2010): Konzepte der Politik – ein Kompetenzmodell. Bonn.

Wetzel, Juliane (2016): Antisemitismus und antimuslimischer Rassismus im Kontext Nahostkonflikt. In: Niehoff, Mirko (Hrsg.): Nahostkonflikt kontrovers. Perspektiven für die politische Bildung. Schwalbach Ts., S. 51-61.

Wippermann, Carsten/ Flaig, Berthold Bodo (2009): Lebenswelten von Migrantinnen und Migranten. In: Aus Politik und Zeitgeschichte: Lebenswelten von Migranten und Migrantinnen, 5. Bonn, S. 3-11.

Wistrich, Robert (2004): Der alte Antisemitismus in neuem Gewand. In: Rabinovici, Doron/ Speck, Ulrich/ Sznaider, Natan (Hrsg.): Neuer Antisemitismus? Eine globale Debatte. Frankfurt am Main, S. 250-270.

Wolffsohn, Michael (1988): Ewige Schuld? 40 Jahre deutsch-jüdisch-israelische Beziehungen. München.

Wolffsohn, Michael (1992): Wem gehört das Heilige Land? Die Wurzeln des Streits zwischen Juden und Arabern. München.
Yaron, Gil (2011): Geleitwort. In: Vieweger, Dieter: Streit um das Heilige Land. 3. Auflage. Gütersloh, S. 9-10.
Young, Iris Marion (2001): Activist Challendes to Deliberative Democracy. In: Political Theory 5. S. 670-690.
Zick, Andreas (2010): Aktueller Antisemitismus im Spiegel von Umfragen – ein Phänomen der Mitte. In: Schwarz-Friesel, Monika/ Friesel, Evyatar/ Reinharz, Jehuda (Hrsg.): Aktueller Antisemitismus – ein Phänomen der Mitte. Berlin, New York, S. 225-245.
Zimmermann, Moshe (2004): Im Arsenal des Antisemitismus. In: Rabinovici, Doron/ Speck, Ulrich/ Sznaider, Natan (Hrsg.): Neuer Antisemitismus? Eine globale Debatte. Frankfurt am Main, S. 294-309.
Zuckermann, Moshe (2003): Zweierlei Israel? Auskünfte eines marxistischen Juden an Thomas Ebermann, Hermann L. Gremliza und Volker Weiß. Hamburg.
Zuckermann, Moshe (2005): Editorial. In: Ders. (Hrsg.): Antisemitismus – Antizionismus – Israelkritik. Tel Aviver Jahrbuch für deutsche Geschichte. Göttingen, S. 9-13.
Zuckermann, Moshe (2010): „Antisemit!". Ein Vorwurf als Herrschaftsinstrument. Wien.
Zuckermann, Moshe (2012): Wider den Zeitgeist. Band I. Aufsätze und Gespräche über Juden, Deutsche, den Nahostkonflikt und Antisemitismus. Hamburg.
Zuckermann, Moshe (2016): Israels mangelnde Kompromissfähigkeit als Friedenshindernis. In: Niehoff, Mirko (Hrsg.): Nahostkonflikt kontrovers. Perspektiven für die politische Bildung. Schwalbach Ts., S. 254-264.

Weitere als Quellen verwendete Internetseiten:

www.faz.net/aktuell/politik/ausland/israel-empoerung-ueber-militaeraktion-vor-gaza-1982060.html.
www.kiga-berlin.org/uploads/KIgA_Widerspruchstoleranz_2013.pdf.
www.kurier.at/politik/nazi-beifall-fuer-guenter-grass/773.512.
www.spiegel.de/politik/ausland/gaza-krieg-hunderttausende-demonstrieren-gegen-israelische-offensive a-600427.html.
www.spiegel.de/politik/deutschland/gaza-krieg-israel-hass-und-antisemitismus-auf-demos-in-deutschland-a-982351.html.
www.spiegel.de/politik/deutschland/proteste-zehntausende-demonstrieren-gegen-krieg-in-gaza-a-601873.html.
www.spiegel.de/politik/deutschland/zentralrat-der-juden-kritisiert-juden-hass-bei-palaestina-demos-a-982165.html.
www.stern.de/politik/deutschland/debatte-um-israel-gedicht-grass-erntet-lob-vom-iran-und-der-friedensbewegung-3063238.html.
www.sueddeutsche.de/kultur/gedicht-zum-konflikt-zwischen-israel-und-iran-was-gesagt-werden -muss-1.1325809.
www.sueddeutsche.de/politik/mutmasslicher-attentaeter-von-toulouse-staatsfeind-selbsternannter-raecher-1.1314374.
www.tagesspiegel.de/berlin/palaestinenser-demo-in-berlin-der-gaza-konflikt-ist-ganz-nah/10223188.html.
www.telegraph.co.uk/news/worldnews/middleeast/israel/7790919/Gaza-flotilla-the-Free-Gaza-Movement-and-the-IHH.html.
www.welt.de/politik/ausland/article7812162/Solidaritaetsflotte-als-Provokation-gegen-Israel.html.
www.wiesenthal.com/atf/cf/%7B54d385e6-f1b9-4e9f-8e94-890c3e6dd277%7D/TT_2012.PDF.
www.zeit.de/politik/deutschland/2014-07/nahost-demonstrationen-antisemitismus.

9 Abbildungsverzeichnis

Abbildung 1: Häufigkeitsverteilung der Deutungsmusterdimension „Politische Eliten auf beiden Seiten als Schuldige und Verantwortliche"

Abbildung 2: Häufigkeitsverteilung der Deutungsmusterdimension „Unschuldiges Volk auf beiden Seiten"

Abbildung 3: Häufigkeitsverteilung der Deutungsmusterdimension „Schuldige israelische politische Elite"

Abbildung 4: Häufigkeitsverteilung der Deutungsmusterdimension „Palästinenser als unschuldige Opfer"

Abbildung 5: Häufigkeitsverteilung der Deutungsmusterdimension „Entrechtete und verarmte Palästinenser"

Abbildung 6: Häufigkeitsverteilung der Deutungsmusterdimension „Machtverhältnis zugunsten Israels"

Abbildung 7: Häufigkeitsverteilung der Deutungsmusterdimension „Differenzierungen zwischen israelischer Politik, Israel/Israelis und Juden"

Abbildung 8: Häufigkeitsverteilung der Deutungsmusterdimension „Nahostkonflikt als ein Konflikt um Land"

Abbildung 9: Häufigkeitsverteilung der Deutungsmusterdimension „Beiderseitiges Recht auf ein Land in der Region"

Abbildung 10: Häufigkeitsverteilung der Deutungsmusterdimension „Palästina gehört(e) den Palästinensern"

Abbildung 11: Häufigkeitsverteilung der Deutungsmusterdimension „Problematisierung der Existenzberechtigung Israels in der Region"

Abbildung 12: Häufigkeitsverteilung der Deutungsmusterdimension „Israel als jüdischer Staat"

Abbildung 13: Häufigkeitsverteilung der Deutungsmusterdimension „Israel als Schutzraum der Juden"

Abbildung 14: Häufigkeitsverteilung des Deutungsmusters „Israel als Verbrecherstaat"

Abbildung 15: Häufigkeitsverteilung der Deutungsmusterdimension „Palästinenser als Mitverantwortliche für Gewalt und Leid"

Abbildung 16: Häufigkeitsverteilung der Deutungsmusterdimension „Heiliges Land"

Abbildung 17: Häufigkeitsverteilung der Deutungsmusterdimension „Nahostkonflikt als jüdisch-muslimischer Konflikt"

Abbildung 18: Häufigkeitsverteilung der Deutungsmusterdimension „Historisch begründete Bevorteilung Israels"

Abbildung 19: Häufigkeitsverteilung der Deutungsmusterdimension „Bevorteilung Israels durch einseitige Unterstützung (westlicher) Staaten"

Abbildung 20: Häufigkeitsverteilung der Deutungsmusterdimension „Die USA als Unterstützer und Verbündeter Israels"

Abbildung 21: Häufigkeitsverteilung der Deutungsmusterdimension „(Historisch begründete) proisraelische Diskurse, Haltungen und Politik"

Abbildung 22: Häufigkeitsverteilung der Deutungsmusterdimension „Proisraelische Medien"

Abbildung 23: Häufigkeitsverteilung der Deutungsmusterdimension „Israelkritik als Problem"

Abbildung 24: Häufigkeitsverteilung der Deutungsmusterdimension „Muslime als Verbündete der Palästinenser als Muslime"

Abbildung 25: Häufigkeitsverteilung der Deutungsmusterdimension „Islam- und Muslimfeindlichkeit (in Medien)"

Abbildung 26: Häufigkeitsverteilung der Deutungsmusterdimension „Islamfeindlich und antimuslimisch begründete Positionierungen gegen die Palästinenser"

Abbildung 27: Überschneidungshäufigkeiten antagonistischer Deutungsmuster

Abbildung 28: Überschneidungshäufigkeiten des Deutungsmusters „Israel als Verbrecherstaat"

Abbildung 29: Überschneidungshäufigkeiten des Deutungsmusters „Problematisierung der Existenzberechtigung Israels in der Region"

WOCHEN SCHAU VERLAG
... ein Begriff für politische Bildung

Politischer Systemvergleich

Steffen Hagemann

Israel

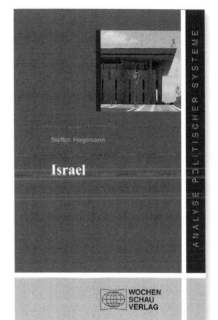

Israel wird in der deutschen Öffentlichkeit meist ausschließlich im Zusammenhang mit dem Nahostkonflikt wahrgenommen. In der Tat sind die Entwicklungen und Dynamiken der israelischen Gesellschaft eng mit dem Konfliktverlauf verbunden, sie sind aber nicht darauf zu reduzieren. Und auch umgekehrt gilt: Der Verlauf des Konflikts mit den Palästinensern ist nur zu verstehen, wenn zugleich auch innergesellschaftliche Entscheidungsprozesse, Konfliktlinien und Machtverhältnisse wahrgenommen und analysiert werden.

Steffen Hagemann legt in seiner Analyse die zentralen Akteure, institutionellen Rahmenbedingungen und Funktionsweisen des politischen Systems Israels dar. Dabei werden insbesondere die historischen *legacies* der zionistischen Staatsgründung und die grundlegenden Wandlungsprozesse in institutioneller, gesellschaftlicher und ökonomischer Hinsicht der letzten Jahrzehnte berücksichtigt.

ISBN 978-3-89974854-3, 240 S., € 14,80

Weitere Titel aus der Reihe

Nikolaus Werz: **Argentinien**
ISBN 978-3-89974813-0, 2012,
208 S., € 12,80

Axel Klein, Chris Winkler: **Japan**
ISBN 978-3-89974638-9, 2012,
208 S., € 12,80

Stefan Schieren: **Großbritannien**
ISBN 978-3-89974662-4,
2. überarb. Aufl. 2011, 272 S., € 14,80

Steffen Hagemann
ist Politikwissenschaftler und beschäftigt sich seit vielen Jahren mit dem politischen System Israels. Er hat u.a. an den Universitäten Tel Aviv und Haifa studiert und geforscht. Er arbeitet derzeit an der TU Kaiserslautern.

INFOSERVICE: Neuheiten für Ihr Fachgebiet unter **www.wochenschau-verlag.de I** Jetzt anmelden!
Adolf-Damaschke-Str. 10, 65824 Schwalbach/Ts., Tel.: 06196/86065, Fax: 06196/86060, info@wochenschau-verlag.de

... ein Begriff für politische Bildung

Kontroversität

Mirko Niehoff (Hrsg.)

Nahostkonflikt kontrovers

Perspektiven für die politische Bildung

Der Nahostkonflikt ist ein komplexes und seit Jahrzehnten ungelöstes politisches Problem von globaler Bedeutung. Er dient als Austragungsort individueller und kollektiver Identitäten, politischer Selbstverständnisse, emotionaler und erinnerungspolitischer Befindlichkeiten, gesellschaftlicher Erfahrungen und ideologisierter Denk- und Deutungsmuster – auch in Deutschland.

Die politische Bildung muss die Positionierungen zum Nahostkonflikt kennen, um sie reflektieren und vermitteln zu können. Dazu muss sie sich sowohl mit der Mehrperspektivität als auch mit zentralen Kontroversen in politischen und fachlichen Diskursen zumindest exemplarisch auseinandersetzen. Akteure/-innen der politischen Bildung finden hier:

- einen Überblick über wesentliche Aspekte des Konflikts
- Darstellungen kontroverser und mehrperspektivischer Diskurspositionen
- Beschreibungen und Deutungen zentraler Konfliktakteure
- ein Kompendium der Bedeutung des Nahostkonflikts in Deutschland.

ISBN 978-3-7344-0215-9, 320 S.,
€ 26,80 (Buch)
ISBN 978-3-7344-0216-6,
€ 21,99 (E-Book)

Mit Beiträgen zu

Martin Buber, Hannah Arendt, Jean Améry, Judith Butler, Edward Said, Alan Dershowitz, Caroline B. Glick, Eva Illouz, Yaacov Lozowick, Gershom Gorenberg, Tzipi Livni, Naftali Bennet, Ahmad Tibi, Mustafa Barghouthi, Sari Nusseibeh, Sumaya Farhat-Naser, Mahmud Abbas, Ismail Haniyeh

www.wochenschau-verlag.de   www.facebook.com/wochenschau.verlag   @wochenschau-ver